铁拳追梦

——拳王熊朝忠传

李城铭◎著

云南出版集团
云南人民出版社

图书在版编目（CIP）数据

铁拳追梦：拳王熊朝忠传 / 李城铭著. —昆明：云南人民出版社，2017.1

ISBN 978-7-222-12733-3

Ⅰ. ①铁… Ⅱ. ①李… Ⅲ. ①报告文学-中国-当代
Ⅳ. ①I25

中国版本图书馆 CIP 数据核字（2016）第 303028 号

出 品 人：胡　平
组稿编辑：王　梅
责任编辑：段兴民　陶汝昌
特约编辑：朱　原
责任校对：王　逍
装帧设计：陶汝昌　马　滨　唐敬乾
责任印制：杨　立

本书图片由云南众威体育文化传播有限公司提供

铁拳追梦——拳王熊朝忠传
TIEQUAN ZHUIMENG QUANWANG XIONGCHAOZHONG ZHUAN
李城铭　著

出　版　云南出版集团　云南人民出版社
发　行　云南人民出版社
社　址　昆明市环城西路 609 号
邮　编　650034
网　址　www.ynpph.com.cn
E-mail　ynrms@sina.com
开　本　787mm×1092mm　1/16
印　张　17.5
字　数　280 千
版　次　2017 年 1 月第 1 版第 1 次印刷
印　刷　云南灵彩印务包装有限公司
书　号　ISBN 978-7-222-12733-3
定　价　48.00 元

云南人民出版社公众微信号
如有图书质量及相关问题请与我社联系
审校部电话：0871-64164626
印制科电话：0871-64191534

WBC

WBC

CCTV5
CCTV5+
中视体育
CCTV
Budweiser

中视体育
CCTV
Budweiser
CHN

WBC
熊

WBC

WBC
WBC CONVENTION
KUNMING, CHINA
NOVEMBER, 2015

60
民意奖
二〇〇九年十月

最佳男配角

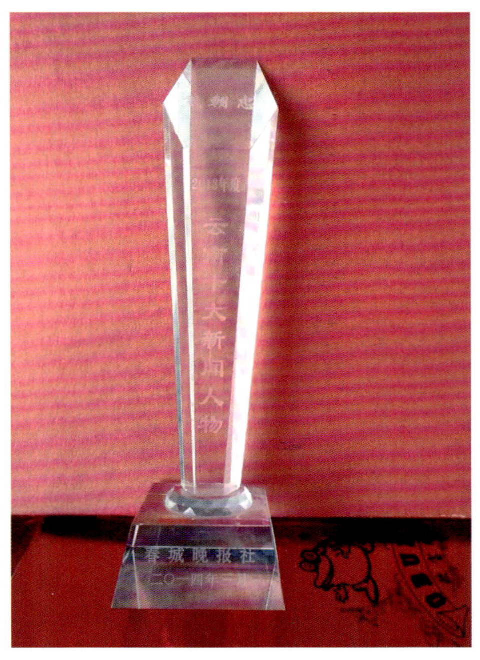
春城晚报社

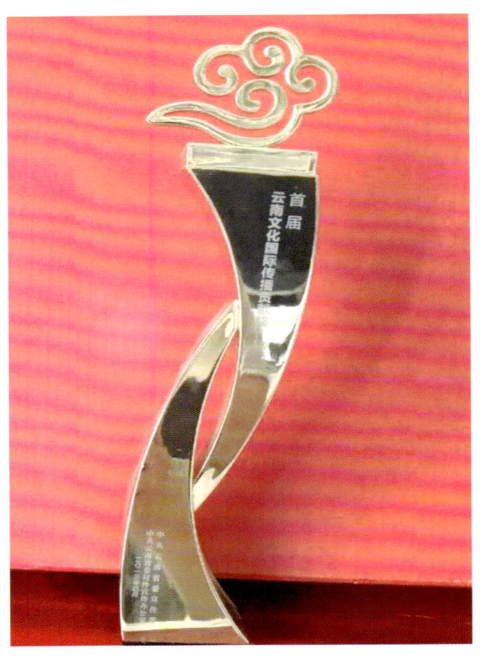
首届
云南文化国际传播

青年标兵

2012年度
十大新闻人物

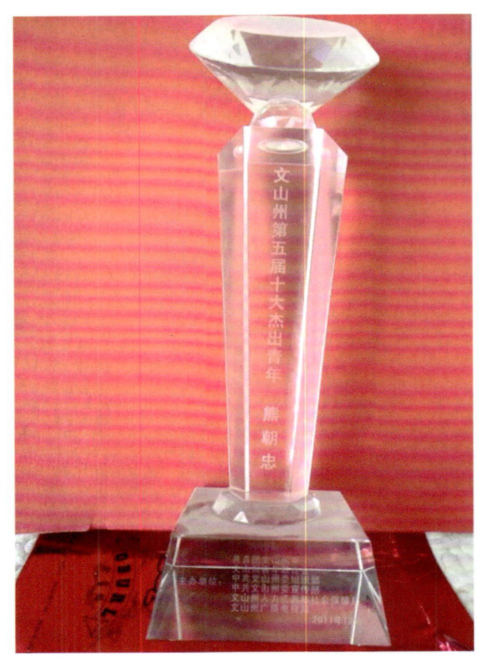
文山州第五届十大杰出青年
熊朝忠

序

为了认真贯彻中共中央宣传部、文化部、国家新闻出版广电总局、中国文联、中国作协联合下发的文件精神，开展以“中国梦”为主题的文艺创作活动。在云南省委、省政府的高度重视和大力支持下，云南人民出版社经过缜密研究决定组织创作出版《铁拳追梦》一书。

如今，熊朝忠已是家喻户晓的世界拳王。他和两度奥运拳击冠军邹市明被称之为中国拳坛的领军人物。大家做梦也没想到，中国有史以来第一个世界拳王竟然会出自一位农民。因此，熊朝忠的成功，证实了“中国梦”中的“人人都能成就梦想”。其实，打工农民成为个体老板、大企业家的例子早已不胜枚举。

熊朝忠出生在云南省中越边境偏远山区的一普通农民家庭，家里兄弟三个，熊朝忠是老二。穷人的孩子早当家，年幼的熊朝忠过早地接受了生活的磨砺。从小帮着家里干农活，以致影响他的身体发育。与同龄人相比，他因个矮不能参军，不能做一些体面的工作，甚至连应聘保安工作人家都不要。但他仍然很乐观自信，一点也不自卑，相信“天生我才必有用!”最终步入拳坛，通过坚持不懈的努力，成为中国首位世界职业拳王。

熊朝忠所经历的心酸和磨难是可想而知的，是拼搏、坚持，让他获得了成功。作为体制外的拳手，他一没关系，二没发展渠道，三没有任何经济保障。幸运的是他遇到了中国第一个民营拳击机构——昆明众威拳击俱乐部。中国第一个民营拳击俱乐部培育出中国第一个世界职业拳王，确实有着特别的意义。

熊朝忠奇迹般地成就了自己的梦想，成为万人瞩目的世界轻量级拳王。他的成功给中国拳击行业极大的震撼，鼓励着千千万万的拳击爱好者去追梦。同时也给处于发展滞后的中国拳击行业带来许多思考：我们有着十三亿人口，经济处于世界第二的大国究竟是要大力发展这项运动，还是一如既往地把它边缘化。拳击固然有危险性，但随着比赛规则的不断完善，这些危险性正在降低。其实，拳击积极的一面往往被人们忽略了，那就是它能激发人们的斗志，除了强身健体外还能给人们带来一种生活的激情，通过世界性的交流增进文化、友谊的传播。更重要的是它所带来的巨大经济产业链，同时，职业拳击的发展还能解决体制内拳手退役后的出路。

如今的中国，独生子女很普遍，他们从小生活在“蜂蜜罐”里，衣食无忧，普遍缺乏吃苦和挑战精神。弘扬拳击运动很有必要！青少年是祖国的未来，民族的希望，少年强则中国强！

熊朝忠的样板，不仅丰富了拳击的选才面，也营造了一种气氛！

中国巨大的拳击经济市场或许从此打开。熊朝忠改变了中国拳击历史，注定将永载史册！

前　言

银蛇舞动，蛟龙出海。在2012龙年晚秋离去、初冬到来之际，美丽的神州大地上传出一个振奋人心的消息：在祖国西南边陲这片红土地上，诞生了中国第一位世界拳王。这位中国首位世界轻量级拳王就是云南苗族青年熊朝忠。

拳击是戴拳套进行格斗的运动项目。比赛的目标是要比对方获得更多的分数以战胜对方或者将对方打倒，而己方要力图避开对方的打击。因此，拳击被称为“勇敢者的运动”。世界四大职业拳击组织各有17个级别，共设68个拳王。但中量级和重量级拳王几乎跟东方人无缘。

拳击的根不在中国，拳击是西方文明的产物。它起源于埃及，流传于古希腊，毁于罗马，发展于英国，成就于美国，遍布于世界。在西方，拳击是一部种族斗争史。它是一项特殊的运动，很多时候它会超越体育范畴的讨论。如美国黑人拳王杰克·约翰逊夺冠在当时引发一场激烈的黑白种族对抗；二战前，乔·路易斯同德国拳手施梅林的世纪之战亦曾被上升到空前的政治高度。甚至，以拳击为题材拍摄的影片，迄今为止，在所有体育运动项目中也是荣膺奥斯卡奖最多的。何以如此？因为，拳击能带来更多体育范畴之外的思考。

中国很早就有类似拳击的运动。据我国史料记载，早在殷商时代我国就有搏击了。那时叫作“斗”，是贵族统治阶级进行军事训练的科目之一。后来到汉朝发展为“卞”，是军人必须考试的科目。与西方早期拳击是拳击，即拳击和摔跤的混合赛不同，我国在商周时代拳击与摔跤就已明显地分开了，而且在两千年以前我国就有了专讲拳击的书——《手搏》，可惜到隋朝以后没流传下来。在南北朝时，我国就已有戴护具的拳击了，可见有护具形式的拳击在我国发展也是比较早的。

我国现代拳击始于20世纪20年代后期，最初称之为“西洋拳”。先有人翻译了一本《西洋拳术》。30年代，南京国民党政府的中央国术（武术）馆、国立国术体育专科学校将拳击列为主课之一，培养出了不少人才，如武术界老一辈张文广、温敬铭、李锡恩、李浩、卜恩富、吴玉昆、蒋浩泉……在三四十年代称雄一时。在抗日战争前，拳击很盛行，当时教会（天主教、基督教）办的中学和大学把拳击作为体育课之一。1936年在德国举行的第十一届奥运会上，中国派出了69人参加，其中由国民党陆军32军商震部队派出了两名拳击手靳贵第和王润兰，他们都在预赛中被淘汰，当时还有李梦华、靳桂二人参加了集训。1948年在上海举行的民国第七届全运会上也有拳击项目，然而参加的运动员寥寥无几，比赛的级别也不齐全。

新中国成立后，1953年11月在天津举行的全国民族体育表演及竞赛大会中设有拳击比赛项目，有7个单位的27名拳手参加了6个级别的比赛。张立德、王守忻、靳金锋分获中量级、最轻级和次重级冠军；余吉利在次中量级中击败所有对手；轻量级与轻中级的桂冠被陈新华和孙吉柱分获。1956年12月在北京举行的全国拳击、击剑、技巧运动表演赛上，参加拳击比赛的有12个单位的46名运动员。在所设的5个级别中，最轻级和轻量级全国冠军的是王守忻和陈新华。1957年在上海召开了全国十五城市拳击锦标赛，有53名运动员参加了9个级别的搏斗。在这次拳击盛会上，我国最优秀的拳击运动员张立德、周士彬、陈新华、王守忻获得了四个级别的冠军。其他级别的冠军被张华强、许连生、顾景裕、王修纯和叶来洪所获得。1958年，我国拳击史上规模较大的一次盛会——20城市（实际有21个城市参加）拳击锦标赛（1个级别）在北京开幕。有142名拳手参加了比赛，获得团体总分前三名的是上海队、北京队和天津队。从过去历届比赛情况看，参加拳击比赛的城市和地区越来越广，选手也越来越多。1958年3月，上海体育学院举办了全国体育院系拳击教师训练班；同年8月，国家体委在上海集中全国选手和教练员，又举办了一次拳击教练员培养班。虽然拳击运动在我国开展较晚，但我国老一辈拳击健将们在50年代所进行的顽强努力，的确取得了相当可喜的成果，为我国后来开展这项运动打下了基础。

1959年第一届全运会筹委会曾把拳击作为大会竞赛项目，由于体育运动的“大跃进”，各省市为了在第一届全运会上“放卫星”，做贡献，盲目发展拳击运动，出现了不少伤害事故。后来感到大规模全国性拳击比赛条件还不成熟，就暂时撤销了这个比赛项目。从这年开始，由于种种原因，拳击被迫停止开展，这一停就是20年。

1979年初冬，拳王穆罕默德·阿里应国际管理集团亚洲分部的邀请来到香港，他计划中的行程有一站是北京。但当时香港与北京之间还没有直通航线，阿里一行先到达广州。

由于刚下过一场大雪，他们的航班被取消，正考虑放弃北京之行的时候，国际管理集团的一位官员突然接到了国家体委一位老友的神秘电话：“我们诚恳地建议你们能够来北京，有一位重要人物想见你们。”直到会见之前，阿里才知道那位“重要人物”就是中国领导人邓小平。

这位名叫艾佛里的国际管理集团官员后来回忆说：“当时，我还不理解邓小平先生接见阿里的真正寓意。我记得他谈笑风生，谈吐轻松而且诙谐，气氛非常愉快。事后多年，我才明白了中国领导人的高明用意：原来邓小平先生是通过拳王阿里向美国政府传达一个重要信息：中国希望同美国建立良好关系。”

拳王阿里的到来也改变了中国拳击的命运，邓小平一句让阿里多来中国“带带徒弟”，使被禁的中国拳击开始“解冻”。而美国媒体对邓小平与阿里此次见面的评价是：“一双扭转乾坤的巨手与一双所向无敌的大手紧紧地握在了一起！”

1980年国家允许拳击在一定范围内进行试验，为正式恢复拳击做了大量的准备工作。1982年2月，当时的国际业余拳击联合会秘书长安瓦尔·乔杜里（现任国际业余拳联主席）应邀来我国北京体育学院（现北京体育大学）讲学。乔杜里先生说：“不能设想，一个没有十多亿中国人民参加的国际体育组织，称得上是真正的国际体育组织。”

1985年，阿里第二次访问中国。1986年3月阿里第三访华，我国正式恢复了拳击运动。1986年8月，国家体委陆续下发了《开展拳击运动暂行规定》《拳击活动的安全防护措施》《拳击竞赛管理办法》等文件。1986 年 11 月在上海体院举办了首届全国拳击教练员、裁判员学习班。1987 年 1 月在北京举行了恢复拳击后的第一次拳击比赛。1987 年 4 月，中国拳击协会（CBA）正式成立，5 月在南京举办了首届全国拳击锦标赛。1987 年 6 月，中国拳击协会被国际业余拳击联合会（AIBA）正式接纳为第 159 个会员，使中国业余拳击进入世界业余拳击的大家庭当中。

1988 年在韩国汉城举行的第 24 届奥运会上，我国拳击运动员刘栋进入了前 8 名。1990 年在北京举行的第十一届亚运会上，我国运动员白崇光获 51 公斤级冠军。1993 年亚洲拳击锦标赛上，我国运动员江涛获 91 公斤级冠军。1993 年在上海举行的第一届东亚运动会上，我国拳击运动员共获 4 枚金牌、4 枚银牌、3 枚铜牌。

1994 年广岛亚运会上，我国拳击运动员获 1 银 2 铜。1994 年在泰国曼谷举行的第 7 届世界杯拳击赛中，我国运动员单孝强获 54 公斤级第 7 名。1995 年亚洲锦标赛上，我国拳击运动员共获得 4 枚铜牌。1997 年第二届东亚运动会上，我国拳击运动员获得 5 银 5 铜的好成绩。特别值得一提的是，在 1996 年亚特兰大奥运会上，我国著名拳击运动员江涛获得了 91 公斤级拳击比赛的第 5 名，这是我国拳击运动员有史以来在奥运会拳击比赛中取得的最好成绩。这一成绩的取得，极大地鼓舞了我国拳击界的士气，为在今后的国际大赛中取得更好的成绩，树立了信心，看到了光明的前途。

1997 年，全国已有 41 支专业拳击队伍，参加拳击训练的专门运动员达 1400 多人。许多省、市具有优秀的后备队伍，一部分地、市的业余体校相继成立了拳击队。具有专业拳击教练员 120 多人，国际裁判员 8 人，国家级裁判员 60 多人，为开展广泛的拳击运动打下了一定的基础。

2008 年的北京奥运会，邹市明和张小平夺得拳击项目的金牌，令世界刮目相看。2012 伦敦奥运会，虽然只有邹市明获得一枚金牌，但这一年 11 月，世界职业拳王第一次在中国诞生。

在开展男子拳击的同时，我国女子拳击也开始发展起来。

1987 年，我国的北京、上海、哈尔滨、沈阳等地就开始了女子拳击。1995 年 7 月，在沈阳举行了第一届女子拳击邀请赛，使我国女子拳击逐渐开始走向正轨。从我国开展女子其他项目，如举重、柔道、足球、垒球等成功经验来看，我国女子拳击经过科学、系统地训练，通过比赛的锻炼，一定会走到世界女子拳击的前列。2012 年伦敦奥运会，中国女拳手任灿灿获得银牌。

中国正式恢复了拳击运动 30 年时间不到，仍有很多人认为拳击粗野、暴力、易出事端，省市及全国性的拳赛都掌控在政府部门手中。拳击在中国不像体操、跳水、乒乓球等项目受到热捧。笔者曾经听到某国学大师公开讲，“诸如拳击、摔跤等野蛮项目不是我们的长处，如果比赛失利，你一点也不要生气!”我们饱受儒家文化熏陶的国人似乎与这“野蛮项目”无缘是天经地义的事。不错，儒、释、道文化去掉了我们的彪悍之气，但不等于我们对此项运动就无缘。体质论也好，文化论也罢，这一切都在 2012 年 11 月 24 日这天被打破，让国人看到：我们其实也行!

刘刚，我国著名拳击运动员。1988 年进入国家拳击队，曾经 7 次获得全国比赛冠军，代表中国参加过亚运会和奥运会拳击比赛，在澳大利亚期间转为职业拳手，并获得教练证书和世界拳联经纪人和拳赛推广人证书。拳击是一项竞技性和观赏性都很强的运动，在世界各地都十分流行，有很多业余爱好者苦于没有正规场地练习和专业教练指导。为了顺应这种需求，刘刚从澳大利亚回到昆明，创办了众威拳击运动有限公司，实现了拳击爱好者心中的夙愿。

昆明众威拳击运动有限公司 2003 年开业，这是我国第一家面向社会大众开放的拳击俱乐部，使是世界拳击联合会（WBF）在国内指定的首家拳击俱乐部，使拳迷和运动爱好者有了学习和展示身手的舞台。十多年来，“众威”相继培育出一大批优秀拳手。

2006 年 7 月初，一位马关县的青年带着几分腼腆找到了昆明众威拳击俱乐部，他就是熊朝忠。当时，熊已 23 岁半，身高 1.55 米，之前在家乡私营矿洞挖矿打工，一天仅挣 10 元钱，空隙时间跟表哥学习武术基本功。在表哥的建议下决定带着亲人凑的 1800 元钱走上了职业拳击之路。当时，熊无论从年龄和身体条件在教练刘刚眼里都不是培养的好苗子。可是，熊一点也不自卑，勇于挑战生活不肯向命运服输，用超人的苦练弥补自身的不足。这期间最大的困难是作为体制外的拳手无任何经济保障，因此，几度面临放弃。在教练、家人和亲朋好友的资助支持下，总算度过了经济危机。

距阿里第一次访华三十三年后的初冬，也就是2012年11月24日，在昆明举行的WBC迷你轻量级世界拳王金腰带争霸赛中，云南拳手熊朝忠战胜墨西哥拳王哈维尔·马丁内斯，成为中国首位世界职业拳王。与此同时，70岁的拳王阿里在得知这个中国小伙子夺冠的消息后，决定收他为关门弟子。2012年12月1日，熊朝忠前往墨西哥参加WBC成立50周年年会，他在那里完成拜师仪式。

由于职业拳击还不普及，让昆明众威拳击俱乐部的创办人刘刚感到很无奈，他办职业拳赛常常找不到审批部门。他说："我们不怕被管，就怕没人来管，名不正言不顺的。"他只能将拳赛放在人脉较广的云南、四川两省。刘刚表示，要多发展国内的职业拳赛，把比赛办得职业、精彩，让市民们愿意出钱来看，市场才会好起来。现实的情况颇为尴尬，很多人连职业拳击和业余拳击都分不清楚，想形成成熟的市场又谈何容易。对13亿人口的大国，如此多的"拳盲"实在让人揪心。尽管这样，他还是培育出中国第一个世界拳王。

从2008年北京奥运会中国所获金牌数量居世界首位，足以证明中国已步入世界体育强国之列，再也不是昔日的"东亚病夫"。从刘翔横空出世以来，近10多年间中国体坛涌现了许多英雄豪杰。刘翔曾在男子110米栏的跑道上所向披靡，丁俊晖曾在斯诺克领域大放异彩，张怡宁为代表的国乒高手更是让世界同行胆寒，如今李娜甚至在欧美传统强项——职业网球领域两夺大满贯单打冠军，中国体育的繁荣似乎到了前所未有的高度。

美国体育产业约占GDP的7%，突破万亿美元，单拳击产业链就达2000亿美元。在中国资本市场中，武术长期被边缘化。海外搏击产业在资本助力下创造了一个个商业奇迹：2000年终极格斗锦标赛市值仅200万美元，14年后市值已超过18亿美元，翻了900倍；2013年9月14日拳击世界冠军"漂亮男孩"弗洛伊德·梅威瑟与阿瓦雷兹比赛PPV付费有线电视收入加门票收入超过1.7亿美金，一场36分钟的拳赛"吸金"效率堪比印钞机。搏击产业还直接带动了旅游、博彩、影视文化的发展。

2014年，中国武术圈内最大的新闻莫过于著名国际投资机构IDG技术创业投资基金以千万美元购得中国原创搏击品牌"昆仑决"百分之二十的股份，这是中国武术首次与资本市场联姻，开启一个新的"武术资本时代"。

熊朝忠夺冠填补了占世界六分之一人口的中国无世界拳王的空白。无疑给疲软的中国拳击行业注入了一剂强心针，打破了西方人体质优越不可战胜的神话，重新拾回国人对拳击运动的信心和激情，给国人极大的鼓舞，迎来了中国拳击运动发展的春天。然而，对中国的拳击行业来说，还任重道远。

为此，本书走进拳王熊朝忠的生活，力求向广大读者展现出一个偏僻山村青年成长成一位世界拳王的历程，讲述拳王背后的励志故事。

目录

CONTENTS

第一章　奇迹　在云岭大地上诞生

“中国首个世界轻量级拳王诞生了!”2012年11月24日晚，这消息像春雷一样在云岭大地炸响。

七年前，他在黑暗冰冷的矿洞里拉矿谋生。七年后，他高举拳头用几乎野蛮的坚韧和强悍征服了拳坛。他是云南苗族村寨里的坏小子。他是“小个子中的大力量”。

他，出生于贫寒的农家，身材瘦小，从小体弱多病，从一名拉矿者到一名职业拳击手，经过二十七场拳台上浴血鏖战，拥有两条WBC洲际拳王金腰带、一条WBC世界拳王银腰带和一条IBF洲际拳王金腰带，八次卫冕WBC亚洲拳王金腰带，并夺得WBC世界拳王金腰带，WBC国际金腰带。他叫熊朝忠。从农民、矿工到世界拳王，熊朝忠的人生发生了巨变。一时间，政府嘉奖、企业关爱、媒体热追、拳迷力顶……

第二章　回顾过去　平凡人生的挣扎

他，出生于偏远苗寨，身材瘦小，五官清秀，文质彬彬，说他教书、绘画，或者从事某个技术工作还有人相信，但无论如何也让人无法把他跟世界拳王联系在一起。然而，他确实是世界拳王，而且是中国首位。

孟子云：天将降大任于斯人也，必先苦其心志，劳其筋骨，饿其体肤，空乏其身，行拂乱其所为也，所以动心忍性，增益其所不能……回顾熊朝忠的人生，你会惊讶地发现：他童年多病，少年顽劣，辍学后为生计干苦力。不足50公斤的体重却拉着500公斤的矿石，在长达一公里的矿洞里挣扎，也正是沉重的矿车练就了他一副铁臂。在这里，熊朝忠迎来了人生的初恋，但终归成了苦涩的回忆。

第三章　不相信不出省就挣不到钱

顶着压力，坚持练拳，只为了寻个谋生之路。像山泉一样的恋情在意外中收获，同样在意外中结束。低谷中，为寻出路到文山某武馆比武，战胜对手却没赢得尊敬，童年的敌人竟成了不散的冤家！

“不信不出省就挣不到钱！”面对东莞、深圳打工高收入并容易交到女友，令许许多多的单身青年神往，一无所有的熊朝忠也曾动过心。但看到许许多多的村庄变成无人村和一些家庭被撕裂的凄惨场面，熊朝忠决心留在家乡发展。然而，家乡真能挣到钱，人们又何苦外出?!

第四章　希望之火总是在绝望中点燃

生活往往富有戏剧性，在“山重水复疑无路”时，却“柳暗花明又一村”。就在熊朝忠对生活的未来几乎看不到任何希望时，机会来了。表哥的一句话点燃了他心中的希望之火，让他“不出省创业”的信念得以坚守。于是亲人们筹资送他到首个民营拳击俱乐部——昆明众威拳击俱乐部去学拳击。可是，面对难得的机会，同样酷爱拳击的兄弟俩却互相推让，从春季拗到夏季。最后，熊朝忠带着一家人的期望踏上了拳击之路。

第五章　拳坛新人　鲲鹏展翅

常言道，一个在困境中的人，如果遇对人从此就会迎来人生的春天，反之，就会雪上添霜，陷入绝境甚至毁灭。熊朝忠这回算是遇对人了，结缘众威公司让他正式走上了职业拳击之路，在极短的时间内就初露锋芒。一个曾经顽劣又饱受歧视的乡野小子用拳头赢得了尊敬。像杰克·伦敦笔下饥饿的老拳手，熊朝忠也为他的“牛排”挥出了拳头。

熊朝忠没有打过一场业余拳赛，直接进入职业拳赛。尽管他身高处劣势、臂展不理想、年龄近退役，经济窘迫，但他凭着过硬的技术、充沛的体力、凶悍的拳风，所向披靡。步入拳坛一年零9个月的他就显示出惊人的天赋，出战泸州，仅两分28秒就重拳KO实力强劲的泰国亚洲拳王龙猜·卡瑟，斩获首根洲际拳王金腰带。一战出名，震惊拳坛！

第六章　受挫之后　浴火重生

从泸州之战的速胜到日本之战的惜败，熊朝忠像一座喷发的火山，猛烈地喷发之后又迅速冷却，陷入低谷。洲际拳王得到的微薄薪酬连自己都养活不了。租住城中村，他只能在天黑时到菜市场去买剩下的廉价菜叶和骨头熬汤喝。此时，一份意外的汇单雪中送炭，署假名的汇款者原来竟是儿时的冤家……

就在生存难以为继之时，熊朝忠意外地收获了一份爱情，恋人不但给了他精神上的鼓励，还在经济上给予一定的资助。可困境中的爱情终归如同雨夜中的闪电，瞬间即逝。分手，如同摘下已经移植到身体里的器官，所经受的痛苦可想而知！此时，放弃拳击之路似乎已成了他身不由己的选择。然而，关键时刻又是谁堵住了他退却的路？

第七章　只求结果　不吐虚言

黄瓜有只开花不结果的现象，人做事却不能只开花不结果。生长在农村的熊朝忠像父辈们一样看重事物的结果。古往今来，成大事者都注重实干。宋代文豪苏轼曾在《用前韵再和孙志举》中有云："愿子事笃实，浮言扫谵谆。"

从2010年7月到2012年3月，熊朝忠取得了一个又一个傲人的战绩，斩获第二根WBC洲际拳王金腰带，夺得IBF洲际拳王金腰带，成为"双料冠军"，并八次成功卫冕WBC洲际拳王金腰带。

在比赛中，熊朝忠显示出熊的力量，豹的速度。而曾经是他的榜样让他佩服的"楚雄老虎"徐从良却遗憾地丢掉了洲际金腰带。人们似乎看到"老虎"退隐，"熊"霸天下之势正来临。

第八章　都言武者痴　谁解其中味儿

在比赛中左眼失明的世界中量级拳击冠军拉蒙布鲁斯维特说过："拳击是项残酷的运动。生命中没有其他东西了，没有家庭，没有钱，没有工作，没有机会，你可以打拳。"

备战没有豪言壮语。成绩的背后，他牺牲了与家人团聚和浪漫的爱情。在苗乡，这个年龄早当爹了，而熊朝忠却还是单身一人，整天面对的是击打沙袋和技巧训练。他心中只有一个目标：世界拳王金腰带。真是"都言武者痴，谁解其中味?!"

第九章　运筹帷幄　决胜千里

晚清举人陈澹然在文集《寤言》卷二《迁都建藩议》中，曾说过这样一句令现在的战略家常常引用的一段话："不谋万世者，不足谋一时；不谋全局者，不足谋一域。"《孙子·谋攻篇》中说："知己知彼，百战不殆；不知彼而知己，一胜一负；不知彼，不知己，每战必殆。"熊朝忠深谙此理。

经验来自于积累，文化源自于传承，而一种精神的力量则天生就注入骨子里。这不是普通的精神力量，这是苗族祖先——战神蚩尤赋予的力量。

2012年对熊朝忠来说，可以用"运气"二字概括，三月轻松地第八次卫冕了WBC洲际金腰带，六月夺得世界拳王银腰带，为挑战世界拳王金腰带赢得机会，扫清最后障碍。到此，世界拳王金腰带已是志在必得！它积蓄了六年，沉淀了六年，它贯穿熊朝忠30载风雨人生。它承载着家乡父老乡亲的殷切期望，马关30多万民族儿女的期望，神州大地13亿同胞的期望。

第十章　破茧成蝶　泪水和汗水缔造中国梦

早在2009年5月26日，熊朝忠在东京第一次挑战世界拳王头衔，而负于日本拳王内藤大助。当时日本媒体报道称，熊朝忠是中国的另一个洛基·林。洛基·林原名叫林明佳，是20世纪90年代中国台湾的拳手，曾经两次挑战世界拳王均以失败告终。值得注意的是，林明佳的职业战绩为28战26胜2负11 KO，惟一输掉的就是那两场世界拳王头衔挑战赛。

蚕通过痛苦地挣扎，挣破茧的束缚，破茧成蝶。人生如何挣脱命运这张无形的网？在佛家看来只有涅槃重生。熊朝忠能否像春蚕一样破茧成蝶，完成了人生的一次大蜕变？拳迷们拭目以待。

2012年11月24日晚，在昆明举行的WBC迷你轻量级世界拳王金腰带争霸赛中，熊朝忠以3：0的绝对优势战胜了墨西哥拳王哈维尔·马丁内斯，成为中国首位世界职业拳王。他用实力证明了自己，完成了人生的一次大蜕变，同时也彻底改变了中国的拳击史！

第十一章　捍卫王者　两次成功卫冕出场费飙升

熊朝忠斩获世界拳王金腰带，接着迎来拳王卫冕战。第一次迪拜卫冕，首回合被击倒，可谓是险胜。第二次在家乡马关县城卫冕，熊朝忠仅五个回合就重拳KO了对手。通过两次拳台搏杀，熊朝忠捍卫了王者的地位。与此同时，他正式拜阿里为师，出场费飙升至百万。据说，泰森经纪公司50万美元力邀。

第十二章　回报家乡　捐一半出场费

舍得是一种境界，不计付出，舍己为人，体现出了胸怀宽广的做人高度；舍得是一种智慧，小舍小得，大舍大得，体现出了明朗大气的做事风格；舍得是一种心态，有取有弃，低调淡泊，体现出了坦荡洒脱的人生追求。学会取舍的智慧，懂得进退的真谛，就能够享受美好的人生！

熊朝忠曾经拉一天矿挣得10元人民币。然而，通过数年艰难搏杀好不容易获得世界拳王金腰带后，有了第一笔20万美元的出场费，他却毅然决定将这笔钱的一半捐给家乡做慈善。他说："树高千尺也忘不了根！"

第十三章　失利之后重振雄风

“我有些没发挥出来，竞技体育没有永远的胜者，虽然输了比赛，但我还会回来！”纵观拳坛，新人辈出，王者更替。胜败乃兵家常事，输赢是赛场常态。即便是世界著名拳王泰森、阿里，也有被击败的时候，拳王熊朝忠也不能幸免。2014 年 2 月 6 日，在中国海口举办的 WBC 世界拳王金腰带争夺战中，熊朝忠第三次卫冕失利，败给了墨西哥的拳手奥斯瓦尔多·诺沃亚，遗憾地丢掉了到手的金腰带，令千万拳迷黯然泪下。这是熊朝忠自 2006 年正式进入职业拳坛以后，首次遭遇 TKO。

经过三个月的休息调整，熊朝忠又重新回到拳台，接下来的两场比赛都以 KO 获胜。虽然第三场争夺 WBA/IBO 迷你轻量级世界拳王金腰带以微弱点数落败，但在 2015 年初的文山比赛中雄风再现，夺得 WBC 国际金腰带。

第十四章　世界拳王的品牌效应

品牌效应是品牌为品牌使用者所带来效益和影响。品牌是商品经济发展到一定阶段的产物，最初的品牌使用是为了便于识别产品，品牌迅速发展是在近代和现代商品经济高度发达的条件下产生，其得以迅速发展即在于品牌使用给商品生产者带来了巨大经济和社会效益。

世界拳王，在全世界 70 亿人中是屈指可数的。世界四大拳击组织 17 个级别，每个级别只有一个王者。因此，其品牌效应不可小觑。斩获世界拳王金腰带后的熊朝忠婉拒品牌代言，积极参加各种公益活动。

与此同时，马关县借机制定一揽子发展经济计划，大打拳王牌。行内人士表示：长期以来，东方人的体质不适合玩拳击的说法被熊朝忠打破，或将掀起全民拳击热。

第十五章　辉煌的背后

熊朝忠出名了，是凭自己的实力出名的。在享受成功带来优越生活的同时，也产生了一些烦恼。他失去了一个普通人自由的生活，生活总是“被计划”机械地推进。他的一举一动时刻都会以世界冠军来警醒自己，不能随心所欲。古人云：高处不胜寒！他站在高处真的很“寒冷”吗？

熊朝忠的成功有人说可以复制，有人说不可复制。众说纷纭，但有一点可以肯定：他的成功告诉广大青年，在这个竞争型的社会，命运是可以改变的。透视他成功的背后，破解他成功的密码，下一个成功者或许就是你。

第十六章　中国形象的新拳王

从世界拳王泰森在与霍利菲尔德的较量中咬掉对手一小块耳朵和暴打他的经纪人唐金的助理博尔顿，到日本前世界拳王德山昌守殴打某加油站老板，再到世界拳击理事会宣布对前英国拳王奇索拉在新闻发布会上打人处以无限期禁赛的处罚，让人们看到世界拳王充满暴力。然而，迪拜当地媒体曾这样评价中国拳王熊朝忠：“同那些傲慢暴躁的拳王相比，忠表现得亲切而随和，无论是招呼对手还是媒体，他都会面带笑容地鞠躬握手。很明显，他是一个谦逊的人，不应该被误认为是软弱！”熊朝忠无疑树立了“中国形象的新拳王”。

第十七章　他改写了中国拳击史

职业拳击已有超过一百年的历史，应该说，中国人参与这项运动的时间并不晚。100 多年前，很多旅美的华裔劳工曾迫于生计在擂台上扮演“人肉沙包”的角色谋生……这应该算是一段屈辱的历史。在职业拳击领域，中国选手几乎都是以配角的身份出现，从来没有登上过这项运动的顶峰。

熊朝忠改变了中国拳击的历史，实现了中国拳击梦，彻底击碎了“东亚病夫”辱称。他的成功丰富了中国拳击的选才面。再看培育他的公司，10 年斩获 12 根金腰带，众威缘何成孕育拳王的摇篮？同时，经济雄踞世界第二，有着 13 亿人口的中国，成熟的职业拳击市场何时才能形成？

第一章 奇迹 在云岭大地上诞生

第一节　了不起　苗寨出了个大拳王

不得了！小小苗寨出了个世界拳王。乡村炸锅了！大家聚在一起载歌载舞，举杯痛饮。为这一天，他们不知期盼了多少年！而对熊朝忠一家来说，这是多年不懈努力的结果。乡亲们都流下了激动的泪水……

2012年11月24日对13亿中国人来说，是一个非同寻常的日子。中国有史以来首位世界轻量级拳王诞生了！

这一天，在北方早已飘起了纷纷扬扬的雪花，而在祖国的西南边陲却是阳光明媚，鸟鸣鹤唳，宛若温暖的春天，一派祥和喜庆的景象。在云南省文山州马关县一个叫岩腊脚的苗族小村庄，在一间间简陋的民房内挤满了全村男女老少，他们怀着无比激动的心情，目不转睛地盯着彩电观看拳赛。视频里，一位精神抖擞，身材矫健，肌肉发达的年轻拳手对阵外国选手。他左躲右闪，出拳有力，动作敏捷娴熟，将拳击技巧熟稔于心，运用得游刃有余，以压倒性的优势打得对手狼狈不堪。这位青年人名叫熊朝忠。

此时的熊朝忠已经是岩腊脚村的大名人，全村人都知道熊家出了一个打拳很厉害的亚洲拳王，每次电视直播他的比赛时，村里人都会聚在电视前观看，熊朝忠的父亲把自家酿的土酒拿出来给大家喝。今天的比赛和往常不一样，熊朝忠争夺的是世界拳王，这意味着他向世界拳击顶峰冲刺。此时，熊朝忠的父母兄弟和父老乡亲组成30多人的亲友团已经到达昆明体育馆比赛现场助威，家乡的人也聚在电视机前观看小熊如何夺冠。他们在心里默默地为熊朝忠祈祷，并为岩腊脚村有这样一位英雄而感到自豪。

这个行业在中国曾是一度被禁的“野蛮运动项目”。不错，在人们印象中，世界拳坛美国黑人独占鳌头，是他们的天下。甚至有人称，拳击行业根本不适合亚洲人玩，因为亚洲人的体质差于西方人。作为中国轻量级拳手熊朝忠却偏要打破不可战胜的神话，挑战世界拳王。

这场世界级的拳赛属于WBC世界迷你轻量级拳王的争霸赛，也是世界职业拳击的最高等级的12回合较量。比赛一开始，熊朝忠和墨西哥拳王哈维尔·马丁内斯就进入了极为精彩的疯狂拼打之中。熊朝忠一开始就占了便宜，其后手拳的效果很好，但是对手在中段也打了很多拳，组合上熊朝忠处于防守。第二回合，双方更是打得非常激烈，都有精彩的对攻，熊朝忠连续打出重拳，击中马丁内斯的面部，一次将对手逼到拳角。而马丁内斯也有一个非常重的右手摆拳击中的熊朝忠的面部。前两个回合，熊朝忠明显在命中率和命中重拳效果上占据了优势。第三回合两人因为前两回合的拼打消耗了体能，开始调整进行防守，熊朝忠再次有一个后手重拳打中了马丁内斯的头部，相当给力。第四回合，处于劣势的马丁内斯开始拼命进攻，他出拳又密又急，熊朝忠进入了后退被动防守阶段。对手的急切四五下组合袭击很是凶悍。但是在一次反击中，马丁内斯的左眉弓被熊朝忠打开了，开始流血。比赛休息后，现场播报，熊朝忠以38∶39、39∶37、38∶38领先1分。

第五、六、七三个回合，熊朝忠明显出拳较少，往往马丁内斯打4—5拳，熊朝忠才能还一拳。但是马丁内斯的下手中段拳虽然能打在熊朝忠的侧肋，却并不能给熊朝忠造成伤害，还使自己消耗了过多的体力。而熊朝忠的反击虽然少，但是效率更高。不过在场面上，熊朝忠一直在进行后撤步还击，似乎有些消极。第八回合，熊朝忠的反击清晰而有效，找到了对手猛烈组合拳的空当，每每在对手打出4拳组合后，进行有效反击，在观众的欢呼中命中马丁内斯的有效部位。有3到4拳非常清晰有效的打击。经过8回合后，熊朝忠的比分变成了77∶76、78∶74和78∶74，他获得了大幅度的领先。

第九和第十回合，熊朝忠明显加强了前手拳的出击，他的左拳经常在后撤后连续刺中对手的面部，马丁内斯的面部不断流血，甚至一度沾了熊朝忠的脸。从第十回合开始，马丁内斯的体能下降，熊朝忠逐渐在出拳上占据了更多的上风。第十一回合马丁内斯不断猛烈挥拳，希望击倒熊朝忠，以 KO 扭转比分上的劣势，但是在空拳中再次不断消耗了体力。第十二回合，马丁内斯发动了最后的疯狂进攻，可是他的打击不断被熊朝忠躲过，而且自己还不断中拳，熊朝忠甚至一个右拳直接打掉了马丁内斯嘴里的牙套。最终在观众的欢呼中，熊朝忠结束了这场 12 回合的比赛。裁判现场宣布了比分，澳大利亚裁判马汉打分为 116∶114、美国的米尼是 118∶111、泰国裁判则给出了 116∶112 的比分。熊朝忠 3∶0 一致判定，赢得了中国第一个职业拳击冠军头衔。

熊朝忠家老宅

在熊朝忠老家，村民们围在电视机前，随着一个个回合的进行，屋内的掌声和喝彩声一浪高过一浪，当 12 个回合结束裁判判定熊朝忠获胜时，乡亲们都流下了激动的泪水。不得了！小小苗寨出了个世界拳王。乡村炸锅了！大家聚在一起载歌载舞，举杯痛饮。为这一天，他们不知期盼了多少年！而对熊朝忠一家来说，这是多年不懈努力的结果。

以上的场面是 2012 年 11 月 24 日在昆明体育馆举行的 WBC 迷你轻量级世界拳王金腰带争霸赛，经过 12 个回合的激烈搏斗后，熊朝忠以 3∶0 击败了有“魔鬼”之称的墨西哥选手哈维尔·马丁内斯，斩获世界拳击理事会（WBC）职业拳击迷你轻量级（105 磅）金腰带。对熊朝忠来说，这一天注定将成为他人生的分水岭。他成了中国拳击史上第一个世界职业拳王，圆了十三亿人的中国梦，也实现了一代伟人邓小平的心愿！成了《新闻联播》里的新闻人物。

与此同时，熊朝忠的名字也成为 13 亿人，乃至全世界人关注的焦点。各大媒体蜂拥而至，争相报道。

岩蜡脚村属于马关县东南部夹寒箐镇辖区，隶属于么龙村委会的偏僻小村，该村只有几十户人家的苗寨。拳王熊朝忠就生长在这里。

第二节　马关县政府重奖拳王精神

马关县政府宣布给予熊朝忠75万人民币的奖励，奖励的初衷是希望用“拳王精神”激励干部群众。

熊朝忠向马关县政府馈赠了自己在2012年11月24日对阵马丁内斯拿到世界拳王时使用的签名拳击手套，这是见证中国第一个职业世界拳王诞生的手套，纪念意义弥足珍贵。

“贫困县竟然出手阔绰，奖励拳王75万!”这消息在各大媒体和网上疯传。对政府此举有持肯定态度的，也有持不同意见的。熊朝忠通过数年坚持不懈的拼搏，终于如愿以偿获得世界拳王的殊荣，令他没有想到的是，财政并不宽松的马关县政府做出了一个惊人的决定，给了他一笔不小的奖金。长期以来，政府奖励的体育健儿都是计划内的。像他这种草根出身，在民营机构的培养下取得了一定成绩，居然也能受到政府的重视和奖励？熊朝忠百感交集，这确实令他感到意外。他从内心感恩这个能给他和千千万万有梦想的人提供发展机会的时代。

2013年1月25日上午，马关县润源大酒店到县中心安平广场这段长达1.5公里的街道上人潮汹涌，人们都在翘首以盼，等待着他们心目中的英雄熊朝忠的出现。彩旗飞舞，锣鼓喧天，这位农民出身的拳王佩戴着WBC迷你轻量级拳王金腰带出现在当地最豪华的四星级润源大酒店门前，立刻引来了无数欢呼和尖叫。

在前往安平广场的路上，一支少先队鼓号队和一台摄像车作为熊朝忠的前导，他的两位师兄高举着熊朝忠所获得的另两条腰带——WBC轻蝇量级的银腰带和WBC洲际金腰带走在他的身后，再后面则是身穿各式民族服装的家乡父老们。而安平广场上，早就挤满了人，马关县委县政府所举行的表彰大会就安排在这里召开。在县领导分别发表激情洋溢的讲话后，马关县政府宣布给予熊朝忠75万人民币的奖励，奖励初衷希望用“拳王精神”激励干部群众。

熊朝忠向马关县政府馈赠了自己在2012年11月24日对阵马丁内斯拿到世界拳王时使用的签名拳击手套，这是见证中国第一个职业世界拳王诞生的手套，纪念意义弥足珍贵。

当地政府对载誉而归的体育健儿进行表彰，这在中国是司空见惯的事情。不过，由于马关县的特殊“身份”，这次对熊朝忠的奖励还是引起了不少网友的质疑。在2012年国家级贫困县名单中，马关县榜上有名，因此有网友不以为然地表示：“当地政府应该把地方建设搞好，跑去凑这个热闹干什么?!”还有人尖锐地指出：“请问这75万元是从哪里出的？经过谁的同意？如果一个打工仔经过努力，当上了大企业的老总，是不是当地政府也要奖励一下？各行各业成功的人多的是，政府是不是都应该奖励?!”

马关县县政府有关负责人对此进行了回应。首先确认，这75万元的奖励是县委县政府从财政中拿出来的资金。奖励的初衷是：“首先，熊朝忠为家乡争了光，也为整个中国争了光，这是值得庆贺的。其次，小熊家里比较困难，是地道的农民，他为了生活出去学过电脑修理、种过香蕉，还在矿上打过工，最后才去学的拳击。在这种困难的情况下，小熊仍然坚持不懈地努力，在训练和比赛中不管面对什么样的困难，都没有选择放弃。所以在他的成长过程中，体现出一种自强不息的精神。所以我们更多的是表彰这种‘拳王精神’。马关是一个贫困地区，我们希望马关干部职工能够学习这种精神。”

该负责人承认，75万的奖励肯定还是会给马关这个贫困地区的财政带来一些压力，之前马关县的办公经费都是十分精简的，“不过宁肯其他地方压缩一些，这部分的奖励资金也还是要拿出来的，就是再心疼也要拿出来。”他说，1月10日到14日，马关县召开了县人代会和县政协会，以前这样的会议上都会摆上鲜花等作为装饰，但这次就什么都没摆，“该节约的地方就要节约，该花的钱还是要花的。”而对于网上的争议，该负责人表示：“说闲话的人确实很多，但我们奖励的是这种精神，而且也没有铺张浪费地去搞表彰会，只是节俭地办了一场活动。别人怎么说，网上怎么吵都可以，希望大家在这个吵的过程中把思想统一起来。我们不会去纠正什么，也不会对此发出什么声音。”

那么，当地群众是否支持给予熊朝忠重奖呢？对此，从现场自发前来参加活动的三四万群众的那种自豪情绪，就已经说明一切。当地的老百姓说，就是奖励100万元也不为过，他们认为熊朝忠长了中国人的志气，实现了中国梦。

第三节 企业献爱心 率先捐赠住房

一个素不相识的企业送他这么大的房子，这确实令熊朝忠很意外。他体会到商人并不是像人们所说的全是唯利是图。同时，他也深深体会到社会主义大家庭中，各民族儿女不分彼此亲如一家。

寒冬渐渐离去，春天来临。一场久违的春雨滋润着家乡的泥土，温暖的阳光、和煦的春风让原本干涩的原野迅速绿起来。家乡又将呈现出一派生机盎然的景象。对熊朝忠来说，意味着他永远告别了人生的冬天，迎来人生长久的春天。在这个春天里，他激动、振奋，憧憬未来。如果说马关县政府对拳王熊朝忠巨额奖励令他十分感动和意想不到的话，令他更想不到的事还在后边。就在马关县委县政府还打算出资给熊朝忠买一套房子时，当地一家企业勇敢地站出来，赠送了熊朝忠一套约 147 平方米带花园的大房子，也让当地政府节省了这笔资金。

熊朝忠家中十分简陋，而他母亲在马关帮着熊朝忠的兄弟带孩子，还是租的房子住。县委县政府认为应该帮助熊朝忠把这个问题解决，企业献爱心正好解了燃眉之急。

经了解，送给熊朝忠的这套房子是马关县最好的花园小区，同时也是这个小区中卖得最好的户型，按照市场价应该在七八十万元。向熊朝忠赠送房产的这家公司老总是四川泸州人，当初带着 50 元钱来马关创业，从当泥浆工一步一步走出来，和小熊经历很像，所以与熊朝忠有惺惺相惜之情。

2014 年 3 月，该住房全面建成并交付使用，熊朝忠父母搬离 200 元的月租房，带着几个在马关县读幼儿园的孙辈住进以前他们想都不敢想的县城中心 147 平方米的花园大房。初次看房时，熊朝忠的父亲盯着附带的 157 平方米的花园良久，说："这个好，以后可以拿来种菜。"

一个素不相识的企业送他这么大的房子，这确实令熊很意外。他体会到商人并不是像人们所说的全是唯利是图。同时，他也深深体会到社会主义大家庭中，各民族儿女不分彼此亲如一家的温暖。

是的，当祖国改革开放前沿城市经济高速发展时，一些贫困山区的人们只能望而兴叹，他们需要的是更多的发展机遇。由于自身条件的限制，往往令他们在激烈的市场竞争中毫无优势可言。然而，七十二行，行行出状元。每个人或许都有天生的短板和优势，如何扬长避短成就自己尤为重要，熊朝忠这个曾经连找保安工作别人都不要的年轻人的成功也许就是一个明显的例子。他的成功也给了许许多多像他这样的人一种激励。

据马关县相关负责人介绍，接下来马关县还有一揽子计划，比如将拨款和筹资修建一条从马关县夹寒箐镇到熊朝忠家乡岩蜡脚村的柏油路，另外还将为岩蜡脚村投入资金，进行社会主义小康示范村建设进行改造。除此之外，马关县还希望能把目前正准备筹拍的关于熊朝忠的电影取景地给争取过来，准备为熊朝忠拍一部电影等。

第四节　荣誉满身回归故里　自强不息树立模范

我的故乡并不美
低矮的草房苦涩的井水
一条时常干涸的小河
依恋在小村周围
一片贫瘠的土地上
收获着微薄的希望
住了一年又一年
生活了一辈又一辈
忙不完的黄土地
喝不干的苦井水
男人为你累弯了腰
女人也要为你锁愁眉
离不了的矮草房
养活了人的苦井水
住了一年又一年
生活了一辈又一辈

……

2013 年 1 月 15 日，带着中国首个世界职业拳王金腰带这个无与伦比的头衔和荣誉，30 岁的苗族小伙熊朝忠凯旋凯归来，“衣锦还乡”“荣归故里”“光宗耀祖”等词语用在他身上都恰当。

这山、这水养育了他，这里的一草一木都是特别的亲切。尽管故乡非常贫瘠，简陋，住着泥墙瓦屋，喝着苞谷稀粥长大，但他一点也不嫌弃，他的全部情感已经深深地植入这里。就像慈祥的爹娘，离开的越久，思念心越迫切，爱越浓。摸摸果树，这些满足他童年馋嘴的果树仍然淡定地矗立在那里，树干裂着道道老口，如同村里干活的老年人冬天的手背和脚后跟。万物都有灵，或许树淡定是一种更高的境界。鸡仔蹦跳着寻食，用手一摸它就不动了，没有距离感。老水牛安详地卧在圈里休息，伸手摸摸它的头，它会温顺地屏住粗重的呼吸。

山水依旧，一切都没有改变。唯一改变的是老人变得更老了，小孩长高了。门前圆圆的水潭，仍然是那样平静，深绿色的水望不见底，如同他曾经不可预测的人生。几只鸭子在水面快活地来回游着，叫着，仿佛在欢迎主人的归来。大山依然矗立着。无数个紧紧地拥抱，无数双粗糙的大手的紧握，颇有“相顾无言，唯有泪千行”的场面。是的，一切尽在不言中!

熊朝忠在心里道：故乡，我曾经离开，并非嫌弃你。今天，我终于成功了。这只是个开始，一个良好的开始。30 岁如日中天，我还有更多的时间更多的精力去拼搏奋斗，取得辉煌的成就。曾经的贫穷让我感到困惑、无奈，甚至是绝望，但我用拼搏和汗水创造了奇迹。此时，成方圆演唱的那首脍炙人口的《我热恋的故乡》再次萦绕在他的耳边。

家乡的父老乡亲们早早地就在村口打出了“世界职业拳王熊朝忠，家乡人民永远支持你!”的红色横幅，同时还按苗族俗习惯在村里杀牛宰猪，为这位大英雄举行了简短的庆功仪式。

“通过我的努力以及家乡人民的厚爱，还有恩师的培养，团队的鼎力支持和资助，才有我今天的成功，现在我终于实现了当初要为家乡做点有意义的事情的愿望了，我心里感到特别温暖和高兴，心情很放松，同时也感到很自豪。”熊朝激动地说。他不会喝酒，但他以茶代酒和乡亲们碰杯。

他表示，这次回家感觉很轻松。在没成功之前，每次回家我都有一种内疚的感觉，因为我是大山里的儿子，家乡养育了我，家乡对像我这样历经艰难困苦过来的人来说很重要，很特别，不管走到哪里我都不会忘记我的家乡。山里人都很实在，因为贫穷所以输不起。当时，凭他的自身条件和家境，要成为亚洲拳王或世界拳王，百分之一的可能性都不到。不达目的不罢休的精神和永不言败的坚强意志支撑着他。

“我二儿子熊朝忠忙着准备比赛好久没有回家了，这次他带着荣耀归来，做爹的都脸上有光，为有这样的儿子感到高兴!”拳王老爸熊万江有感而发。还没等老伴说完，在家里忙着切猪菜的拳王母亲王玉芬流着激动的泪说，熊朝忠从小就是命苦的孩子，在矿坑打过工，但他一直很坚强，也有想法，能有今天确实不容易，我们有这样的儿子值了，今天终于盼到他回来了，我们要好好为他庆贺，和他吃团圆饭。

从乡亲们的脸上可以看出他们内心的喜悦。熊朝忠熬出头了！岩蜡脚村也熬出头了！

如今，熊朝忠已获得云南省十大新闻人物、最美云南人、文山州政协委员、十大杰出青年、劳模等头衔和荣誉。可谓是荣誉满身衣锦还乡。不错，每次回家都要摆起筵席接待上百人的亲朋好友、企业老总、地方官员、教过熊朝忠的老师和慕名而来的拜访者等。有人认为这些荣誉都是熊成为世界拳王后瞬间降临的，其实并非这样。

早在 2011 年，熊朝忠曾被共青团文山州委授予“第五届文山州十大杰出青年”称号。那时，熊还没有摘取世界拳王金腰带，但他已是洲际拳王，名声早已远播省内外。

2011 年，由团州委、州委组织部、州委宣传部、州人力资源和社会保障局、州广播电视局、州青年联合会联合主办的第五届“文山州十大杰出青年”评选活动从 4 月开始，历经宣传动员、组织推荐，全州八县及州属单位共推荐候选人 37 名，通过资格审查，符合条件的共 35 名。经过评委会严格评审，评出正式候选人 20 名。

20 名候选人中，将根据最后的投票和评选结果，最终产生“文山州十大杰出青年”10 名，另 10 名获“文山州十大杰出青年”提名奖。为保证评选活动的公开、公正、公平，进一步增强评选的透明度，对 20 名正式候选人进行公示，接受广大市民监督。

公示时间为：2011 年 8 月 29 日至 8 月 31 日。公示期间，任何单位和个人均可通过来人、来电、来信等方式向第五届“文山州十大杰出青年”评选活动组委会办公室反映公示对象存在的影响其参评资格的情况和问题。反映情况和问题必须实事求是，客观公正。反映人必须提供真实姓名、联系电话、家庭地址或工作单位，以示负责，否则不予受理。活动组委会办公室对反映人和反映情况将严格保密，对所反映的情况和问题，将认真进行调查核实，弄清事实真相，并视情况以适当方式向反映情况和问题的单位或个人反馈。调查属实的，取消公示对象第五届文山州“十大杰出青年”正式候选人资格。评选办法：公众投票＋团组织投票＋青联投票＋评委投票。其中，公众投票含网络投票、短信投票、报刊投票。投票时间：9月5日至9月25日。公众投票选票将刊登在《文山日报》、《七都晚刊》、《映象文山》；同时接受社会公众网络、短信等投票方式。熊朝忠最终成为“第五届文山州十大杰出青年”。

为展示当代文山青年奋发向上、开拓进取的精神风貌，为广大青年树立创先争优的学习榜样，2012年12月14日，团州委授予熊朝忠“文山州五四青年奖章”荣誉称号。

州团委认为，熊朝忠的成功，为宣传文山、展示当代文山青年形象做出了积极贡献。他是新时期文山青年的杰出代表，是全州广大青年学习的榜样。为此，共青团文山州委决定授予其“文山州五四青年奖章”。希望广大青年要以熊朝忠为榜样，自觉崇尚先进、学习先进、争当先进，争做建成小康社会的实践者，为加快文山全面发展做出更大贡献。

文山壮族苗族自治州团委蒋书记在接受采访时表示，熊朝忠的成功对文山社会产生三点积极影响：第一，从在马关的外地民企率先送房可以看出，在社会主义大家庭中，各兄弟民族不分地域不分种族亲如一家，尤其是文山11个兄弟民族和睦相处的可喜景象；其二是熊朝忠创下不出省一样能成就一番事业的好例子。面对全国无数村庄只剩下少许老、弱、残和不断出现无人村的残酷现象，文山州共青团委提出：走出去就业，回家创业。州政府努力引进一些劳动密集型知名企业，让更多的青年能在家门口就业，以便和亲人团聚。说到此，蒋书记深有感触地回忆起一件事，2006年8月15日，州共青团组织慰问团，到广东东莞的一个镇去看望在那里打工的800多名文山青年，给他们送去月饼和所录家人视频，当时一片哭声让所有在场的人无不流泪。因此，努力把青年人留在家乡就业创业成了他们的最大愿望。

其三是通过世界拳王的名人效应带动当地经济的发展。如今，已有不少文化名人和企业家把目光投向文山。

第二章

回顾过去　平凡人生的挣扎

第一节　多病童年　心中有无数个梦

贫穷和疾病困扰着熊朝忠的童年，在5岁以前，熊朝忠并不像人们想象的那样健康，几乎隔三岔五就要生一次病，谁也不会想到这个体弱多病的孩子居然会成为未来的体育精英。

在记忆中，无数次的疾病折磨让他和死神擦肩而过……

1982年10月3日，云南文山州马关县夹寒箐镇岩腊脚村一户普通苗族人家生下一个健康的儿子，这是他们的第二个儿子。这个小男婴自生下来就有一双圆圆的大眼睛，特别有神。稍大以后，人们就会发现这娃娃天庭饱满地阁方圆。一些略懂相术的人夸这孩子将来一定不平凡。

而这孩子的父母只当做是好心人善意的夸奖，根本不敢对儿子有过高的奢求。因为像这样的大山里，长得好的娃娃多着呢，也都常常被别人夸奖过，他们的父母也曾抱过一些幻想，但长大了最终还是继承祖业，娶妻生儿育女，跟土地打一辈子交道。在这里能当当兵，或是出一个教书的教师已是莫大的荣耀。

打开云南地图并查阅相关资料，你会发现有这样的一段文字介绍：

云南马关县地处云南省东南部，文山壮族苗族自治州南部，介于北纬22°42′—23°15′，东经103°52′—104°39′之间。东与麻栗坡县相连，南与越南接壤，西南与红河州的河口、屏边两县毗邻，北与文山县交界，东与西畴县隔盘龙河相望。县境东西最大横距79公里，南北最大纵距61公里，最小纵距24.7公里，面积2676平方公里。县城马白距省会昆明442公里，距州府所在地文山72公里。马关县属亚热带东部型季风气候，年均气温16.9℃，平均最高气温 21.7℃，平均最低气温 9.6℃，年平均降雨量 1345 毫米，相对湿度 84%；年日照时数为 1804 小时，全年无霜期达 300 天以上。

而夹寒箐镇位于这个县东南部，东接都龙镇，南连金厂镇、小坝子镇，西邻仁和镇，北靠马白镇。镇人民政府驻地距省会昆明 464 公里，距州府文山 95 公里，距县城 22 公里，全镇国土面积 252.27 平方千米。大部分为高山、中山河谷相间区，平均海拔 1400 米。境内产三七、兰花、马关茶、砂仁、杉木、草果、塘房桔、蛤蚧等，另外还有无角山羊，俗称“马羊”，它是马关特有的一个地方羊种。

熊朝忠的家距县城足有 30 公里，距镇政府约 19 公里。岩腊脚村四周群山环抱，中间是小块的农田，熊朝忠的家在“盆底”的左北角，旁边耸立着一座山丘，山丘下是一个约一亩面积的圆水潭，据说是天然生成的。水潭约两尺深，从未干过。潭中的水一年四季能变幻三种颜色，由绿及蓝，由蓝变红，很是神奇。水潭前，三间极其简陋低矮的土坯房就是熊家世代居住之处，左右相距丈余是叔伯的房子。不同的是熊家的房子右侧近年用红砖修砌了一下。从熊朝忠这一辈往上数五辈，也就是他爷爷的爷爷就住在这里。熊家房子面向东方。在东南方向有一座像奶头一样的两个山丘，当地人称之为牛角山。一条一丈多宽的石子公路从山外蛇行而来，直通熊朝忠的家，车开过去，尘土飞扬。四周的山上虽无大树，却长满了草木。除熊家之外，90% 的村民都住在山上，交通极为不便。据了解，山上的一些人家已在山下平坝选了

位于熊朝忠家东南方的牛角山

地基，准备迁下来。

贫穷和疾病困扰着熊朝忠的童年，在5岁以前，熊朝忠并不像人们想象的那样健康，几乎隔三岔五就要生一次病，谁也不会想到这个体弱多病的孩子居然会成为未来的体育精英。熊万江三个儿子都用苗语取了小名。熊朝忠的哥哥小名叫小红，比熊朝忠大三岁。熊朝忠的小名叫小船，弟弟小名叫小由，弟弟比熊朝忠小两岁。

在记忆中，无数次的疾病折磨让小船和死神擦肩而过，三兄弟除了无忧无虑地玩耍，就是缠着村里的老爷爷讲故事。那是夏天的一个午后，刚刚病愈的小船又一次缠着老爷爷讲故事。

老爷爷长年累月重复着苗族的风土故事，以至于能让年幼的熊朝忠背下来。譬如，他说，苗族的民间文学浩如烟海，具有浓厚的民族特色，主要有史诗、叙事诗、故事传说、民歌等。苗族古歌：流传在黔东南地区的创世史诗。全诗有万行以上，分四部分，共12首，即“开天辟地”歌四首、“枫木歌”六首、“洪水滔天歌”和“跋山涉水歌”。这部神话叙事诗通过丰富奇妙的想象，生动地反映了苗族先民对天地、万物及人类起源的解释和他们艰苦奋斗开创人类历史的功绩。苗族人民创造了丰富多彩的民间文学和艺术。诗歌一般是五言，间有七言或自由体，分别为古歌、理词、巫歌、情歌、儿歌等。现代苗族作家沈从文、陈靖等创作了大批文学作品。

苗族的医药学历史久远，早在西汉刘项的《说苑辨物》中就有记载。苗医内容十分丰富，具有独特的民族特色和乡土气息，仅苗药就多达千余种。在诊断上分内科三十六症，外科七十二疾；在医疗方法上分放血疗法、拔罐疗法、抽箭疗法、熏蒸疗法等。

苗族民间音乐主要有歌曲和芦笙调两种。芦笙曲约百种，优美动听，颇有民族特色。苗族的乐器分为打击乐器和管弦乐器两种，主要有芦笙、唢呐、芒筒、箫筒、木鼓、板凳等。

苗族舞蹈均以乐器伴奏，不少舞蹈是以伴奏的乐器名命名的。有芦笙舞、板凳舞、铜鼓舞等，以芦笙舞最为普遍。

苗族的民间工艺不仅丰富，且历史悠久。一般分为女制工艺和男制工艺两大类，每一类下又有多种工艺。女制工艺有挑花、刺绣、织锦、蜡染、剪纸等，男制工艺有银饰制作、竹器等等。

可是今天，小船提出了一个新问题。他说，爷爷，我们是从哪里来的？怎么选在这里定居？

老爷爷说，我们来自遥远的北方，由于那里天冷，就一直向着太阳落下去的方向迁徙，追着太阳，一直迁到贵州，最后选择了这里，天气暖和，不冷不热。

小船好奇地问，为什么不继续追太阳呢？

老爷爷摸了一下小船的头，笑呵呵地说，太阳谁也追不上！它每天都会来和我们见面。这个地方一年见到太阳的次数最多。

可说小船总想听一点新奇的，在他的一再请求下，老爷爷拗不过他，只好一边吸着烟一边给他讲苗族蛊术。老爷爷说，在偏远的苗族聚居地区，如果小孩不小心嘴里起了血泡，做母亲的便一边慌忙找针把血泡扎破，一边愤愤地骂道：“着蛊了，着蛊了。挨刀砍脑壳的，谁放的蛊我已知道了。她不赶快收回去，我是不饶她的！”要是吃鱼不慎，鱼骨卡在了喉咙，母亲就会叫孩子不加咀嚼地吞咽几大口饭，将鱼刺一股脑儿地吞下肚里。随后叫小孩到大门口默念着某某人（被认为有蛊者）的名字，高声喊叫：“某某家妈有蛊啊，她放蛊着我，我知道了，她不赶快收回去，我是不饶她的：哪天我要抬粪淋她家门，拣石砸她家的屋顶，让大家都知道她家有蛊，有儿娶不来，有女嫁不去哩！”喊声中充满了愤怒和仇恨。据说通过这种喊寨的方式，“放蛊”的人听见了，心里害怕，就会自动将“蛊”收回去。

小船听得津津有味，不知不觉，一个下午又过去了。儿童总是对世间的一切都很好奇，寻根问底，追寻万物的来源，包括自己的根。老爷爷还给他讲了苗族祖先——战神蚩尤。那个下午，许许多多的故事装满了他的小脑袋，以至于让他感觉到装不下，昏昏欲睡。

夜里，风雨交加。小船静静地躺在床上一动不动。“小船又发高烧了！咋办？”母亲摸摸儿子的额头，焦急地说道。熊爹一脸的无奈，他望着屋外的雨幕长叹一声说，“天下这么大的雨，还是让他四婶来看看，弄点药吧。”熊爹戴着雨帽一头扎进雨中，全家人焦急地盼望着，一秒一秒地数着心跳。半小时后，熊爹浑身湿透回来说：不巧，他四婶给人看病还没回来！苗族的宗教信仰主要是原始宗教，重视拜山神、树神、猎神、雨神、火神等自然神祇，遇有暴风骤雨，要烧黄腊祭鬼；小孩生病，要拜献石头神；大人生病，要杀猪祭水井神，并取“灵水”治病。于是，熊爹烧了黄腊祭鬼。然后用雨具护着，抱着小熊向3公里外的卫生所跑去。

天终于晴了，小熊高烧退了。父母牵着他的小手一起来到门前水潭前石头山脚一个洞口祭拜，洞里供着观世音菩萨。水潭里，鸭子快活地游着，鱼儿蹿出水面，青蛙声声鸣叫。幼小的他向上苍向菩萨祈祷，祈祷自己再也不要生病，将来可以去大山外。过完这个夏天到秋天，他就迈进5岁，或许是观世音菩萨的庇护，上天真的被感动了，5岁以后疾病少了。

家乡是童年熊朝忠无拘无束的天堂，也是他经受历练的地方。弟弟出生，靠不多的土地养活一家五口，熊家的日子自然有些艰辛，但熊的父母仍然以自己有三个儿子而自豪。在潜意识中，他们认为只要有人就可以创造一切。童年的熊朝忠常常和小伙伴们一起到在野外采蘑菇、摘野果子吃，夏天到河里游泳，捉鱼为乐。在青黄不接时，偷偷背着大人从自家地里扳青苞谷回家烧了吃。因此，他对生养他的大山有着深厚的感情。童年的他唯一知道的新东西就是在那台黑白老电视里看到和村里不一样的世界：高高矗立的楼房、来往穿梭的小轿车、穿着时尚的大人和孩子、明星做广告等等。尤其是看到电视里的孩子要什么有什么，心里很是羡慕。因此，他常常想，我将来长大了也要到电视里的环境去生活，住高楼、开小车、像明星一样拍广告。这些想法有时不知不觉地从他口中说给别的小伙伴听时，别的孩子只当他是痴人说梦，根本不放在心上。

随着年龄的增大，熊朝忠接受童蒙养正教育，开始上学了。懂得了生活光凭幻想是不行的，要用自己的双手去创造，要付出汗水和劳动才能实现自己的梦想。就像父母种庄稼，春天不播种，夏天就不能成长，秋天就不能收获，冬天就不能品尝。因此，他决心用自己的努力去实现梦想。

第二节　孩子王　初露苗家人的彪悍之气

“打呀打呀，快打呀!”20世纪90年代初，么龙小学外的田间小路上，一群衣着朴素的小男孩顶着冬天的太阳拼命地叫喊着，稚嫩的声音传遍山村。上二年级的熊朝忠带领着一批小伙伴与他的死敌阿牛对抗。此时的么龙村没有正规幼儿园。六岁的熊朝忠像许多孩子一样，经过几个月学前简单“培训”就上一年级了。阿牛是熊朝忠自上学以来的死敌。从学前班打到二年级，已有两年了，十有八九都是阿牛战败。

昨天的打斗阿牛全军溃败，他不服气，用火柴悄悄点燃稻田里的30把稻草然后嫁祸于熊朝忠，熊朝忠挨了爹一顿打，并赔了人家30把稻草。

因此，今天放学后熊朝忠要跟阿牛清算。只见熊朝忠一只手抓住阿牛的衣领，把他高高地举起，被举在空中的阿牛吓得连声求饶。

“稻草是你烧的?”熊朝忠怒喝道。

“是我是我，我错了，快放我下来，求求你!”阿牛求饶道。

“以后还敢?”熊朝忠问。

“不敢了，再也不敢了!”阿牛哀求道。

熊朝忠把这个好惹事的“敌人”放下来时，迎来小朋友们一片掌声和叫好声。他一下子成了这群孩子们心中的大英雄。

这一幕让村民们称奇，私下议论熊万江家老二的力气不得了。

年幼的熊朝忠背着书包，蹦蹦跳跳地回家去。老远，他就看见屋顶的袅袅升起炊烟，听见鸭子和鹅的叫声，看见它们在家门前水潭里自由自在地游着。他不由得背诵起课文里新教的古诗《咏鹅》：“鹅、鹅、鹅，曲项向天歌，白毛浮绿水，红掌拨清波。”

这是骆宾王七岁时写的诗。这首诗从一个七岁儿童的眼光看鹅游水嬉戏的神态，写得极为生动活泼。鹅白毛红掌，浮在清水绿波之上，两下互相映衬，构成一幅美丽的“白鹅嬉水图”，表现出儿童时代的骆宾王善于观察事物的能力。这样的画面此时正出现在熊朝忠家门前。

当熊朝忠怀着自豪迈进家门时，并没有看见爹娘以往高兴的笑脸，迎接他的是熊爹的一脸严肃。“跪下!”熊爹命令道，年幼的熊朝忠知道爹的脾气，顺从地跪下了。接着，小熊受到爹一顿罚，让他很是不解。要是换作别的孩子的父母，说不定还要夸奖一番。他想，平素里跟弟弟打架，父母教育他是应该的，弟弟年龄小要让着点。可是，面对做了坏事的孩子，难道也要让我让着他吗?凭什么?况且，我仅仅是把他举起，并没有把他扔下去，只是吓吓他而已，没有伤着他。他百思不得其解。

这样的心结一直折磨着他，他甚至觉得爹对自己不公平。此时，天空显得比什么时候都矮，阴沉沉的。四周的群山不再像往常看上去是一道天然屏障，而是一种枷锁。原野里密密麻麻乱七八糟的野草和门前看不见底的水潭似乎隐藏着许许多多的人生不解之谜。

最后，还是在父亲那里找到了答案。见儿子一时悟不透，熊爹告诉他一个人凭武力永远不能让人服气，即便是服了也是口服心不服，为日后埋下祸根。做人要跟人真正友好相处，要以理服人，以德服人。即便是你能打得过他人，遇事也得让着一点，人家自然会服你，而不是用武力威胁。这些话深深地镶嵌在熊朝忠的心里，影响着他日后的人生。

熊爹说：稻草不值钱，赔了就算了。只要他知错就改就行了。

阿牛的爹知道阿牛烧稻草嫁祸于小船，于是教训了一顿儿子，背了30把稻草到熊朝忠家。

稻草虽说不值钱，在大雪纷飞的冬天里，它可是牛的好草料。

熊朝忠和阿牛这对冤家注定要打下去。

对熊家老二惊人的力气，村民褒贬不一。更多的人认为光有蛮力有什么用，又不是冷兵器时期可以中武状元，觉得打架厉害的孩子是没有前途的。

在岩腊脚村的田间小路上，常常会看见一群衣着朴素的孩子在放学路上用一些树枝当刀剑嬉闹打斗着，这本是嬉闹，但有时难免失手打痛对方，时而传来小孩的哭闹声。孩子们顿时鸦雀无声，作鸟兽散。田野里，菜花金黄，蜜蜂飞舞。调皮惹事的孩子回家总会受到父母的严厉责罚。

如果说20世纪80年代初一部《少林寺》让神州大地上掀起了“练武热”，那么90年代满天飞的港片给人们带来新奇感的同时，也同样带来了许多负面影响，诸如色情、暴力也随之深深地影响了一代青少年。人们常常看见上学和放学路上孩子，他们模仿电影里的情景，一招一式像模像样地打斗着。

90年代初的熊朝忠也是这群娃娃中的一个。在同龄人中，他的个子不是很高，但身体结实，动作敏捷，力气惊人。

而在熊家，熊朝忠是最爱给老爹“惹事”的。那些被打的孩子的爹娘总会找上门来讨说法。熊爹总是赔礼道歉，总要狠狠地教训一顿儿子。熊朝忠的父亲熊万江，性格温和慈祥，但对孩子有一个底线，只要触犯底线就会严加教育，所以三个儿子没有任何不良嗜好。母亲也一样，只要娃娃做了错事，就会用细小的棍子毫不留情地抽打，让其绝不敢再犯。但熊朝忠好斗不服输的个性总是改不了。

村里人最羡慕的是学习成绩好不惹事的乖娃娃，总是拿他们当作教育孩子的榜样。拿那些好惹事学习成差的做反面例子，让孩子避而远之。熊朝忠学习成绩一般，常常打架斗殴，自然不被人们看好。尽管老爹想彻底管住熊好斗的性格，叫他学得“乖”一点，可总不能如愿。爹娘不免对他的未来有些担忧。虽说，熊朝忠好打架，但他很多时候都是出于自卫，从不主动挑衅别人。渐渐地，没人敢挑衅他了。

这一时期是熊朝忠人生最快乐的时光，度过了一个无忧无虑的童年。他也成了岩腊脚村有名的孩子王。这时期的小熊虽然觉得自己这一好斗的毛病不讨人喜欢，但他觉得做了一回真正的自己。他知道，随着年龄的长大，童年是的无拘无束无忧无虑将不再有，将像大人们一样为柴米油盐酱醋茶操心。

第三节　飞来横祸　他成为交不起学费的学生

20 世纪 90 年代初，马关县夹寒箐镇么龙村的一所简易的小学里传来琅琅读书声。三年级的教室里却是静悄悄的。一位中年教师审视着下边的同学，穿着朴素的男女学生低头玩弄着手中的水笔或橡皮擦。

老师道：这一学期眼看都快结束了，有一小部分人的学费还没交来。老师理解你们一些人家里兄弟姊妹多，经济困难。可是老师也要吃饭呀，为给你们预垫学费，老师的工资都被扣完了。

同学们都低下头，小声议论，交清学费的同学都把目光投向那些没交清或者完全没交的同学身上。

老师再次道：除了两个特别困难的同学用勤工俭学的费用减免学费和书本费外，其余的同学要催着父母想办法。现在一个个表态，上星期已让你们回去催了，什么时候交？

接着，一个个同学站起来，低头小声向老师传达家长承诺的最后交费时间。有的说，把猪仔卖了交；有的说等卖了编的竹货交；还有的说等爹领到在镇上工地做工的钱交……

“熊朝忠，你还欠的部分学费什么时候交清？”老师点名了。

同学们惊诧的目光一下子聚到他身上。小声地议论道：他家有钱呀，怎么也拖欠学费？

“对，谁不晓得他爹是牛贩子！”

此时的熊朝忠恨不得找个地缝钻进去。不错，在这以前他是从不拖欠学费的，开学第一个交清。

穿着旧毛蓝布中山服的熊朝忠红着脸站起来，小声说：我爸爸到县城卖的竹货刚好够我哥哥的学费。我和弟弟的学费要等他砍柴卖了才能交。

老师轻轻地点着头。

阿牛不屑一顾道：哼，装穷！

年幼的熊朝忠狠狠地瞪着他。战争似乎一触即发。

老师喝道：上课不许讲话！

下课了，同学们一窝蜂涌出教室，来到操场上。女生踢毽子、跳绳、抓石子、丢手绢；男生滚铁环、打陀螺或追逐着玩。陀螺又叫木牛。此时同学们玩的陀螺都是家长用半截木棒给做的，由于制作水平有高低，所以陀螺的大小不同形状各异，转起来的效果也不一样。在以往的课间比赛中，熊朝忠的陀螺转的时间最长，总是赢来同学们的阵阵喝彩声。今天，他却独自一人游走在操场的一角，无心去凑热闹。

“熊朝忠怎么也会交不起学费？他爹是牛贩子，有钱。”一个同学说。

另一个同学悄悄说：“你还不晓得，他爹贩牛栽了。”

“是亏本了？不会吧，听大人们讲，越南的牛比中国便宜得多，从那边买来卖稳赚。”一个学生道。

“你们不晓得，跟熊朝忠爹一起贩牛的那个越南人，被劫匪开枪打死了，贩牛的钱全被抢走了。”另一同学悄悄透露。

“真的？”

“骗你是乌龟！”

……

那飞转的陀螺把熊朝忠的记忆带到从前，每次爹赚到钱，哥哥就会买一点好吃的零食，趁下课的机会送到他和弟弟的教室，让同学们好羡慕。他总是分一点给同桌好友吃。

放学后，阿牛用幸灾乐祸的眼光看着熊朝忠，并向他挑战。一场两个孩子王之间的恶斗又开始了。

由于阿牛的不断挑衅，战争不断爆发，给熊朝忠的童年留下了苦涩的回忆。

马关县城的最南端，步行约五小时到岩腊脚村，翻过牛角山有一条名为“小白河”，河水蜿蜒曲折，缓缓地向南流去，在岁月流逝中形成一道深深的河谷，就像熊朝忠曲折的人生之路。每年夏天，熊朝忠和小伙伴们都要到河里游泳。河北边是熊朝忠的故乡岩腊脚村，南边就是越南。在这个偏远的小山村，人们有的是使不完的力气，甩不掉的是贫穷。父辈们为了省钱，常常用脚步丈量着从村里到县城的土地，背着家里的土特产和竹编货到县城的集市去卖。

文山，一个在历史记忆中唤起疼痛的地方。改革开放前 10 年，中越边境冲突不断，这里被划为交战区。因此，经济发展相对滞后。中越边境硝烟在 1989 年散去，但那场长达 10 年的战争记忆永远留在一代人心中，滞留在时光里。

岩腊脚村属于山区。海拔 1350 米，年平均气温 15℃，年降水量 1000 毫米。全村有耕地总面积 394 亩，人均耕地 1.3 亩，主要种植水稻、苞谷等作物，拥有林地 170 亩，水面面积 20 亩，荒山荒地 700 亩。

该村已实现通水、通电、通路，无路灯。全村未通自来水。有 65 户通电，基本上拥有电视机。

该村到乡镇道路为弹石路，进村道路为土路路面，村内主干道均为未硬化的路面，距离最近的车站 19 公里，距离最近的集贸市场 3 公里。全村共有摩托车 9 辆。全村耕地有效灌溉面积为 75 亩，有效灌溉率为 19%，其中有高稳产农田地面积 42 亩。农户住房以土木结构住房为主。

由于地质土壤的关系，当地经济作物只能种植香蕉和橡胶，但也只有比较富裕的人家才能种得起。也有头脑灵活点的人收苞谷或豆类拿到县城去卖，做点小生意，但大多数人家都是经营着家里的一点薄田，面朝黄土背朝天，艰难度日。全村的人均月收入只有三四百元钱。

熊万江家有三个孩子，哥哥熊朝飞、熊朝忠和弟弟熊朝周，全家一直住在土坯房里。家里的地不多，熊父算是有经济头脑的人，农闲就会往返中越两国贩卖牛贴补家用。那时越南的牛比中国便宜。因此，家里的日子比起一般人家稍稍好过一点。

可是，好景不长。熊万江跟一个越南人合伙从越南买牛到中国卖，由于熊万江胆小不敢携带现金，钱由合伙的越南人装着。有一天，正当他们把牛卖掉，一伙持枪劫匪突然窜出来，熊爹还没有反应过来。砰砰两声枪响，跟熊万江合伙的越南人当即被劫匪枪杀，并抢走了约2000多元的本钱。熊万江逃过一劫。后来，凶手虽被缉拿归案绳之以法，但被劫去的钱早已被挥霍，无法追回。这事对全家无疑是一个意外的灾难，对熊爹的打击可不小。年幼的熊朝忠常常看到父亲总是一个人坐在屋外一言不发。村里好心人开导熊爹：钱财乃身外之物，你还有三个儿子！

“因为此事，家里就彻底破产了，不然我的成长环境还好一点。”熊朝忠在言语中对边境不稳定感到很是遗憾，对和平生活倍感珍惜。这一年，熊朝忠正在读小学三年级。由于三兄弟的年龄相差在二三岁，因此，赶在一块儿读书，经济一度陷入困境。虽为二三十元的学费，却要拖到学期末才能交清。

也就是第一次拖欠学费被老师点名这天，熊朝忠在周末独自一人到白水河游了个够。除了洗掉浑身的汗渍外，更多的是发泄内心的郁闷。他要洗掉羞辱，洗掉贫穷，洗掉自卑，他希望回到从前，成为那个让人羡慕的小船。他感到自己幼小的身体有使不完的力气。

家庭经济的衰落影响着熊朝忠原本无忧无虑的童年，让他很早就懂得为家人分忧，常去放牛、捡柴、栽秧、除草。离熊朝忠家步行约40分钟的地方有一片山林，熊朝忠的爹曾经在冬季里每天步行到这里砍柴，晾干后用马拖到镇上或县城卖了给他们兄弟仨交学费。

20世纪90年代，随着改革开放的进一步加快，一部分人先富了起来。即便是岩腊脚村这样的小村庄，人与人、家与家之间的攀比一刻也没停止过。先是买黑白电视、自行车，然后是彩电、摩托车，最后修楼房。然而，对于身处偏远山区，面临的只是贫困，理想与现实脱离，让人感到迷茫。人们羡慕和敬仰那些通过不同的渠道和手段先富起来的人。年幼的熊朝忠忧郁的心里不是梦想着当官发财（知道是不现实的），而是在想是否有一种改变生活的出路。他虽然没能细想，也不敢说给他人听，但一直在心里期待着，像磐石一样沉重。他常常在黄昏时久久望着天边的夕阳，对着大山默默祈祷，祈祷自己快些长大，去赚钱，不让爸爸妈妈操劳。

然而此时，他的学习成绩只能算一般，唯一让他自豪的是体育很好，游泳也不错。身体是革命的本钱，他对自己充满信心。

第四节 辍学后学画画 梦想再次破灭

辍学后的熊朝忠走上了画画之路。本以为艺术家这条路可以从此走下去了，画家这碗饭也吃定了。谁知命运又给他开了个玩笑。熊爹养的两匹马突然得病死了，马是当地驮矿石的重要交通工具。没办法挣钱了，家里实在没钱供他了。熊朝忠不得不终止学画画。

1999 年 5 月，一位面目清秀，身材矫健的少年背着被子和箱子行走在通往岩腊脚村的山路上，他已经走了好几个小时，又饥又渴。但从小帮家里干农活，练就了好体力。自小学三年级，家里经济滑坡后，犁地、耙田、栽秧、打谷子、砍柴、割草，他样样都会，以至于繁重的体力劳动影响了他身体的长高。他就是熊朝忠。此时的他刚刚跨进 17 岁的豆蔻年华，已经在麻栗坡县职高读了一年，专学家电修理。每学期 600 元的学费，每一星期 30 元的生活费，全由在麻栗坡县边防站工作的四叔供给。全班只有 5 个学生，家里经济都十分困难。老师想到一个办法，在麻栗坡县城租了一个门面，想通过在经营中让理论和实践结合，同时也为这些学生赚点生活费。维修店刚刚开张几天，熊朝忠就熬不住了，他决心不读了。

就在熊朝忠 17 岁这年，大哥熊朝飞穿上军装走进了让人羡慕的军营，家里剩下熊朝忠和弟弟，负担小多了。父亲希望熊朝忠能通过学习找到出路，初中毕业，尽管学习成绩一般，还是让他上了家电维修的职高。穷人的孩子早当家！那时的熊朝忠已很懂事了，本打算读完职高开一个家电修理铺。“天干饿不死手艺人！”有了技术，自己开一个店，未来的生活和婚姻等问题就迎刃而解，再也不会面朝黄土背朝天，跟贫瘠的土地打一辈子交道。

自上初中以后，熊朝忠的学费基本上由四叔给交。读到职高一年级，熊朝忠决定弃学了，因为他感到无线电修理这一行从业人员太多，再说自己对此兴趣不大。随着经济的快速发展，家电行业更新换代相当快，售后维修服务也十分完善。一般都有较长的保修期。谁还会像 80 年代那样买一个电视反复维修放上 20 年?!

熊朝忠的辍学让家人和四叔不解，尽管他们竭力劝说熊，让他读完职高，以便以后外出打工有一技之长，有一个高中文凭。

文凭?！提起这个熊就灰心，他看到有大学文凭的遍地都是，而那些当老板的多数文化不高。他确实想有一技之长，但绝不是读书。

此时的熊朝忠有一种解脱感，同时也有一种失落感。他迫切回到故乡与久别的亲人见面，可又怕见到他们。他怕看到亲人失望的眼神，怕听到邻里议论的声音。跟他从小打到大的冤家阿牛在初中就辍学了，听说在文山一家武馆练武，扬言这一辈子非得打赢熊朝忠不可。

他停下来歇息，天边云朵跟棉花一样洁白，在广阔的天际自由地飘着，他心里一阵激动，这就是他童年时熟悉的那片云。此时，他耳边又响起了小时候朗读的那篇课文《弯弯的月亮小小的船》：

弯弯的月亮小小的船，
小小的船儿两头尖。
我在小小的船里坐，
只看见闪闪的星星蓝蓝的天
……

在苗语中，他的小名叫小船，他感到这个名字很好，自己仿佛就是课文中的那叶扁舟，在浩瀚无垠的宇宙中翱翔。他天生就是一个不受拘束，喜欢向生活挑战的人，又是一个外刚内柔，重感情的人。自上初中住校，一周见不到父母，他不知偷偷流过多少泪。

不知从什么时候开始，无论是在县城还是在离家乡不远的小镇，不管是风起云涌的天气还是风轻云淡的日子，迎风看到远天飘过的云彩，耳畔或者心头就会隐隐约约荡起那熟悉的旋律，口中也不由念念有词，哼唱起那不知多少次让他荡气回肠的歌曲：

天边飘过故乡的云
它不停地向我召唤
当身边的微风轻轻吹起
有个声音在对我呼唤
归来吧归来哟
浪迹天涯的游子
归来吧归来哟

别再四处漂泊

……

在众多的乡情类歌曲中，他对这首《故乡的云》偏爱有加，特别是费翔版那种饱含沧桑的情调，一直让他念念不忘，就像吹惯了故乡的风，看惯了故乡的云，无法割舍，难以忘怀。

严格地说，他算不上浪迹天涯的游子，也谈不上四处漂泊，充其量就是在外学习。平日里回乡太少，思乡之情便像瓶装的老酒，愈陈愈香，越久越浓，自觉不自觉地哼几句《故乡的云》，就当是浓浓乡情的自然释放吧。

那天空蓝得一尘不染，少有的几片白云也是一尘不染，即使走近，也不忍心伸手抚摸，唯恐坏了那一片纯净。人在地上，心灵却早已化作一片轻云，随风飘进那一片碧蓝，就像躺在家乡清碧碧的小河里，醉了。

在故乡，朝晖与晚霞是一天里最好看的云彩，就像一场精彩演出的序幕和尾声，一个惊艳，一个壮丽，一样地热烈，一样地奔放，一样地完美，具有异曲同工之妙。牛角山的两只向天空矗立的“牛角”总是迎着金灿灿的晨辉，沐浴着如火的夕阳。它是大地之根，生命之根。它仿佛就是战胜蚩尤头上尖尖的两个牛角，带着锐气。这种锐气体现在一代又一代苗家人身上。

雨后的彩虹虽不及红霞壮美，但是它的梦幻色彩是红霞远不能比的。它就像变幻莫测的人生，如同少年多彩的梦。在学校，老师常常教诲：命运掌握在自己的手中！可是，相对宇宙、社会来说，人渺小得像一粒尘沙，在大地的运动中身不由己。又像是一滴水，在大海的波涛中被推着翻滚向前。命运可控又似乎不可控！

他曾经满怀信心跨出家门，希望带着胜利归来。可如今却半途而废。在他的心中或许不是这样，是人生的重新选择，但在父老乡亲们眼中就是半途而废。他不可能生活在真空里，躲开周围的人群。摸摸口袋，已空空如也，曾经朝思暮想翘首以盼的故乡就在眼前，如今又怕见它。

我已是满怀疲惫
眼里是酸楚的泪
那故乡的风和故乡的云
为我抹去创痕

我曾经豪情万丈
归来却空空的行囊
那故乡的风和故乡的云
为我抚平创伤
……

回到家，熊朝忠感到自己一下子又被生活“打回原形”，父母亲听了他的想法后，也觉得当初对家电修理行业了解不够，既然这条路不是很乐观，放弃也是对的。相信“天生我材必有用”，总会有适合自己的行当。

熊朝忠和父亲一起劳动，有了许许多多的感悟。生活中似乎处处充满哲理。是的，生活成就一个人是无声无息，毁掉一个人也是无声无息。他开始坚持写日记激励自己。在学校，他画的画可是无人能比，当时，同学都叫他小画家。有的甚至称他为未来的大画家，让他倍感自豪。可是人们对画家职业褒贬不一，说一辈子卖不出去一张画的画家大有人在。

一天中午饭后休息时，熊朝忠拿出一张纸，把自家房屋和水潭画下来。水潭里有几只鸭子快活地游着。他又画了三个未来的自己：一个是老实的农民，和村里的大爷一样；一个是街头开店的小老板；一个是很有钱的公司老总。

正当他在自娱自乐时，一声叫好把他吓了一跳。

“好，很好！想不到小船还是一个画画的天才！”一远房亲戚叫道。接着这位远房亲戚建议熊朝忠去学画画，并给他介绍了一位有名的老师。

听完这位远房亲戚的夸奖和建议，熊爹低着头一声不吭。他在沉思，读职高学家电修理有点操之过急，现在不能再草率做决定。对于这个小家庭来说，再也折腾不起了。然而，此时的熊朝忠似乎才发现自己真正的长处。他也很想去学画画，但是家里的经济已无法支撑他去实现自己的这一愿望。况且，学画画是走艺术之路，回报期更长。从一个画手到艺术家路有多长，谁也说不清。

熊爹最终的回答是，再好好地考虑一下。

沉默的日子一直持续着。选择与放弃一直在熊爹心里煎熬，让他夜不能寐。想放弃又怕误了儿子的大好前程，留下终生悔恨，要支持，家里实在也无力供他。可怜天下父母心！熊爹最终还是选择让他去学。

就这样，家里再次掏钱让熊朝忠去学画画。

学画画的日子熊朝忠特别开心，终于做自己喜欢做的事了。在这期间，熊朝忠进步相当快，他对画画艺术的极高的悟性常常得到老师的夸奖，老师为收他这样的徒弟而感到自豪。这期间，他背着画夹到大自然中去写生。一张照片让当年的美好时光凝聚成永恒：十几岁的熊朝忠留着整齐的分头，刘海遮住了额头，身上背着一个画夹，到飞流的瀑布下去写生，非常斯文。

学画画非常顺利，天时地利人和兼具备，本以为艺术家这条路可以从此走下去了，画家这碗饭也吃定了。谁知命运又和他开了个玩笑。

熊爹养的两匹马突然得病死了，这是当地驮矿石的重要交通工具。没办法挣钱了，家里实在没钱养他了。熊朝忠不得不终止学画画。他永远都忘不了离开老师，中断学画画的情景。他向教他画画的恩师深深地鞠了一个躬，看见恩师的脸上写满了惋惜。他提着行李背着画夹大步地离开。

“小船……小船……”他隐隐听见老师的叫声。说的什么内容他已听不见，大概是安慰他的话。他的脑袋里似乎飞进千万只蜜蜂。

他知道：自己正在驶离艺术殿堂，梦想又一次破灭。生在社会最底层的他总是一次又一次地向命运之神发起挑战，可一次又一次轻而易举就被命运之神打回原形。他似乎觉得自己永远都无法挣脱命运的枷锁，正按着命运的轨道机械地前进。

17 岁对任何人来说，都是一个值得回忆的年龄，是一个有孩子迈向成年人的年龄。熊朝忠在这期间充满惆怅，失去了少年时期的无忧无虑。前途命运成了他脑里时刻思考的问题，他热爱生养他的这片土地，他爱生养自己的父母，爱哥哥弟弟，但绝不甘心自己就这样一辈子伺候土地。况且家里这一点土地养活一小家就成问题，何况三兄弟。唯一安慰自己的是自己还年轻，有一身力气。年轻就是本钱，年轻就意味着还有很多的机会。

第五节　矿工生活　苦苦挣扎中看不到一丝希望

天将降大任于斯人也，必先苦其心志，劳其筋骨，饿其体肤，空乏其身，行拂乱其所为也，所以动心忍性，增益其所不能。

——《孟子》

一

时间像流水一样，一天天地流逝，熊朝忠人生第一次陷入了低谷。白天他跟父亲一起干农活，去稻田里扯稗子草，或是除旱地里的草。这些劳动从小做过千百次，可是到如今这个年龄段这种心境又有新的体会。他感叹草的生存力太强了，再除都除不尽，似乎对他的人生是一种启示和激励。

这是一个瓜果飘香的季节，即便是品着故土这些瓜果也没有童年时感觉那样甜美。每当从桃树上摘下桃子时，他总要看上一两眼矗立不动的桃树，是对它感恩，同时也在思索，果树也有生命，年年奉献是为了什么？雨后，他牵着大水牛去田埂上放牧，地气往上冲，无比清新的空气中带着浓浓的泥土和草的青涩味儿。他想起了一句古语，“承天运，接地气”，自古以来，任何一个有成就的人似乎都有天助。或许上天要自己做一个平凡人，平凡地度过一生，自己又怎么能抗拒呢！牛不停地啃着田边的青草，他突然发现牛的肩上裂着道道老口，他不由得伸手去抚摸着这些伤口。

自酿“小锅酒”是苗家人祖传的手艺，熊朝忠的父亲也继承了这一祖传手艺，酿出的酒味道特别，远近闻名。熊爹想让熊朝忠继承这门手艺，熊朝忠却一点也不感兴趣。苗家人喝酒虽有海量之称，但熊家规矩很严，熊爹从不准三个儿子沾酒，虽然快到 17 岁了，熊朝忠还从未尝过酒是啥滋味。酒醉聪明汉！这句话人人皆知，智者都引以为戒。他从电视剧里看到，一些失意者总是喝得酩酊大醉，用酒精来麻醉自己。何苦呢！他试着尝了一下，感觉挺难受，赶紧吐掉。他不想这东西让自己变得糊涂。此时，村里一些年轻人到广州、深圳去打工，在工厂做工，见到了大世面，且收入比家乡高得多。特区的繁华令人咂舌，熊朝忠也把目光投向那个遥远的地方。他相信自己不可能就这样在家待一生。这些日子，好心邻里偶尔也提出让他学一些农村实用的手艺，可熊朝忠毫无兴趣。

盛夏雨季里几乎无晴日，狂风暴雨，雷电交加，熊朝忠望着屋外的风雨，似乎明白了些什么，一直以来都很烦躁的心静了下来。不由得联想翩翩，想起了很多很多，过去的现在的未来的。

即使是一棵最普通的小草，它都会焕发出顽强的生命力，去为这个世界增添出一份属于它的色彩，而我呢？似乎已经把属于我的那份纯真和心中的那份信念都给弄丢了，甚至将要迷失自己前进的方向。

其实上苍对每个人都是很公平的，它给予我们苦难的同时也赐予我们一份宝贵的人生财富。它让我们懂得了舍弃，学会了面对。其实，在人生这条路上，我们每个人都是强者，只要我们敢于去面对。铭记人生路上所经历过的风风雨雨，相信风雨过后一定能见到彩虹！

雨过天晴，转眼到了中秋，天气一下子凉了起来。大伯嫁出去的女儿回娘家无意中透了一个消息，说她的丈夫在都龙镇1000元包了一块地挖矿，已挖了好一阵子，现在需要人手。

熊朝忠当即就说：姐姐，我要去。

堂姐打量他一阵子说：你年纪小，没干过粗活，行吗？

熊朝忠信心满满地说：生长在农村，从小啥活没干过呀，姐姐，你跟姐夫说说，就让我去吧。放心，我决不会拖后腿！

堂姐忧心忡忡地说：他们已挖了大半年，还没挖着矿。一些人不干了。如果挖不着矿，别说工钱，你姐夫1000元的包地费也赔进去了。你不怕白干？

熊朝忠斩钉截铁地说：不怕！肯定会挖出矿的。实在挖不出也不怨谁，就当作运气不好。

经过熊朝忠的再三请求，熊爹也同意让他去锻炼锻炼。于是熊朝忠就和两个亲戚一起来到堂姐夫杨发礼包的矿山。

与夹寒箐镇毗邻的都龙镇境内矿产资源尤为丰富，其中锌矿储量达365万金属吨，锡矿储量约30万金属吨。为全国第三、云南省第二大锡都，铜、铅、钨等矿藏储量也很可观。都龙是云南省文山州马关县的一个边陲重镇，距文山州府93公里，距马关县城23公里，距越南直线距离8公里，距丘北普者黑210公里，距举世瞩目的老山140公里，距中越边境的云南河口100多公里。

1999年，熊朝忠和三个亲戚一起挖起了矿。这是他步入社会的第一份工作，也是干的跟成年人劳动强度一样的体力活。

去都龙的公路，虽然也是在山中蜿蜒，但是路面都是柏油铺就，路况比夹寒箐镇的石子土路好多了，不时有挖矿运矿的重型工程卡车驶过。这里到处都是挖锡矿的，山上经常也有矿场的矿石掉下来。很多山下的老百姓还是会去抢着捡这些矿石，有一些人不走运，就被矿石砸死了。

从通往都龙的公路旁的一条岔道上去，摩托车开二十来分钟，就到了杨发礼的家。杨家的青砖房依山而建。相比熊朝忠家，他这位锡矿山上的姐夫家脱贫显然有些时日了。

从杨发礼家后面的一条小路上去，走大约半个小时，就可以到达熊朝忠当年挖矿的矿洞。矿洞大概比一个人宽一点，高有将近两米，正好可以容下一个人往里推车。当年杨发礼带上熊朝忠等四五个人，在矿洞旁边搭了一个工棚，平时吃住都在工棚。矿石从洞里挖出来后，还要用马驮下山，送到矿场那里打成矿粉，当时的价钱是每公斤矿粉卖十多块钱。十多年过后，同样的矿粉可以卖到一百多块了。

这个矿洞挖出的是锡矿。当熊朝忠出现在矿洞前时，几个已干了半年的人唉声叹气道：你还来干什么？我们挖了大半年都不见矿的影子，都不想干想回家了。回家还可以干点农活。

熊朝忠信心十足地说：“别灰心，我来了就给你们带来好运！”

几个亲戚冷笑道：“你吹嘛！”

熊朝忠给他们讲了一个故事：从前有个人在旱季打井，地下 20 米深处就有水。他第一口井打了 19 米，第二口井打了 18 米，第三口井打了 17 米……每口井越来越浅，最后打到第十口井时，这人就累死了。你们说他冤不冤?!

大伙儿都笑起来，一下子来劲了。这个年轻的小伙子的到来，给这群中年人带来了一些乐趣。但这些乐趣就像阴天偶尔出现的阳光，瞬间就消失。熊朝忠从他们的脸上和眼里看到更多的是疲惫和失望。这种失望像瘟疫一样传染给他，吞噬了他刚到矿上的新奇感。

一开始，大家都以为他年纪小没干过重活，因此照顾着他。没想到这个个子不高的、长得十分结实的小伙子有着惊人的力气，远远胜过成年人。

“看不出来，小船的力气真大，耐力也很好，我们还担心你吃不了这苦呢！”堂姐夫夸奖道。

熊朝忠心里乐滋滋的，埋头干活没吭声。

“你该继续学画画，干这粗活有啥前途？”一位亲戚说。

“要不是家里两匹马死了，我可能还在学画画。”熊朝忠低声说。

“好好干，你还年轻，挣着钱了再学画画。”堂姐夫杨发礼安慰道。同时也给其他人使了一个眼色，让他们别再去揭熊朝忠的伤疤。

看到熊朝忠拼命地干活，年龄大的提醒：“悠着点，担心晚上吃饭端不起碗!”

可是，一种激情在他浑身激荡，他慢不下来。汗水很快湿透了衣服，不断浸湿不断被山风吹干。到了晚上收工，他的一身衣服已变得脏不忍睹。简单洗漱了一下，就吃饭。吃饭时，手捧着碗发抖，盛满白米饭的碗似乎有千斤重，右手几乎握不住筷子。

堂姐夫杨发礼拍拍他的肩膀，笑着说：“握不住筷子吧?”

熊朝忠小声说：“还好。”

接着，大家都看着他笑起来。

堂姐夫说：“别怕，干过三天就好了。”

他点了点头。心想，挖矿这活还真比干农活累！吃完饭，冲了个澡，就在窝棚里睡了，隐隐感到一身酸疼，但睡得很沉。第二天醒来，精神抖擞，手脚肌肉紧绷，感到血脉旺盛，干起活来也比头天有劲。食欲也大增，吃饭明显比平时多。手磨出了老茧，浑身的酸痛感明显加强，觉睡得更沉更香，但一觉醒来，疲劳完全消除，又感到浑身有使不完的劲。或许，这就是人们留恋的歌颂的青春。“青春是美丽的，可是真正的青春只属于那些永远力争上游的人，永远忘我劳动的人!”熊朝忠记得这好像是雷锋的话。

到第三天，基本适应了。可是，大家更关心的是这个矿洞能否挖出矿的老问题。熊朝忠的信心不知不觉地受到了影响。他想，放弃读职高和学画画他已经失败两次了，这次无论如何不能再失败了。如果再白干几个月，挖不着矿，对他和家里来说无疑是雪上添霜。他也跟着担心起来，一担心，手脚就慢了。此时，他心理的负担比这挖出的土石方沉重，但他不能说出来。昨夜，天快亮时他做了一个梦，梦见矿洞着火了，他们几个人一起怎么也扑不灭。他把这个梦说给大家听。堂姐夫杨发礼听了惊叫道：咱们要发财了，一定能挖到矿!

可是，大家并没有因此高兴起来。

“我看，还是算逑了！这地方就算把地球挖穿也挖不到矿!”一位工友气馁道。

"就是，看这几个月，咱们挖出的土石已堆成山了。"另一工友说。

看着大家情绪低落，老板杨发礼让大家出矿洞休息一下，抽抽烟喝点水，给他们鼓鼓劲。

再次进矿洞约干了半小时。一声尖叫，接着一个亲戚猫着腰跑出矿洞。众人跟着出去，以为他被顶部掉的石块砸伤了。这位亲戚怀里抱着一块锡矿，激动地说："你们看，这是什么？是锡矿，咱们挖到矿啦!"

"终于挖到矿了！小船，你真的给咱们带来了好运!"

众人欢呼着把熊朝忠高高地抛起来。

晚上，特地准备了酒菜庆祝。熊朝忠不喝酒，只能以饮料代之。

接下来，几个月就把这个矿洞的矿石挖完了。因为都是亲戚，除去包矿地的1000元钱，其余的大家平分，熊朝忠分到了2000元。

这个矿洞挖完后，杨发礼已经找不到这样可低成本收购、可凭借人力就挖到矿石的矿洞了。大型机械化作业和高资本投入，已经逐渐取代了人工挖矿。后来承包一个矿洞至少要花16万，而不是当时的1000元。杨发礼后来除了在工厂上班，还转行做了地质勘探，帮助一些老板在山上找矿。虽然山上还有很多矿，但是仅靠挖矿就能过上好日子的时代一去不复返了，为了生计大家不得不各奔东西。熊朝忠独自一人来到一个陌生的矿上打工，开始了他人生最苦的磨砺。

二

2000年初春，都龙一个较大的矿洞前，晨曦里，天边泛起鱼肚白，山林树木隐约可见，林间鸟雀啾啾。随着一声哨响，一群人从窝棚里跑出来汇聚到矿洞前。熊朝忠身穿厚重的井下服，戴着工作帽，头顶矿井灯，脚穿防水胶鞋和分组的几个工友列队一字排开，等待点名。他的心情特别激动，这是他平生第一次没靠关系自己找的工作。为了干得长一点，他特地选了一个大矿毛遂自荐。可是，工头见他年龄小个子矮，怕他干不了这活，有些犹豫。熊朝忠一再给对方讲，自己虽然年龄小，但力气很大，且能吃苦，已经干过几个月。

工头从上到下打量他半天后，终于同意先试试。并约定每天工作10小时左右，属于计件付费，要把满载500公斤的矿车从长达50米的矿洞里推出来。每推出一车挣一元钱。熊朝忠连连点头答应。他赶紧跑到堂姐夫杨发礼家，把这一喜讯告诉亲人，并用堂姐夫的电话打给村里让父亲去接。父亲在电话中一再叮嘱他在外干活要小心，注意安全和如何为人处事："你干活的这个矿全国各地的人都有，这些人文化素质都不高，甚至历史清不清白都不晓得，所以相处起来肯定有一定困难，遇事要学会忍。俗话说，忍气家不败！忍得一时之气，免得百日之忧。出门求财不求祸！"

熊朝忠一一点头答应了。

就这样，熊朝忠在约定的时间，带着被褥和衣服以及洗漱用品到矿上报到。山上羊肠小道两旁基本就是原生态的植物了，各种他从小就见过的花草。空气清新，再加之山上的树极少，视野尤其开阔，远眺山峦层叠连绵不断。他将在这里真正地走进社会，历练自己的人生。上初中时，老师要求他们多阅读一些课外读物，如国外名著奥斯特洛夫斯基的《钢铁是怎样炼成的》，高尔基的自传体三部曲《童年》《在人间》《我的大学》等。这些书，他都通过同学借读了。小说中，主人公在社会"大染缸"中的命运沉浮让他胆战心惊，庆幸自己生在新社会，有一个好的发展环境。

此时，当工头念到他的名字时，他响亮地答了一声：到。

其实，他在心里笑，就这几个人扫一眼就知道了，何必要一个个地点名，有点形式主义。但又一想，这是大矿或许这就叫规范化管理。

在重复完井下安全知识后就陆续下井，矿井是由高到低斜着伸向地腹的。他在心里开玩笑：这就是人生新的深度！

在矿井里，他扬起铁镐，不停地敲打着坚硬的矿石，然后再把几十斤重的石头搬上矿车。手磨出血泡，血泡炸了变成血水，最后磨成老茧，都不能停下来。无论手臂有多酸痛，一刻都不能放松。从矿洞的最底端到地面只有短短的50米，这50米的路程则需要他躬下身，把腿使劲往后蹬，双手顶住矿车，一步一步往外推。熊朝忠一直干了两年。也正是那种艰苦环境，造就了日后的他。当矿工不但磨炼了他的意志，高强度的工作量还锤炼了他的身体素质，这份工作为他日后走上职业拳击的道路做了铺垫。

刚进去时觉得好玩，顺着轨道推着空空的矿车。可是，装满矿石后，却怎么也推不动。眼看排在自己前边比自己力气小的人都推动了。熊朝忠很是不解，请教后得知，其实更重要的是方法，要使巧劲。矿车动了后力量不能中断要持续，每一步都要踩稳，集中全身力量于手掌。听来跟武打片中的内力有点相似，想必那些武林高手一只手就可以轻松地把一车矿石推出矿井。别人传授的方法是否管用，还要在实践中摸索检验，因为每个人的力气不一样，推法肯定有区别。

熊朝忠这个组的人年龄在18岁到58岁之间，他是最小的一个。在这个组中虽然只有5个人，都来自不同的省，云、贵、川的语言基本相近，生活习惯也相同。来自贵州苗族小伙阿杰26岁，长得瘦弱，1.60米的身高，说话风趣幽默，不过他已经不会讲苗语了。阿杰高中毕业会写诗，最大的理想是将来成为一个著名诗人，以写诗维生。不过，大家对他这样的理想不看好，如今诗人被看作疯子，诗歌像粪草一样堆着卖不脱。他很快被赋予“娘娘腔”绰号，因他说话的声音极像女人。上班第一天，熊朝忠听见本组有女人讲话，很是纳闷，仔细看才发现是阿杰。另外一位58岁的大叔比熊朝忠爹还老，他来自四川，姓张。他是这个矿上最老的人。可他说，要是不出来打工，他是家乡最年轻的，比他小的早就打工去了。他一没技术二没文化，因此只能出来干点体力活。他中等身材，一双大手粗得摸一下都让人感到疼痛。他说自己年轻时能背150公斤，现在能背100公斤。众人都用半信半疑的目光看着他。“等到下矿井推车，你们就看到大叔行不行了!”他说。果然，人不可貌相，张大叔推着满满一车矿石稳稳地推出矿洞。大家惊叫道：姜还是老的辣!

另外两位姓苗和翟的30岁左右，身材高大的健壮的小伙子是北方人，讲话语速很快，带着浓浓的地方口音，很难听懂。他们说自己在家乡背矿时，一次能背200公斤，一天能挣100元。

既然一天能挣100元，何必跑到这穷乡僻壤来挣10元一天呢。众人不解地问。

他们俩急了：我们愿意，不行吗!

众人都以为他们俩说假话，可其他组有人在这些人家乡干过，他们家乡只要你有力气确实能挣100元一天。

两位大个子最后给出的理由是，这里气候好想来玩玩，顺便找点活干，还想在这里找个媳妇娶回家。相比之下，老家娶个媳妇要贵得多。

说到这里，阿杰似乎有了同感，他抢着说；“对对对，其实我也是来体验生活的。你们没听说过，诗歌源于劳作中，小说源于休闲。”

“好好，你们都是来体验生活的，只有我跟小熊是——”张大叔的话还没说完，熊朝忠就抢先说：“其实我也带有一点体验。”

张大叔失望地说：“看来，只有我一个人是老老实实来挣钱的。”

熊朝忠本来想写点日记，但在这里一天的劳累之余于除了洗漱吃饭之外，就是睡觉，根本没时间和精力。但这一切都深深地刻在他的记忆中。

两个北方青年在装车和推车都显示出与众不同的超强力量，让众人折服。他们总是装得满满的，然后推车的速度也比一般人快。两位高大的年轻人出尽风头后滋生了骄傲心理，在言语中开始轻视众人。最后，每次下班洗澡都要让他们先洗。这天，熊朝忠再也看不下去，与其理论。对方说，不服可以挑战他们。

“挑战就挑战！”小个子熊朝忠豁出去了。

“好！有种！看我不打得你满地找牙才怪！”姓苗的小伙子说着，脱掉外衣来到开阔地。

“我看大家都是打工的，别当真，算了！”张大叔说。

可是，双方都不示弱。

张大叔说：“你们既然坚持要比，我看就比扳手劲或摔跤，别打了，打伤了怎么干活?!”

“我今天非得教训这个不知天高地厚的蛮小子不可！”姓苗的道。

“大叔放心，我不会拉稀的！”熊朝忠边安慰大叔边迎上去。

另一位姓翟的北方青年自愿充当裁判。随着一声“开始”，两人你来我往开始交战。大家看到，身材矮小的熊朝忠并不处于下风。他出拳踢腿俨然像经过训练的，招招命中对方。相反，对方的重拳却打不着他，半小时后，对方已被折腾得气喘吁吁，挨了数拳。

“好了好了，我看你们两个都差不多，谁也打不倒谁。”姓翟的青年终止了比赛。

谁赢谁输，大家看得清清楚楚。

“想不到，你小子还练过几手，行，咱们改天再比，我已经好久不练了！”姓苗的说。

“我看算了，大家都是打工挣钱的，争强斗胜有啥意思！”张大叔郑重道。

“大叔别急，咱们年轻人闹着玩的，看，谁也没伤着谁是吧?”姓苗的说。

大伙儿都称是这样。熊朝忠在众人眼里一下子变得不平凡。

“真是人不可貌相，海水不可斗量。以貌取人是一大错误!”张大叔道，似乎说给那两个北方青年听的。

“兄弟，看不出来哟，你还是个深藏不露的高手！你练过?”阿杰悄悄道。

熊朝忠笑而不语。

从此以后，那个姓苗的北方青年有所收敛。

在他的记忆深处，永远抹不掉那一幕：漆黑阴森的矿洞，如同传说中的地狱。这里空气稀薄、昏暗、潮湿，呼吸中夹杂着浓浓的矿石味儿，面临辐射和坍塌等危险，对于一般人来说，要在里面待上一个小时都很难受，更不用说干活。18 岁的熊朝忠就在这样的环境中拉着沉重的矿车，一干就是好几年，汗水、泪水、超强度的劳累、受伤、危险等构成了他这一时期的人生。让他身心受到历练。

马关是个矿区，贫瘠的土地底下几乎被掏空，但并没有让这里的百姓因此富起来。长期的私采乱挖、垄断和缺乏管理，让矿工群体始终处于矿业生态链的最底层。

这是一个与光明隔绝的世界。矿山一座连着一座，布满了一人高的矿洞，工人们零防护地向前挖掘，宽度仅容一辆手推车通过。把车推进去，再推出来，一刻也停不下。熊朝忠和工友们如豚鼠般穿梭于地下，他手里的推车越加越重，最高峰曾达他体重的十倍。熊朝忠说，必须扛住，不然车会把人反带到洞底压死。笔者不由得想起了“逆水行舟用力撑，一篙松劲退千里”之说，但这远比“退千里”残酷，倒退就意味着死亡。死亡的气息近在咫尺。在中国，矿工是最危险的工种之一。

三

寒冬离去，春天来临，花朵尽情地绽放。对年龄较大的人来说，意味着他们将向衰老又迈进一步，体力又减弱一分。对熊朝忠来说，意味着又长大一岁，身心更加成熟。对干苦力来说，天气转暖并不是好事。

终于遇上节日放假休息。这里的天永远是那么的蓝，云朵永远是那么的洁白，这是两位北方青年时常赞叹的。这里的人也很淳朴，仿佛水晶般的心灵，那么的纯粹，那么的无瑕，那么的明澈……凸起的山峦像女人的奶头一样，又像男人勃起的生殖器，高耸挺拔。这是大地之根，是生命之根。山上的植被郁郁葱葱。蛇形般的公路如同一条通天的黑绸带，任意剪下一个镜头都是一幅充满哲理的风景画。在这峰峦叠嶂繁花似锦之地，会有美丽的姑娘在等候着矿井里的年轻人吗?

这一天，阿杰约熊朝忠到附近散步，他们的生活几乎是暗无天日，两头不见天，很难像这样清闲地享受大自然。

“你真的没学过武术？我不信!”阿杰这话不知问了多少次。

熊朝忠只好告诉他实话。他读小学一年级时，比他大 11 岁的表哥陶卫忠考上了昆明一所高等警察学院。于是，他家杀猪宴请全村人。这一天，全村的人都聚集在他家门前，敲锣打鼓，热闹非凡。只见村里一位德高望重的老人，拿着一朵大红花，用颤抖的老手给陶卫忠戴在胸前，激动地说：“卫忠，你们真是咱们村的大才子……”“自新中国成立以来，咱们岩蜡脚村出了你第一个大学生!”“你真替你们陶家挣了光，替我们全村的人挣了光，你是我们全村人的骄傲……”乡亲们的赞叹声不断。

熊朝忠表哥陶卫忠

从那以后，表哥每年暑假回家都要教熊朝忠和村里的孩子练拳。表哥长得宽头大脸，五官端庄，个子高大，算是一表人才。他是幼年熊朝忠心里崇拜的偶像。三年后，表哥毕业在昆明做了警察，更让人羡慕不已。做了警察的表哥每次回来都要教他们练拳。最近，听说表哥想辞掉公职回家种香蕉，同时开一个拳馆，但遭到家人的坚决反对。他们认为能当上警察把户口转出去吃国家粮很不容易，岂能轻易放弃?!

阿杰说：“就是就是，多好的工作，铁饭碗不能丢！原来你从小就受高人指点，难怪你那么厉害！有时间教教我，我也学一点防身术。”

“好的，不过我也只是懂得一点基础的东西。”熊朝忠说。

阿杰讲，小时候，朋友的父亲就是一名井下矿工，每日零花钱就是两元钱，而自己却是他的十分之一。他家那时现代化的东西挺多，有村邻不认识的电器，在别人买黑白电视机的时候他家早看上了彩电了。所以阿杰发誓长大了也要下井当矿工挣很多的钱，要给他的孩子每天两元零花钱，买很多的电器。“那时一名矿工倍受尊重，从电视里看到矿工一个个神气的背着矿灯下井挣大钱，我羡慕死了。可是自己长大了才发觉身体干不了挖煤的活，哥哥身材魁梧在山西煤矿打工，听说已经吃不消了。我这身体能把这活干下来已经很不错了。”

熊朝忠微笑淡定地听着。

由于收入很低，每天从早做到晚工资才十块钱。微薄的薪水根本攒不下来，每天下班后和朋友们一起吃吃喝喝，已所剩无几，但熊朝忠还是会定期买一本叫《拳击与格斗》的杂志，这是拳击圈内一本比较有名的专业杂志，也是他唯一爱看的书。

“你打算干多久？你的理想是什么？”阿杰问道：“难道你想成为拳王？虽然你打架厉害，但要成为拳王，恕我直言，我觉得你的身体不具备这方面的优势。你适合搞艺术当画家，你把咱们这些矿工生活场景画下来，肯定会引起轰动，包你能挣大钱。”

熊朝忠说：“就这样干下去吧。我曾经是喜欢画画，可对于我来说，哪个行业回报快就选择哪个。就像我们现在干的，每月都能见到钱。”

阿杰说：“你别开玩笑了，我不相信这是你的真心话。”

“我？”熊朝忠望了一眼血红的夕阳，惆怅道：“干多久我还真没想过。至于理想嘛，有时候是身不由己，理想也要看你有没有那个条件去实现，先生存再发展。”

阿杰摇摇头说：“我不赞成你的观点，人是生活在希望中。否则，就会堕落。这个希望就是自己的理想。一个没有理想的年轻人是可悲的人。同样，一个放任了自己的理想，变成生活的奴隶的人更可悲！只为了满足食物而生存的人岂不同低等动物没有区别。人的精神生活远远高于物质！”

熊朝忠一惊，想不到这个阿杰还这么健谈，于是他说：“那你的理想是什么，说来听听？”

阿杰说：“我不是告诉你了吗，我的理想是当诗人。”

“那你是如何去实现的?”熊朝忠问。

阿杰不作声，他从衣兜里掏出一页纸递给熊朝忠，说：“你看，这是我最近写得诗。”

熊朝忠接过一看，上面写道：

矿　工

每一次和亲人离别都有可能是永别
每一次和亲人聚餐都可能是最后的晚餐
进入矿洞如同进入地府
在鬼门关前转悠
眼里装着矿
心里却装妻儿
祈祷着在下班前不要出意外

熊朝忠看后，说：“不错，可咱们这里都是单身，即便有妻儿也是在千里之外，我看你写的是北方国营煤矿吧。”

阿杰道：“小弟聪明，这正是我听了哥哥的讲述写的。”

井下的钱不好挣，这观点熊朝忠很赞同。矿工是同大自然做斗争的行业，作业环境十分艰苦，随时随地面临着塌方、冒顶、透水。煤矿还面临瓦斯爆炸，各种大大小小的危险层出不穷。一名矿工如果在一生的工作经历中没有遇到过危险是不可能的，相信每名矿工都有过九死一生的经历。据阿杰大哥写信讲，刚上班时，师傅传授他许多井下避险的方法，每一条都是他师傅身经历过和亲眼见到的，然这一切他又大部分印证了。“如果没有师傅的传授，我哥早死过三回了。记得第一次下井是换衣服时，师傅对他说，记住，干这一行，矿衣（指平时穿的衣服，相对于工作服——窑衣而言）脱下来就别想肯定再次穿上。我哥说没这么严重吧，师傅说你瞧着。”

接着，阿杰打开手机给熊朝忠看，他说，这段话是从工友那里转发给他的：

经历了一次次的危险之后我相信了师傅的说法是对的。

在一次冒顶事故中，我记住了师傅的教诲，躲在金属风桶中幸免于难，在获救的一刻我明白了什么叫重生；

在一次工作中，一位工友触及了高压线驾鹤之后我明白了什么叫死亡；

在一次机械事故中，一个像子弹一样的螺母距离我脑袋0.5厘米处飞过时，我明白什么叫生还；

在一次井下撞车事故中，一名师傅的脑袋在0.5秒内变成了豆腐脑，我明白了什么叫脆弱；

又在一次冒顶事故中，看着抬出分不清是煤还是人的16具尸体时，我明白了什么叫群死；

在一次井下运煤皮带拉人事故中，一名矿工被拉成了5米时，我明白了什么叫长短；

在一次瓦斯爆炸事故中，看到了一名幸存者，我明白了什么叫鬼；

一次在医院参观病理标本时，我看见一块大石头，细一看是个矽肺患者的肺，我明白了什么叫化石；

……

熊朝忠看后，说："想不到，煤矿工人的危险更大！"

阿杰说："其实，我很反对挖地下的矿和开采地下的煤、石油、天然气。这些属于有限资源，开采了就没了。挖空底下的东西，给地质造成隐患。咱们古人几千年没有使用这些，不照样把人口繁衍下来！其实，发展绿色食品和旅游业同样能把经济搞上去。"

熊朝忠说： "这些不是我们能决定的，有些事说来容易做起来就难了！"

阿杰说："我写的这首诗抒发了我这方面的情怀——"

我是大地不孝的子孙

我是一个不孝的子孙
你给了我生命，我抽干你的血
还要钻进你肚子里去啃食你的内脏
你仍然默默地忍受着
只是偶尔剧烈的疼痛忍不住颤抖一下
我便葬身你的腹中
你背上了骂名
我却成了英雄

其实，我本来自于尘土
现在归还于尘土
一个轮回而已

他俩一直谈到深夜，熊朝忠重新认识了一个有思想的阿杰。

第二天，又重复着日复一日的工作。阿杰说："有媒体报道，在北方某省侦破了一起使用智障人做矿工的案件。一些不法分子将智障人弄到矿井故意制造事故让其死亡，然后冒充其家属索赔，太歹毒了！仔细想来，这活还真是四肢健全的人就能干的。我们会不会越干越傻呀？"

熊朝忠说："不会的，从人类进化史看劳动只能让人越来越聪明，身体越健康。我想是这样。"

中午，吃完午饭，一群人围着张大叔看热闹。

熊朝忠和阿杰好奇地围过去，原来是这些年轻人在让张大叔看相，没想到张大叔还精通相术。

"你天生就是苦命，不行不行！"

"你年轻苦，老来好过。"

两位北方青年拨开人群挤进去，硬要让张大叔给他们看看。

张大叔说："别看你们两个长得牛高马大的，一看就知道你们是苦命，发不了大财！"

两位北方青年不服气，问："凭啥？"

张大叔说："你们用手摸摸自己的鼻子就知道了。"

两位青年摸摸自己的鼻子，不解道："我们的鼻子咋了？"

张大叔郑重地说："鼻梁露骨，命运凄苦，难发财！包括我在内，鼻子都是皮包骨，要肉包骨才好。"

"其实，干这活的人谁的命好呀！"不知是谁说了一句。大家都说是这样。

"那不一定！甘罗十二为丞相，太公八十遇文王。人的时运有迟早。"张大叔说着，他突然看见了熊朝忠，大声叫道："小熊的鼻子就是肉鼻子，是典型发大财的相。"

众人吃惊地望着熊朝忠，有些猜疑和嫉妒。有人发出笑声。

熊朝忠向众人抱抱拳，说："大家别当真，大叔是开玩笑的。"

有人道："我看你的鼻子确实生的与众不同，大叔说得有道理。他日你若飞黄腾达可别忘了兄弟们哟。”

“就是就是，别忘了咱们曾经是一个战壕里的战友。当拉一把的就伸伸手。”

熊朝忠说：“若小弟真有那个时运，应当应当。”

晚上睡觉，熊朝忠说：“大叔，你白天的话高抬我了，让我好难堪。”

张大叔说：“我说的是真话。相学是从远古传下来的，也不能完全说它是迷信，它还是有一定的科学道理。”

四

不要抱怨我牵你的手粗糙
至少它柔嫩的时候也不曾拉过别人
我吻你时胡子扎痛了你也别生气
只能怪在它们长出之前我还没有遇到你
不要嫌弃我浑身脏兮兮
因为我的内心是干净的
不要轻视我是干苦力的
我的钱你用的最踏实

——给我未来的女友

中午的时候，一群人争抢着一张纸，边抢边念。

“这是谁写的诗？”阿杰跑过去问道。

“不知是谁从哪里抄的，本来只有前四句，我们一人添了一句凑成八句了。”一位工友说。

阿杰连声叫道：“好诗好诗，想不到你们写的诗还挺有情趣！”

“骚棒”说：“我们这叫七拼八凑，怎么样？娘娘腔，不比你这位大诗人写得差吧？”

阿杰说：“哪里哪里，比我写的好多了！”

“那我们更有可能早比你成为大诗人啰！”“屎壳郎”说。

“这个……这个嘛，也不好说！”阿杰搔搔头道。

众人大笑。

“大家开玩笑的，我们怎么比得上阿杰先生呢！我们是胡闹，就算写得不错也是‘缺牙齿咬虱子——瞎碰上的’。大家说，是吧?”一位工友道。

熊朝忠和那位姓苗的北方青年比武后，他在矿上令人刮目相看。可是，消息很快传到了家里，父母亲和哥哥打电话严厉地责备了他。他不是固执的人，一直在反思。

今天上午，正当他拼命把矿石往车里装时，身后的矿顶突然掉下一块大石头，接着掉下许多碎石，大概有七八吨。大家顿时感到：完了，今天要葬在这矿洞里!

可碎石掉了一会儿就停了，众人冲出矿洞，惊魂未定。大家蹲在一起抽了半小时的烟又进洞开始工作。中午的时候读读诗是为了缓解和消除紧张的情绪。

阿杰却有了新的感悟。他写了一首诗，诗名为《献给我梦中的姑娘》：

我挖的是锡矿
我的意志像矿石一样坚硬
心却像锡一样易溶化
只要你稍给一点温度
我就会溶化在你面前
如果我的身躯不幸被锡矿埋了
你不要为我悲伤
就当作我像锡一样溶化了
只是早一步而已
埋进坚硬的大山是多么的自豪

阿杰说：“26 岁，在我们老家早已当爹了，而我还是光棍，想来都是那作诗人的理想害了我。再过几年到 30 一事无成，更难找了。有时候我在想，是不是我好高骛远呢?我常常在面对一个女孩时手足无措，笨嘴拙舌，然而当我和她们在 QQ 上聊天时，又能文思敏捷，谈笑自如。可惜现在没时间聊 QQ 了。”

熊朝忠说：“理想要去实现，不过该谈恋爱的时候就要谈，人的生命是短暂的，从少年、青年、中年到老年，就像一颗流星，瞬间即逝。”

阿杰叹了口气，说：“缘分这东西，要耐心等待，急不得。”

熊朝忠说：“等到进入衰老期生命进入倒计时再去谈恋爱就晚了。”

阿杰想了想，说："其实，人一出生，生命就进入倒计时！"

熊朝忠心想，不愧是诗人，感悟颇深！

阿杰道："诗人的灵感告诉我，你的爱情马上就会到来。"

熊朝忠笑着说："别逗我了，我才不信！要来也是你的爱情先来，我比你小好几岁，不急。"

阿杰道："我的话还没说完，不过，这段爱情肯定不会成功，会成为你的初恋。通过这次失败，你就晓得物质条件的重要性了。"

熊朝忠说："你是神仙，有未卜先知的本领？"

阿杰摇摇头没吭声。

在苗家农村常常14岁订婚，20岁之前结婚，熊朝忠家三兄弟，家里只有那点地，他知道自己的未来必须靠自己去打拼。此时，他对阿杰深感同情。

每天下井，去的时候一步一步慢慢走，返程时三步并作两步地颠着回，同样的距离，时间能差出一半来，看来心情沉重脚步也变得沉重，反之心情愉快脚步才能轻快。每天最快乐最幸福的事就是拖着沉重的脚步迈出矿洞的那一瞬间，情不自禁地深深呼吸一口地面的空气，好清新！从来没有这么渴望光明，阳光好美！

"左手一把锹，右手一把镐，头上还顶着一个安全帽呀，咿呀咿得儿喂"。居然还有工友在唱，熊朝忠佩服他们的乐观精神。

这时，阿杰给熊朝忠看他的手机收到哥哥发的信息：在井下看帽子的颜色。有这么一句话："白帽子看，红帽子转，蓝帽子带着黑帽子干。"在人员编制臃肿的xx，我要想把我的黑帽子变红，除非流点血染红它。

熊朝忠心想，比起省外的大矿，这里收入虽低了一点，但还算好一点，没那么多等级。

这天晚上是中秋节。月亮特别圆，挂在幽蓝的天幕上。太阳、月亮都是远古时期人们的崇拜物，敬之为神。勤劳善良的人们对给他们带来光明的星球始终存有一颗感恩的心。月亮缩短了亲人间的距离，熊朝忠仿佛听见家乡的人们吹着乐器，载歌载舞。咬上一口月饼，眼里却含着泪。

吃完饭，大家还在玩牌。阿杰就早早地躺在床上睡了。

"你怎么了，身体不舒服？"熊朝忠来到阿杰床前，摸了一下他的额头，体温正常。

阿杰说："我真希望能活在三国杀的世界里，当我疲惫的时候，有一个像大乔一样的女孩给我一张方片牌，温柔地说：你累了。请休息吧。"

熊朝忠说："不愧是诗人，真会幻想！"

阿杰却流出了一滴泪，熊朝忠感到吃惊。

阿杰慢慢从身上摸出手机，翻出一条短信给熊朝忠看。短信是：中秋节，夜班。下井前看了一眼圆圆的月亮，妈，我在离家三千里，离地一千米的地方思念着你！

这条短信是阿杰哥哥给母亲的，他母亲看后哭了一个多小时。他打电话不理解，还以为哥哥出事了，让父亲把哥哥这条短信转发给他。

结果，他看了也很伤感。

熊朝忠说："看来，有手机传递信息是好事，随时可向家人报平安，也可交流感情。可你知道吗，你比我幸福！我家虽然只有几十里，我爸妈和咱们兄弟仨没一个人有手机，我在矿洞里是死是活家里人都不知道！"

熊朝忠说着，流下了泪。阿杰反而来安慰他。

两个北方青年却一点也不想家，他们发现这里的气候比北方好，有在这里扎根的打算。

姓苗的说："娘娘腔，你真像个娘们儿！哥们还以为你病了，准备背你上医院，你说流泪就流泪，原来是想家呀！"

姓翟青年说："小熊，熊可是很凶猛的怎么也流泪了？别伤心，面包会有的，一切都会有的！你武艺高强，打败了我的兄弟，我正琢磨着啥时候跟你比试比试！"

"随时恭候！"熊朝忠说。

"好，够爷们儿！不过，你不一定胜得了我！"姓翟的晃晃碗大的拳头说。

熊朝忠望着向自己晃动的那个大拳头，真的无心接受挑战，都是在这样的环境中求一口食的人，争强斗胜有啥意思！

中午下班，张大叔蹲在地上哭泣。熊朝忠赶紧过去问道：大叔，你怎么啦？谁欺负你了？

张大叔摇摇头说："没有。"

"大叔别怕，有我给你做主！"熊朝忠说。

大叔告诉熊朝忠，他的叔叔死了，方圆几十里都找不到人抬棺材，65

岁以下的人都外出打工了。只剩下老人和部分留守的孩子。这些人虽然仍然能种地，却抬不起棺材。他虽然58岁了，还能硬撑着抬。他除了为叔叔死去难过外，还为空壳农村难过。有的村庄已只剩下几个老人。他打算回去就不再出来了。

就这样，张大叔几天后就回家了。

张大叔走了。姓苗和姓翟的两个青年变得越加霸气，他们知道熊朝忠不好对付，就把矛头对准阿杰。

这天，阿杰把网上一位大学生矿工写的一段话用手机下载下来给熊朝忠看，这段话为：

> 上班以后再玩一些游戏就有了全新的感觉，比如超级矿工，总有一种身临其境的代入感，玩得很开心。但是再玩植物大战僵尸时，会不忍心去打矿工僵尸，只为了一顿饱饭，一步一步艰难地前进，脚被打断了，拖着腿骨继续地缓缓挪动，我那可怜的同行啊！终于它钻进了地下，得到了暂时的安宁，离胜利只有一步之遥了！我含着泪花，种下了一个磁力菇……

熊朝忠接过看后，说："想不到，大学生也干这活！"

姓翟的突然接过话题说："你他妈的这话是什么意思，难道这活就只能是粗人干的？"

熊朝忠解释道："我可不是这个意思。"

可对方死咬着不放，硬要说是在侮辱他，要单挑。

"要较量就明说，不必找借口！"熊朝忠道。

"好，就等你这句话！"姓翟的脱掉衣服道："我就不信，你这么矮小还不可战胜！"

阿杰劝告无果后，只好制定规矩：点到为止，不许伤人！

可是交手后，姓翟的出手凶狠，几次重拳险些打到熊朝忠，逼着熊出手。熊朝忠接起对方的腿把对方重重摔倒后，对方终于罢手了，与其说罢手不如说没体力了。是的，100公斤的身体负荷经不起多少折腾。

此后，两位北方青年不再挑衅，愿意与他们和平相处。熊朝忠意识到：在斗争中求和平，和平存；在妥协中求和平，和平亡。

然而，一个偶然的机会，熊朝忠发现两位北方青年的挑衅原来是被人指使的。

这天中午，熊朝忠在矿洞里挥舞着铁镐拼命地挖着，感到身体里有使不完的力气，锡矿石大块大块的被挖出来。忽然间，当的一声，熊朝忠的铁镐与隔壁矿洞的铁镐碰撞在一起，两个矿洞居然挖通了。接下来，大家来到矿洞外论理，都称对方是偷挖。吵得不可开交时，一个个子比熊朝忠高一个头，贼眉鼠眼头发蓬松满脸污垢的家伙走过来指着熊朝忠说："我看就是这小子惹的祸！"

熊朝忠一看，原来是冤家阿牛。

"你别乱说，还嫌小时候打得不够？"熊朝忠说。

阿牛睥睨着熊朝忠，说："没想到吧，这就叫冤家路窄。是的，小时候我是没胜过你，不过今非昔比。既然是我的铁镐和你的铁镐碰撞在一起，就让咱们两个来做个了断。大家说好不好？"

工地一片叫好声。接着工头们定下规矩：不得使家伙，不得打要害。

熊朝忠就和阿牛对打，阿牛显然有备而来，到文山武馆学过，一招一式都很正规。然而几个回合下来，他还是败给了熊朝忠。熊朝忠把他按在地上，说："从小打到大，你不烦，我烦！"

正当熊朝忠松开阿牛走开时，阿牛抓起一把镐欲冲过去，被他的工头一把拉住并狠狠地扇了阿牛一耳光。熊朝忠感到他和阿牛之间的战争永远不会结束。

晚上，两个北方青年向熊朝忠坦白：他们也是受阿牛的指使向熊朝忠挑战的，没想到都失败了，还被阿牛臭骂了一顿。

熊朝忠一夜未眠，他搞不懂自己跟阿牛到底有多大的仇恨，打打杀杀何时是个头。第二天，他决定去找阿牛谈谈，向他道个歉请他吃吃饭彻底化解他们之间的恩怨。可是，当他去时阿牛早已不见踪影。工头说，阿牛又回到文山武馆练武，他说他不信这一辈子都打不过熊朝忠。下次你就让让他，让他赢一回就了结了。

"恐怕他赢了也不会了结！"熊朝忠忧心忡忡地说。

两位北方青年觉得熊朝忠是好人，愿跟他处朋友。

"结交我们这么高大的朋友对你们很有好处，至少能保护你们，没人敢欺负！"姓翟的说。

"算了吧，你们连我都打不过，还谈什么保护别人！"熊朝忠笑着说。

姓苗的说："你这话就说差了，1.80 米的身高，100 公斤的体重，别人一看就害怕。像你1.55的身高，不足50公斤的体重，谁怕你？谁知道你能打?!"

阿杰和熊朝忠笑着点了点头。

一天中午，阿杰握着一本诗刊杂志高兴地大叫着："我的诗发表了！我的诗终于发表了！我的梦想终于实现了，从此，我可以笔耕了。这个全国大型诗刊就有了我一席之地。"

他那高兴劲仿佛是中了500万的彩票。工友们都用惊奇的眼光看着他。这一天，太阳特别烈。

熊朝忠说："恭喜你！终于梦想成真了。"

阿杰说："谢谢！谢谢!"

姓翟的青年说："你别像范进中举一样喜疯了!"

阿杰说："不会不会!"

熊朝忠说："功夫不负有心人，有梦想有追求的人相信总有一天会美梦成真!"

阿杰眼里含着激动的泪说："归根结底还得有这样一个可以追梦圆梦的好时代……我为千千万万个追求梦想的人生活在这样的时代而骄傲!"

中国现在大约有550多万矿工，这不是一个小数目，他们的生存关系到整个国家。我国是能源大国，采矿技术也是一流的，但是，我们国家每年大约有1.2万人为此葬送生命。据政府的数据，每生产100吨煤炭的死亡人数，中国是美国的100倍。中国生产世界煤炭的30%，但煤矿事故的死亡人数却占到70%。社会应加大对矿工关注、保护和帮助，让矿工们感觉到社会的温暖。除此之外，政府应加大对煤矿业的安检力度，企业应强化工人的安全常识，矿工们也应提高自我保护意识等等。总之，矿工是值得我们尊敬的。虽然他们只是普普通通的劳动者，但他们有着纯朴而坚韧的生命，他们对生活有着无限的热望，在飞舞的煤尘和隆隆的机器轰鸣中，用自己的青春和汗水，照亮世界。他们从事的事业最平凡也最伟大。

由于长期的高强度超负荷地劳动，熊朝忠的肌肉膨胀起来，且永不知疲倦，但他实在太矮了，时常招来嘲笑，这激起了他的愤懑。哥哥熊朝飞时常接到告状——你的弟弟又打架了。哥哥去找他责问，他的回答是：为了维护尊严。

为了尊严？哥哥总是不能接受他这个简单的理由。在农村，稍有阅历的人就知道：做人遇事要忍！忍气家不败！沉不住气扛不住事者，往往被人们认为成不了大器。不错，许许多多的年轻人就因斗勇好胜而葬送了自己。汉族《增广贤文》中有：忍得一时之气，免得百日之忧。在哥哥的责备中，熊朝忠渐渐明白：打架只能是维护小尊严，大尊严却是要努力赚钱才会得到。赚更多的钱，这里肯定不行。路在哪里？他不知道，他只知道此处不是久留之地。

提起昔日的拉矿工友，熊朝忠有着无比的亲切感。虽然那段人生的历史早已被岁月抛弃，并将远逝，他的人生已发生了彻底的改变，他成为拉矿人羡慕和敬仰的对象。但他对那段历史十分怀念，对工友们的生活十分同情。他个人的力量有限，希望随着经济、科技的发展，矿工的生存好一点，安全系数更高一点。

第六节　花山节　初恋成为苦涩的回忆

锣鼓喧天，鞭炮声声，铜炮枪声此起彼伏，鲜花、彩旗迎风招展，各种欢庆活动依次展开。熊朝忠和许许多多的苗家青年男女一样，穿着节日的盛装载歌载舞。欢庆之余，他参加了爬杆比赛竟然夺得了第一的好成绩，并获得了丰厚的奖金。在众人的羡慕中，他忽然看见了梦中情人，她也含情脉脉地注视着他。于是他们一起对唱山歌，终于两只手牵在一起……熊朝忠忽然惊醒，发现自己做了一个美梦。日有所思夜有所梦。没想到阿杰说他会遇上意中人，果然就做梦了。梦书上就有：

夜有纷纷梦，神魂预吉凶。庄周虚化蝶，吕望兆飞熊。

丁固生松贵，江海得笔聪，黄粱巫峡事，非此莫能穷。

农历正月初二至初七，是马关苗族人一年一度的花山节，又叫“跳场”“跳花”“耍花山”，或“踩花山”。每到这个时候，来自各村各寨的苗族人，潮水般地从四面八方来到县城广场。人数常达数万人，规模盛大，万众欢腾。

“花杆”是踩花山节的重要标志，一般选择挺直高大的青松或柏树，长10米多，先把它削掉枝叶剥去皮，保留树冠，扎上五颜六色的鲜花和彩旗，装饰得五彩缤纷。“花杆头”是大家公认的“好心肠的人”。这人必须在节日的第一个早晨，趁太阳出山以前把花杆竖好。从砍树到立杆都要焚香祭拜，并念祭词。

首先由“花杆头”向前来参加“踩花山”的人敬酒，祝福，随后宣布“踩花山”节开始。

花山节也是苗族青年寻偶恋爱的佳节，男女通过在一起对歌、跳舞、得以认识、了解。每当相中了合意人，便双双相约到僻静处互诉衷情。有的还互赠礼物，订下终身。那一对对身着艳丽服饰、打着五彩缤纷花伞对唱山歌的青年男女，往往给游客留下难忘的印象。

传说古时苗族战败流落异乡，想起祖先东逃西散的苦，伤心落泪。农历正月初二至初七，祖先显灵，劝他们不要太难过，应该到高山顶上吹芦笙、唱歌跳舞给我们看。说完天上落下一朵花，挂在一棵树上。大家围着这棵树歌舞，吹芦笙，这年的庄稼长得特别好。从此后，每年六月六，苗家都要穿上节日盛装，到高山上栽一棵花树，举行跳芦笙舞、斗牛、跳狮子舞、爬花杆等活动。其中，引人注目的是爬花杆，谁爬得高，就把一个猪头和好酒奖给谁。

此时，天刚蒙蒙亮。熊朝忠没猜错的话，离起床时间只有几分钟了。果然，不一会儿大家就起床了。见熊朝忠已经穿好了衣服，大伙儿很不解。素来瞌睡最多的小熊今天怎么起得这么早?

一天的紧张劳动又开始了。不知不觉，一天时间就过去了。今天，熊朝忠似乎没有往常累。饭后，他一直追问阿杰凭什么断定说他的爱情将来临。阿杰说，他是从做的梦里判断出的，但他拒绝谈梦的细节。

灯下，阿杰给熊朝忠朗诵着诗人海子这首《九月》诗歌：

目击众神死亡的草原上野花一片
远在远方的风比远方更远
我的琴声呜咽　泪水全无
我把这远方的远归还草原
一个叫木头　一个叫马尾
我的琴声呜咽　泪水全无

远方只有在死亡中凝聚野花一片

明月如镜　高悬草原　映照千年岁月
我的琴声呜咽　泪水全无
只身打马过草原

阿杰说："今天是诗人海子去世11周年零9个月。1989年3月26日，海子在山海关卧轨自杀，年仅25岁。关于诗人海子自杀原因传言很多，有的说幻想天堂陷入绝望，有的说是为了情感。我更相信是被情所困，爱情这东西说好会让你感到无比幸福甜蜜，说不好会让你神魂颠倒，甚至绝望。"

熊朝忠："为啥要自杀？别人看不上你，你更要为自己争一口气，努力奋斗重新找一个更好的。"

阿杰道："说你单纯你不信，你呀，还没谈过恋爱，不知道爱上一个人割舍不了是啥滋味！"

熊朝忠道："一个才华横溢的大诗人，为了爱情而自杀，我个人认为不值得同情。"

阿杰想了想，拍了一下手，说："对呀，天才海子有很好的工作，又有那么大的名气，追他的女孩多得很，肯定不会为情自杀。肯定是想追求一种超越现实的最高精神境界，甚至超越了凡人的生活！"

熊朝忠惊诧道："不会吧？"

阿杰说："怎么不会？你不是诗人，悟不透。就像我们挖矿一样，其实，死在矿井里被天然埋葬是多么美妙幸福的一件事，根本不要害怕，更不要刨出来重新葬！"

熊朝忠说："都说诗人是疯子，我不信，现在信了。别吹牛了，那次矿洞垮塌土石，你比兔子跑得还快！"

房间里的人大笑起来。

阿杰说，下次他一定不会跑！

大伙儿说，大家绝不会拉他！

大伙儿聊到恋爱的话题上。聊到了苗族的花山节。熊朝忠想起昨晚的梦，怕打开阿杰的话匣子，就说"睡觉睡觉，我困了。"

中午的时候，相邻的矿洞显得异常热闹。有说有笑的，似乎一点也不知疲倦。发生啥稀奇事了？熊朝忠和阿杰感到很纳闷。隔壁矿洞每天吃饭都比他们早，今天却很迟。熊朝忠和工友们吃完饭见对方才围在一起打饭。

熊朝忠和阿杰挤过去，发现掌饭勺的是一位十七八岁的小姑娘，她中等个儿，圆圆的脸蛋泛起红晕，两根粗实的黑辫子垂到脑后。她握住勺子就是不动。

“小姑娘，快点给我打呀，哥干了一上午苦活，前胸都贴着后背了。”

“小姑娘，你要饿死我们?”

“掌着勺子不打饭，诚心整我们，小心我告诉老板把你给炒了!”

有人甚至说出调戏她的话。小姑娘怒视着挑衅者，然后用勺子猛敲一下装肉的盆子，喝道：排队!

所有的人如梦初醒，赶紧排队。

“排队排队，别欺负人家小姑娘!”熊朝忠跟着开玩笑道。

小姑娘看了一眼面目清秀的熊朝忠。熊发现小姑娘的眼睛特别明亮清澈，看他的目光柔柔的，一点也不凶。

“哇，真香！你炒菜的手艺不错!”熊朝忠道，他闻到一股浓浓的香味儿。

姑娘低头说：“难吃死了！你还夸!”

此时，打了饭菜的人蹲在一边狼吞虎咽地吃着，边吃边说：“好吃好吃，这小姑娘炒的菜真好吃，就是脾气大了一点。”

有人故意问：“小熊，她是不是你的媳妇?”

小熊笑着说：“你问问她是不是我的媳妇嘛。”

小姑娘对他们横眉竖眼。

小熊说：“我哪有那个福分呀!”

2000 年的晚秋渐渐来临，矿区的景色迷人，野花遍地，草药飘香。有时还能摘到可口的野果子。天气也变得凉爽，熊朝忠在这个季节赢得了人生的初恋。他渐渐与这位很有个性的姑娘走近了。这位苗族姑娘姓杨，大家都叫她小杨，是附近村子里的。此时的熊朝忠压根就没有想过自己能够走出矿区。那时候，他每天从早上七点忙到晚上五点，虽然一天只能挣到 10 块钱，但生活过得很充实。他说，那时的他能吃一脸盆米饭，都不觉得饱。

晚饭后，熊朝忠和小杨手牵手一起去散步，或到村子里的小卖部买零食吃，让工友们很是羡慕。这些成了他在矿区最快乐最美好的回忆。初恋的心是最纯的，战战兢兢牵着恋人的手仿佛握住了整个世界。时间静止了，心中从来没有这样放松过。他们谈着心，望着渐渐升起的月亮，唱着民族歌曲《飞向苗乡侗寨》：

清甜甜的米酒，
姊妹的饭，
滋养着苗乡人，
千万年的爱，
风雨中的花桥，
鼓楼明月，
见证着侗家人，
不变的誓言。
……

特别是那首家喻户晓的苗族歌《假如你是一朵花》更是令他们在闲暇时不离口：

大河啊你从哪里来，翻山越岭长又长
情郎（只棱哚）你从哪里来，笛声悠扬来
让阿妹我
在家里待不住　在家里待不住哎！
可惜你是一个人
可以爱你人却不能拥有你的心
假如你是一朵花
我把你摘下轻轻带在头上　轻轻带在头上

大河啊你从哪里来　翻山越岭长又长
阿妹（彩棱当）你从哪里来，木叶吹得优美动听来
让情郎（只棱哚）我
在家里待不住　在家里待不住
可惜你是一个人
可以爱你人却不能拥有你的心
假如你是一颗黄果子

我把你摘下捧在手心里　捧在手心里
捧在手心里
哦！

果然印证了工友阿杰的话，这段爱情仅仅保持了两个月。

2000 年春节，熊朝忠回家过年。虽然他没将自己谈恋爱的事告诉别人，但没有不透风的墙，“风”早已吹到家里了。亲朋好友见面都逗他，问他啥时候把媳妇领回家？熊朝忠说，根本没那回事。当时 18 岁的熊朝忠并不愿像当地多数年轻小伙那样早早成家。

春节来临，花山节也随之将到来。熊朝忠将在新的一年里迎来他 19 岁的青春年华。又一个花山节到了，熊朝忠坐着朋友的摩托车兴高采烈地来到县城。观看了整个花山节的开幕仪式和节目表演，并与青年朋友们一起载歌载舞，陶醉其中。那“祭杆”仪式深深地印在他的记忆中：

“花杆头”焚香向四方祭拜后，把一只大公鸡的鸡冠掐破，将鸡血涂在花杆上。

一、祭拜蚩尤。“花杆头”用苗语道：“蚩尤是我祖，长江是我源，千年迁徙苦，安身在南边，而今逢盛世，苗胞喜相连，今日祭花杆，先祭我祖先，降福又庇佑，康乐满人间。”

众人应声应和：康乐满人间！

二、祭历代英雄豪杰。“苗家多豪杰，历代皆有颂，弯刀射日月，降福南山中，长刀抗敌忾，长弩立奇功，花杆标清史，留存万人胸。”

三、祭天上神龙，地上地母田公。“地母田公听我言，今日焚香又敬酒，明日圆我心中愿，风调雨又顺，击鼓庆丰年。”

祭毕后，苗家的“咪彩”和“咪哆”（姑娘、小伙）抬上一缸醇香的苞谷酒，用传统的共饮 11 匝缸酒方式向各方来宾敬酒。祝酒词为：“佳节到，酿米酒，嘉宾到，大家来喝口咂缸酒，一敬各方嘉宾，亲朋好友；二敬左邻右舍，左村右寨，三敬父母长辈，兄弟姐妹！”

……

熊朝忠深深地感受到民族文化的魅力和乐趣，似乎寻到了自己的根。他幻想着下一个花山节能与自己的恋人一起参加，或许到那时她已成了自己的妻子。他仿佛看见自己和恋人一起身着节日的盛装，手牵手在花山节上载歌载舞。

春节很快结束了，在这期间，熊朝忠无时无刻不思念恋人。可是，他们都没有手机，因此无法联系。她在干什么，也像我思念她一样思念我吗？每当深夜，熊朝忠总是难以入睡。初恋之所以是最难忘的，就是因为它像一张白纸一样干净，像雨后的山林一样纯洁。短短一个春节胜过三秋，当他休假结束返回矿区后，却不见她的身影。四处打听，别人都不知道。有人开玩笑说，她已经嫁人了。他为这话差点跟他们急。可是，他最终从雇她的老板那里得到可靠消息：她真的嫁人了。他的初恋情人已经成了别人的新娘。这样的打击让他难以承受，他能拉动500公斤的矿石，却承载不了这样的痛苦。天地崩塌，万念俱灰，人生还有什么盼头？

然而，老天在关上一扇门时，又打开了一扇门，就在熊朝忠伤心绝望时，他的表哥回到了老家，给他带来了改变他一生的“武器”——武术。从那之后，一门心思都扑到练武上的小熊再无暇考虑男女情长、花前月下，只知道埋头苦练，幻想着有一天能走出大山，亲历大山外的精彩。

没过多久，阿杰在北方煤矿打工的哥哥遇难了，阿杰也就离去了。

此后，孤身多年，每年的花山节看见一对对青年情侣，熊都会想起伤心的初恋。因此，花山节有他挥之不去的伤感。他也因此喜欢上了海子代表作《面朝大海，春暖花开》：

从明天起，做一个幸福的人
喂马，劈柴，周游世界
从明天起，关心粮食和蔬菜
我有一所房子，面朝大海，春暖花开
从明天起，和每一个亲人通信
告诉他们我的幸福
那幸福的闪电告诉我的
我将告诉每一个人
给每一条河每一座山取一个温暖的名字
陌生人，我也为你祝福
愿你有一个灿烂的前程
愿你有情人终成眷属
愿你在尘世获得幸福
我也愿面朝大海，春暖花开

第三章

不相信不出省就挣不到钱！

第一节　顶着压力　坚持练拳

一根普通的白桦木棒，穿着两块粗糙不规则的石板块，固定成一个简易的举重器具。这就是熊朝忠当年最早的训练器具，他记录着一个世界拳王奋斗的心酸历程……

时光倒回到2002年夏天，在离熊朝忠家100米的地方一块开阔草地成为当时的“露天拳馆”。晨曦熹微，百鸟出巢。一个矫健的身影总是第一个走出低矮的瓦屋，率先来到这里伸筋压腿，练习拳脚。接着，不断有人汇集，一个、两个……不一会儿就到齐了，一共6个人，还有人专门做饭。

黎明的曙光渐渐照亮村庄，成年人都起床干活忙生计，接着鸡鸣犬吠，此起彼伏。“前三十年睡不醒，后三十年睡不着。”这是一句人们常说的一句俗语，很多人都用自己的一生证实了它。当村里那些老年人骂后生贪睡时，这帮年轻人无疑成了榜样。他们年轻却不贪睡，因为他们心里藏着梦想。想用这项体育运动去改变自己的人生。

他们从一栋茅草屋里取出自制的训练器材，然后在一位身材高大健壮，有着一脸慈祥笑容的中年人的指导下开始了一天的训练。这位中年人就是熊朝忠的表哥陶卫忠。2002年，已在昆明当了5年警察的表哥陶卫忠做了一个让所有人不解的举动。他不顾亲人的强烈反对，毅然辞掉了让人羡慕的警察工作回家种香蕉，同时开一个拳馆。他人生的这一步棋亲人们都不看好，但有梦想的人最可贵的是敢于去尝试，即便是失败了也无怨无悔。

拳馆虽然只有6个人，但大家热情高涨，都希望练出本事。为了更专注地训练，他们在村边搭起了两间200平方米的木房训练基地。一间是训练场所，一间是茅草卧室。

没有训练器材，就从山间砍断一白桦树的粗枝，从河里找两块一样大的石板请村里的老石匠在石板中间钻两个眼，将两块石板固定在木棒的两端就成了一个举重的器材。尽管老石匠们都觉得做这些东西无用，但还是极不情愿地做了。后生们连声感谢，表示以后给其干活还情。这样不同重量的举重器材一共做了好几个，方便不同阶段的训练。他们用平时省下的钱买拳套、臂力器、哑铃，并自制了沙袋。

如此简陋的训练场地，几乎为零的训练经费，没有经过专业体育部门测评的身体，要想在全国甚至全世界体育行业夺冠，不要说那时，就是现在在人们的眼中看来也是天方夜谭，是痴人说梦！

最早的体育训练基地

但年轻人有无穷的力量，年轻就是资本，只有敢想敢做方可创造奇迹，改变人生。这些年轻人就是要发扬革命前辈“小米加步枪打天下”的精神，在这里成就一番事业，实现自己的梦想。他们坚信善于追梦的人，幸运之神总是在某一个角落默默地等候着他。

此时熊朝忠的弟弟熊朝周也成为其中一员。

有了基地后，小熊训练的时间更长，年底前还集中特训 3 个月，训练的内容涉及跑步、举杠铃、打沙袋等。

每天早上出去练拳，乡亲们出早工碰上，有的说“小船，好好练，练成马关第一高手！”有的说练成“武状元”；还有的甚至说练成世界拳王……

熊朝忠知道，这些人的话带有嘲笑，觉得他做的事很不现实，属于徒劳。心想，我要是将来真夺得世界拳王，你会为今天的嘲笑感到惭愧。他觉得过分注重现实，就是鼠目寸光。

有人认为，这一批热爱武术的年轻人训练，当时有的只是在挖矿之余解解闷，顺便学点防身之术，并不指望靠它吃饭。当时，特别是老人们对这帮整天练拳的后生很不理解，认为年轻人练这些是为了跟人打架，惹是生非！是不务正业！

而陶卫忠和这帮年轻人把拳击当作一项体育运动。虽说是业余训练，但他们绝不是只练些花拳绣腿，而是一对一的对练，用“谁输了就做几十个俯卧撑或给谁洗衣服”来激发斗志。

能顶住社会的不良舆论，却难顶住经济上的困窘。和熊朝忠一起练拳的弟弟熊朝周终于退出，到昆明去打工了。只有熊朝忠还一如既往地坚持着，实在断了经济，就回矿上打两个月工又来。

贫困让熊朝忠年迈的父母也走进了拣矿大军中，他们跟着卡车“捡矿”。每当数十吨重的废矿从卡车上倾泻而下，人们如获至宝地扑向滚滚尘埃，用小锄头争夺碎矿，有的人为此被掉落的矿石砸死。

生活是极其现实的。冬去春来，皑皑白雪一次次覆盖原野，庄稼在冰雪中一次次经受残酷的考验，一次次获得重生，向播种它的人献上丰收。在一年一度的寒暑轮回中，熊朝忠深深地体会到这条路的艰辛，但他仍然无怨无悔。

陶卫忠从来不会因为他们完不成所谓的任务而批评他们。比如做俯卧撑，他告诉他们，你们如果只能做一个，只要认真做完，也不丢人。但是，明天我希望你能够做两个，每天都有进步就可以了。这些小伙子有的一开始只能做几个俯卧撑，到最后随便都能做上几百个。

陶卫忠经常搞来一些拳击比赛的碟片放给弟子们看。因为一直在陶卫忠的鼓励中成长，这些学员都非常自信。特别是熊朝忠，他一开始看那些比赛录像，还有些羡慕。到后来，他经常会对师父指出那些拳手的问题，并信心十足地说：“如果我去和他们打，我一定能赢！”

师徒喜欢琢磨技术，陶卫忠也喜欢实验一些新的训练方法。比如，他让熊朝忠他们到种植香蕉的大山谷底去训练，因为那里的温度较高，他想看看那里训练会不会对提高耐力有帮助。下到谷底要一两个小时，走上来要四个小时，学员们的脚劲和耐力都在那个时候突飞猛进。

表哥陶卫忠在离村两小时路程的山地租了30亩地种香蕉，香蕉地附近的河边都是他们练拳的训练场所，特别是年底，更是集中训练好几个月。不练拳的时候，学员们喜欢跑到河边捉鱼，找河对面的小姑娘玩，帮她们放牛、聊家常及未来的梦想。和这些女孩子的交流，让这些每天忙于训练的青年人能放松自己。此时的生活虽苦了一点，但苦中有乐，充满诗意！

科学训练当然还要充分的营养补给。那时陶卫忠虽然有些积蓄，父亲也有退休工资，但是家里仍然很少吃到肉。而为了这些年轻的弟子，陶卫忠每周都出钱让弟子们去抓一头猪。他们到周围村子里去抓猪，钱大部分都是卫忠出的。有时候弟子们有点钱，就凑一点，没有就算了。

在当初的招生广告中，陶卫忠还要求学员自己解决生活费，其实到后来，弟子们的生活基本上都是陶卫忠自己掏腰包。当地一家一年只有千把块的收入，而陶卫忠每年得掏1万左右。

村民们都习惯叫陶卫忠的训练场为拳馆，但陶卫忠不以为然，他对弟子们称这里是“体育训练基地”。在他看来，“拳馆”的江湖习气太重。表哥陶卫忠的拳馆其实是中国传统武术称呼的“拳术”，腿脚并用，不是纯粹的西洋拳。他的目标是为了培养冠军，而不是训练打架。他告诉熊朝忠他们，“你们到我这里来习武，不是为了打毛架，如果谁为了打架不要到我这里来。”

他们越认真，村民们越觉得他们脑子有病。甚至一些乡村官员也很看不惯他们“游手好闲”，常常挖苦他们：你们还能靠打架吃饭吗？

幸运的是，熊朝忠他们越来越感觉到了学习拳击的乐趣，而熊朝忠的父母也很支持儿子跟随陶卫忠训练。他们说：“我们穷得没其他办法了，我们相信卫忠。大家很有信心。”

这种执着，一是因为他们家穷得没其他办法了；二是源于对熊朝忠从小格外强壮的身体有信心；而更重要的，就是对陶卫忠这位村里第一位大学生的信任。熊朝忠在苗寨三年多的拳击训练，这样才在一片反对和挖苦声中得以坚持。

面对人们异样的眼光，熊朝忠仰望浩瀚的苍天，或许只有老天知道他远大的志向和抱负。

他回忆起童年时和村里的小伙伴总是利用表哥回家的时候缠着让他教拳。他佩服表哥丢掉铁饭碗做自己想做的事的勇气。这是一个竞争型的社会，可有些农村人的观念还停留在吃大锅饭的时代。农村人只能接受成功不能接受失败，对失败者没人去安慰鼓励，反而遭受的是嘲笑。为什么电视里，城里的年轻人在事业遇挫时，家人朋友都会给送去温暖呢？他百思不得其解。最后才明白，因为农村人家徒四壁输不起。

理想与现实的差距让他学会安慰自己。自古以来谋事在人成事在天，就算自己最终不能实现理想靠拳击吃饭，最起码练就一个好身体练就一身本事。此时的熊朝忠并没把这当作一种职业，而是当作一种健身，或是一种防身自卫的本领。更多的是通过拳击运动对内心郁闷的一种发泄，在拳击运动中感悟人生。人生就是一个搏击台，知进退方能生存。

第二节　意外的爱情

那是在表哥陶卫忠训练基地训练的日子。那年初秋，树叶渐渐变成金黄色。在河边训练的年轻人常常听到对面山上传来笑声和喝彩声。不练拳的时候，熊朝忠喜欢跑到河边捉鱼。这一天，正当他的赤脚探进有些冰凉的河水里，河边的林丛中一声牛铃响吓了他一跳。仔细一看，是一条吃饱了的大水牛，它卧在地上回嚼，时而用牛头驱赶一下身上的蚊子，牛铃立即发出清脆的响声。再一看，只见牛不见人。熊朝忠心想是谁放牛这么大意，他担心牛走失了或去吃别人的庄稼。于是他就从牛头上解下牛绳拴在旁边的小树上。

不一会儿，一位漂亮的姑娘匆匆跑到河边，她十七八岁的样子，她焦急地问道：大哥，你看见一头大水牛吗？

熊朝忠想“惩罚”一下粗心的姑娘，于是他说：没看见，你去别的地方找找。

小姑娘匆匆地跑了。过了一会儿，她又来了。她说：奇怪，其他地方都找遍了都没有。明明牛脚印是顺着这里过来了。大哥，你真的看见不？我快急死了。

正当熊朝忠欲开口告诉他，牛铃响了。“原来在这里！”小姑娘边惊喜地叫着边冲进林丛中。接着她牵着牛走出来，对着熊朝忠横眉竖眼道：“原来是你把牛给我藏起来，你这个坏人！”

熊朝忠无论怎么解释姑娘都不听，她气呼呼地牵着牛走了。

又一个晴天，熊朝忠训练完毕到河边没人的地方洗了澡，然后去捉鱼。不知是今天的身手格外敏捷还是鱼儿很懒，他一下子捉了好几条野生鱼，心想，今晚可以和兄弟们好好吃一顿鲜鱼。他把这些鱼放在一个自己用手垒的小鱼塘里，然后继续去捉。可是当他拿着最后捉到的一条鱼来到鱼塘前时却惊呆了。不知是谁把刨开一个口子，河水倒灌进来，几条鱼早已跑得无影无踪。

“是谁？是谁放了我的鱼，有种的就站出来!”熊朝忠对着寂静的山林叫道：“我与你无冤无仇，为何要放掉我辛辛苦苦捉来的鱼，缺不缺德?!”

山林中传出一阵清脆的笑声。

那位曾经丢失牛的姑娘从林子里拍着手走出来。

熊朝忠生气道：“原来是你，你为啥要放掉我的鱼?”

姑娘说：“你看见我放了？或许是鱼不想死，自己逃脱的。”

熊朝忠说：“鱼要是能逃掉，跟你姓!”

姑娘说：“其实，我是帮你积德行善，不让你杀生是为了你好，你还不感谢我!”

熊朝忠觉得这姑娘很有意思，气消了些，于是说：“上次我拴了你的牛，这次你放了我的鱼，行，大家扯平了!”

姑娘说：“其实，我可赚了，你准备吃掉它们，我放它们扮演救星积了多大一分功德。你做坏人，我做好人。嘻嘻!”

就这样，熊朝忠渐渐地和这位姑娘熟了起来。熊朝忠获知，姑娘名叫阿芳，今年刚满 18 岁，就住在附近的村子。

又一个晴朗的天，熊朝忠和阿芳一起坐在石头上开心地聊着。阿芳说：“你闭上眼睛，我给你变魔术。”

熊朝忠闭上眼睛，待他睁开时，阿芳手里捧着一个“云南红”的大梨子送到他面前，说：“给你，吃吧。”

熊朝忠问：“哪来的?”

阿芳说：“从自家树上摘的。”

熊朝忠大口大口地吃着，感到特别香甜。

吃完后，他说：“你能不能多摘几个，让我的兄弟们也尝尝。”

阿芳低下头，无奈地说：“我可不敢，我爹会骂我的。”

熊朝忠遗憾地点了点头。

可是没过几天，阿芳还是偷偷地摘了一兜梨子给熊朝忠。

一向腼腆的熊朝忠在熟悉的姑娘阿芳面前滔滔不绝地谈起了自己的人

生。他说自己最大的梦想就是夺得亚洲拳王，能夺得世界拳王更好，不过可能有一定难度，因为要做一个级别的世界第一的难度可想而知。全世界可有 70 亿人。不过，夺得亚洲拳王还是有信心的。作为亚洲拳王，挣个几十万应该没问题。

阿芳听完沉思一下，说："你怎么老是想挣很多钱？我爸爸说，别把钱财看得很重。钱财是身外之物，生不带来死不带去。做人最重要的是人品要好！"

熊朝忠略微吃惊地望着阿芳，心想：现在像这样想的姑娘真不多呀！

有一天，天气特别好，阿芳的脸上却带着忧伤。熊朝忠问她有啥不开心的事？

阿芳吞吞吐吐地说："我不喜欢被安排，不喜欢父母为我安排的生活。"

熊朝忠说："只要父母做的是对的，就应该遵从！"

阿芳不解地望着熊朝忠。

从此以后，熊朝忠开始进入秋冬训练，他们再也没见过面。转眼春天来临，熊朝忠忍不住再次跑到那个小河边，却不见阿芳的身影。只见一位老爷爷在放牛。

熊朝忠问："大爹，咋个没见阿芳来放牛？"

大爷淡淡地说："阿芳呀，她在去年冬天就已经嫁人了。你呀，咋个现在才想起找她！"

如同晴天霹雳，小熊足足呆了一分钟。世界一切仿佛走到了尽头，他低声问："是真的吗？"

大爷说："我这么大的年纪还骗你？她嫁到邻村了，是父母做的主。"

熊朝忠大叫："不这不可能！不可能！阿芳……阿……芳……"

他在两山之间疯跑，大声地呼唤着她的名字，可是只有大山留给他长长的回音。折腾了两个小时，几乎耗尽了他体内的能量，他沮丧地一步步往回走，电影《恶战》中的那首悲伤的主题曲《把悲伤留给自己》无声地弥散在空气里，往日的画面也随之浮现：

能不能让我陪着你走
既然你说留不住你
回去的路有些黑暗

担心让你一个人走
我想是因为我不够温柔
不能分担你的忧愁
如果这样说不出口
就把遗憾放在心中
把我的悲伤留给自己
你的美丽让你带走
从此以后我再没有快乐起来的理由
……

泪水洒满小河，他拖着沉重的脚步回到家，此时，表哥的体育训练基地只留下空旷的训练场地和睡觉的土坯房子。师兄师弟有的请假，有的到矿上干活。他不知这个难以为继的拳馆还能支撑多久。他伤感地望了一眼自家低矮的瓦屋，知道只有靠努力拼搏才能改变自己的人生。

第三节　到文山武馆比武

2005 年冬天，严寒又一次降临。拳馆的训练房茅草上落下纷纷扬扬的雪花，很快就被白雪覆盖。拳馆的经济也迎来了最残酷的“严冬”。熊朝忠站在拳馆前，望着漫天的大雪，真不知该怎么办!

此时，文山的一位熟人牵线，让陶卫忠带着熊朝忠到文山的一家武馆与那里的顶尖拳手比试，如果赢了就可以留下来成为专业拳手。收入也有保障，再慢慢地发展。

熊朝忠一直犹豫着，他明白这一去就意味着拳馆将散伙，他对这个 6 人团队已有了很深的感情，实在不忍就此解散。大伙儿以为他怕赢不了对方，一个劲地给他鼓劲。

熊朝忠说，如果我赢了他们，真的留在他们武馆，希望大家不要解散，坚持住，相信总有一天我们会有自己的武馆。

大伙儿说，你不用担心我们，你是我们这个团队唯一的希望，大家都希望你能实现拳王梦!

此时，熊朝忠又有另外的担心：听说阿牛也在文山一家武馆练武，如果碰巧在那里，冤家路窄，阿牛是个肚量小好斗的家伙，跟他处在一起斗来斗去没意思！

大家都说，不会不会。

就这样，熊朝忠和表哥陶卫忠来到文山聚英武馆。

武馆负责人热情地接待了他们。可武馆的拳手并不把他们放在眼中，这让熊朝忠感到几分心凉，但又一想，既来之则安之。虽说是一场切磋赛，一切仍按正规赛事操作。比赛前，讲好规则。承诺只要熊朝忠和他的师父陶卫忠各自赢了他们的两个对手，就可以被武馆接收。比赛开始，熊朝忠就显示出不凡的实力，凶猛的拳头很快让武校的科班学生招架不住，重拳 KO 了对手。现场一片死寂，除了表哥外，没有一个人鼓掌，熊朝忠感到有些不妙。武馆的人都铁青着脸。熊朝忠心想，大概是被他的实力震惊了，没关系，再赢一场就是一家人了。因此第二场比赛熊朝忠斗志倍增，仅仅一个回合就击倒对手。没想到对手太不经打，半天起不来。熊朝忠连连道歉。

可对方说，不用道歉，也不用再比了。弟子这么厉害，师父肯定也不差。只是我们潭小，你们鱼大，恐怕在这里委屈你们，还是另谋高就吧。

正当师徒二人惊讶之际，一个熟悉的身影从里面走出，对着熊朝忠师徒二人奸笑着，他就是阿牛。熊朝忠顿时明白了：这是一场人为的安排，是阿牛想打败他。他感到自己受了极大的侮辱，被别人戏耍了。练武之人最不能容忍的就是别人言而无信！要是没看见阿牛，他们或许会跟对方理论，但看见阿牛的奸笑就知道这盘棋就是他布的局，还说什么呢。

师徒二人愤愤不平地回到拳馆，大伙儿真不知道冤家阿牛要何时才肯罢手！这样的结局无疑是雪上添霜。此时，告别拳击另谋生路似乎已成了身不由己的选择。

是呀，人不可能生活在真空里。有时候，来自现实生活的诸多压力，也会让执着惊醒。转眼之间，熊朝忠已满 23 岁了，但媳妇还没影儿。他坚信那个典型的山村青年式梦想——“搭个土房，娶个老婆”不是自己最终所追求的。他想，天下不知有多少有志之士因为早婚，被“三亩土地一条牛，老婆孩子热炕头”拴住，内心的远大的志向就淹死在“温柔乡”里。但现实是残酷的，梦想和现实的差距太大了。

第四节　不相信不出省就挣不到钱!

2005年，由于种香蕉一直亏本，眼看陶卫忠的拳馆撑不下去了。弟子们照老办法，就到矿上打两个月工又来。熊朝忠也不得不再次来到矿上打工，矿山可以称之为铁打的营寨流水的兵，仍然是曾经的矿洞，却是一群陌生的人，工钱却没涨，仍然是10元一天。

此时，村里已有些人到经济特区——深圳、东莞去打工，虽说工作时间长一点，但工资一千多，遇到好的厂有两三千的。人们纷纷托关系给找活计。许多人在外地挣到钱就在镇上和马关县城修楼房经商，不再伺候土地。因此夹寒箐镇和马关县城的快速膨胀，也离不开打工者的贡献。一些姑娘找对象以有没有街房为条件，对农村男性青年的压力特别大。

每当休息时都会听到这些年龄偏大，外边没有路子的人在抱怨。这天中午，熊朝忠听到一个新消息：听说浙江沿海一带的民营企业快速发展，工资高过深圳、东莞。打工者都涌向沿海一带，深圳、东莞招不到人，出现了民工荒。一些外资厂开着车在大街上找人，50岁的大爷、大妈都要，不管你有没有文化。

"真的?"众人眼睛瞪得大大的。

那人说：骗你们干啥，我这一个月满就不干了，难得的好机会!

是呀，以前那里的工作很难找，许多人盲目去，待一两个月不但找不到工作，还背一屁股债回来。

一位工友透露：深圳、东莞女工多，特别是东莞一个1000人的厂就有900女工，一个男子至少有3个女友，已不是新闻了。没有找到女友的工友都愤愤不平，恨自己早该到这些地方去闯闯，免受穷困单身之苦。

"都是些貌美如花的小姑娘，再丑的男人也能找到对象!"一工友证实，并拿出手机给大家看老乡发回的照片。

"哇，下班这么多人！真的很漂亮!"

"她们找不着男友，我们找不着女友，正好互补!"

"听说还有几个女工养一个男子的，性饥渴，哈哈……"

……

大家七嘴八舌，越说越像天堂。

“就是，院子里练不出千里马，待在这鬼地方有啥意思!”

大伙儿恨不得现在就不干。熊朝忠也在反思自己，守在故土能有多大发展?深圳、广州的繁荣早在电视里看到，都是一个带一个出去，没关系没路子无望。现在有了机会是不是去闯一闯?他也有些动心了。但他又有些伤感，如果真的去省外打工，就不能学拳了。他把这个担忧告诉工友。

工友说:“唉!还学那些干吗呀，又不能当饭吃，又不能靠它娶老婆!这个时代，谁能让我挣到钱娶到老婆，他就是我的亲爹!”

话虽有些偏激，但对这些还没找到媳妇的年轻人来说很在理。

“好!一定去!难得的好机会，过了这个店就吃不上这碗面了。”大家道:“等过了民工荒再去就难了。”

熊朝忠彻夜未眠，刚好月底领了工资便收拾回家，顺便在镇上买些洗漱用品。就是这次买东西让他彻底改变了想法，决定留在家乡发展。

镇上整齐的街房和正在建的楼房似乎向他提示，赶快到经济发达的地方去挣钱，然后也在这里买块地修一栋属于自己的街房。由于家离镇子有足足 19 公里，因此童年时要和父母到镇上赶一次集很不容易。作为岩腊脚村的孩子，那时他最大的梦想就是赶一次集，让爸爸妈妈买点好吃的或自己喜爱的玩具。可是由于经济条件有限，这些愿望大都难如愿。

他和工友在一家饭馆吃了一点东西，虽然镇子大了许多，远比童年时看到的繁华。虽是赶集天，却显得很冷清，远没童年时热闹。人也很少，大都是老年人拉着孩子。青年人、壮年人几乎不见踪影。

镇上有了第一家网吧。熊朝忠和工友来到网吧，想查一下深圳、东莞的情况。果然，深圳、东莞女工远远多于男工，找女友非常容易。对东莞“一男三妻”描绘得有声有色。

由于误打了字，无意中他们看到留守儿童信息。许许多多的留守儿童由于爱的缺失，造成了性格孤僻怪异，成长扭曲，无爱心，甚至走上违法犯罪的道路。另外，留守儿童时常遭到不法分子的侵害。再一搜，发现有的村庄只有几个老人，不少村庄成为无人村。每天都有一些村庄消失。由于夫妻打工两地分居导致不少家庭破碎。他俩顿时对那些出省打工感到惧怕，原来挣到一点钱居然付出了这么大的代价!他们失望地走出网吧。一家商店门口传来孩子撕心裂肺地痛哭声。他们急忙跑过去，发现两个衣着朴素的孩子在给远在省外的父母通电话。

"妈妈,我不要大熊熊,我要你回来!"哭成泪人的小女孩握住电话叫道。

相信电话另一头的父母也很难过,围观的人都用怜悯的眼光看着这些孩子。只有商店老板面带微笑,他悄悄说:"我们天天见到这场面,已经习惯了,没什么奇怪的。"

"妈妈,我不要大熊熊,我要你回来!"这句话一直萦绕在熊朝忠的耳边,他眼前闪现出千万个孩子撕心裂肺的哭泣场面,包括他自己未来的孩子……

回到家,熊朝忠忽然生出一种想法,决定不去深圳。他为自己家乡孩子们都有一个完整的家感到幸运!他想,我不相信不出省就挣不到钱!

第四章

希望之火总是在绝望中点燃

第一节　一次人生的转折和蜕变

生活往往富有戏剧性，总是在“山重水复疑无路”时，却“柳暗花明又一村”。出生于苗寨农家，1.55 米的身高，23 岁还在做苦力的熊朝忠，就在对生活的未来几乎看不到任何希望时，机会来了。表哥的一句话点燃了他心中的希望之火。

偶然的因素总会左右必然的结果，天不遂人愿，陶卫忠种香蕉一直赔钱，让原本想靠种香蕉赚钱来养拳馆的想法落空了，因此，这个只有六人的拳馆面临解散。但他不甘心，他打算坚持硬撑一年。

学员每天训练五六个小时以上。学员的生活费，由陶卫忠和学员共同承担。“练拳因为体力消耗大，饭量很大，一个人一顿要吃一斤米。”这么大的消耗量，陶卫忠和学员实在难以承担。没钱，他们就去山上砍柴卖。柴砍好后，用绳子拴着从山上拖到山下，几乎每个人的手都曾被绳子磨破。此时的柴火比前几年值钱一些，以前是称斤卖，现在是以方卖。一人砍一天柴，能卖几十块钱。有时候，学员们训练一段时间后，也会出去打短工。挣一点钱，再回来接着训练。

两年时间很快就过去了，两个寒暑中，他们坚持不懈地训练，肌肉一天天的结实起来，体能一天天地提高，即便在农忙时帮家里干农活，感到自己有使不完的力气。搏击技能也大大提高了。做过多年警察的陶卫忠教育弟子：学这项运动的目的不是为了与人争强斗胜，是作为一项体育运动，走上职业之路，让自己的人生多出彩，同时也为家乡争光。有了更大的成就还能助家乡奔小康。如果有人利用在这里学到的搏击之术出去充王充霸欺压百姓惹是生非，甚至干违法乱纪之事，他就不是我的弟子，他理所当然会受到法律的制裁。

众弟子都说：师父放心，我们几个人的人品你还看不出来？

熊朝忠说：我想，大家都是苦出身，在这么艰苦的环境中练就了一点本事不珍惜不求上进，用它去炫耀自己欺负别人，不要说表哥不认他，我也会跟他绝交，关键时候我还会出手教训他。

大家都说，应该应该！

从小到大，他们从武打电视剧和电影里看到，有不少练就一身本领的弟子背叛师训最后都没有好结果。大家坚信：一个没有武德的人习武只能毁了自己！

在弟子中，有两个来自越南的苗族亲戚。他们生活在越南，因经常受越南人欺负，所以想学点本领自卫。

陶卫忠虽然在省城当过几年警察，但为人特别友善，衣着也很朴素，当弟子们看见他把最后的积蓄从衣兜里掏出来给大家做伙食费时，所有的人眼中都湿润了。他们都说：师父，散了吧。

陶卫忠30多岁，刚刚成家。大家知道他还要养家糊口。

陶卫忠淡定地说："你们再坚持一下，就有本事出去了。"

患难见真情，大家总是在吃完晚饭休息的时候一起闲聊。

这里的天气特别好，一年四季艳阳高照，有时下雨大多在晚上。因此，晴朗的夜空，星光灿烂的时候最常见，他们总是讲一些笑话以缓解一天的疲劳。然后天南海北地谈论着。在近乎疲倦的时候，熊朝忠总是轻轻地问："表哥，你为了理想辞掉那么好的警察工作后悔吗？"

表哥说："人生是短暂的。只要是做自己想做的事，只要是走的正道就不后悔。失败是难免的，失败是成功之母嘛。"

熊朝忠说："我们都才20来岁，你已经30多了。说不定今后大家谁能在这个行业闯出一条路来，你的前途可永远丢了。"

陶卫忠平静地说："你们的前途就是我的前途，只要你们有了成绩，有出人头地的一天，种香蕉的失败算什么，我们总的还是赢了。"

当初，陶卫忠回家的原因是，他觉得自己一个人的工资无法让他们一大家族过上好日子，他想回家来创业种香蕉。在空闲时间中，陶卫忠有更多的心思琢磨拳击。在公安学校几年的学习中，凭借他擒拿格斗的基本功和对人体结构的一些医学知识，他琢磨出了很多拳击的技术。陶卫忠首先拿表弟熊朝忠做试验。此时熊朝忠已经当了几个月矿工，臂力和耐力均强于同年龄人不少，在陶卫忠的指点下，一般的格斗已经很厉害了。

熊朝忠的快速进步，让陶卫忠看到了希望，他有了一个匪夷所思的计划：在岩腊脚村开一个拳击训练基地，培养一些将来能够参加比赛的拳击选手。没想到两年多过去了，这个连师父共 7 人的团队已经很难维持了。

作为 70 后的陶卫忠，童年是在战争的恐慌中度过的，1979 年初春开始的那场对越自卫反击战，陶伟忠还不到 8 岁，村里清楚地听到大炮和机枪的声音。谣传越军几天就能打到马关，大家都很害怕，白天大人也不让小孩出去。为了辟谣，一个年轻的解放军军官到陶卫忠所在的学校来讲课，回去的路上就被地雷炸死了。

这件事给了陶卫忠极强的刺激，于是他从小就下定决心要“强壮身体，保家卫国”。此时开拳馆，是对儿时誓言的实践。

这样，陶卫忠才下了决心自己搞训练。他到各个寨子去张贴招生简章，他在招生通知中大致这样写道：学习拳击，强身健体，保家卫国。可根本没什么人来报名，最终他只招到包括熊朝忠在内的 6 个弟子，有的是同村的，有的是亲戚。

其实，当初大部分村民都无法理解熊朝忠他们这样什么正事都不干，成天练拳。熊朝忠和熊自友的家就在训练场边上，但陶卫忠却实行了专业队的管理方式，6 名学员吃喝拉撒训练都集中在一起。早上起床，吃了陶卫忠妻子烧好的早饭，大家就开始一天的集训。一般都是先拉体能，从岩腊脚村跑到旁边的苗寨，有时候还会跑坡，几个折返后再开始练拳。

“拳馆”刚开张的时候，熊朝忠他们并不清楚拳击到底是什么东西。当他发现拳击可以将人一拳打倒后，他像发现新大陆一样，兴奋地告诉陶卫忠，“我以后练好拳，就可以去做个保安了!”陶卫忠心里又好气又好笑，立即纠正他：“你太矮了，做保安人家不会要你。你以后只有一个机会能靠打拳吃饭，那就是成为拳击世界冠军，登上领奖台。”

熊朝忠深深记住了师父的话，他的冠军梦想从此也伴随着他艰难地前行。在所有学员中，他除了耐力最出色，拳头也是最硬的。“他拳头太硬了，我们都打不过他。只要和他打，我们都会要求他留一半的力。”熊自友说。这群怀揣着各种梦想聚在一起的小伙子，三年里居然都迷上了拳击，兴趣成了他们对抗艰苦条件最好的武器。

陶卫忠把唯一的希望寄托在熊朝忠身上，他似乎没料到，熊朝忠后来三年进步会如此之快。一天，看了菲律宾拳王帕奎奥的比赛录像后，熊朝忠居然自信地告诉师父，“虽然我和他不是一个级别，但是只要给我机会，我也可以像他那样夺冠。”从那一刻，陶卫忠相信小熊应该离开大山，出去闯荡拳坛了。

那时候，熊朝忠也无比向往着外面的拳击世界。

为了给这些年轻人打气，表哥告诉大家，其实练拳击也是一门出路，像美国的拳王阿里、泰森随便打一场就是几百上千万美金，此话一出，在一旁的熊朝忠眼睛一亮，问道：这是真的?

表哥说，当然是真的。他告诉熊，我们国家拳击早已解冻，现在正处于起步阶段，相信不久的将来国家就会有不同级别的洲际拳王、世界拳王。

熊朝忠听了浑身来劲，他在内心信心满满地说：我要成为洲际拳王、世界拳王。这一天，只有大地默默地记录下了他的誓言，只有苗族的祖神蚩尤支持他的誓言。

2005 年 5 月 17 日，来自云南楚雄农村选手徐从良成为中国第一个洲际拳王。这消息让熊朝忠和这批业余拳友十分激动，受到极大的鼓舞。他看到自己的希望。

因家里收不到央视 5 套，为了观看这场比赛的重播，熊朝忠徒步走了 5 小时的山路来到县城，花 20 元租了一个小旅馆看比赛。他要看徐是怎么夺冠的。那一拳拳有力的出击，看得他热血沸腾，连声叫好，除了那种勇敢的气势，更多的是看他的拳法，如何攻守进退。此时，如果对一个山区只是为看热闹的小伙子来说，这样的举动显然会遭非议，被认为不务正业。是的，乡村本来挣钱不易，这样既费钱又误工的事会遭到众人谴责。而对熊朝忠来说，获益匪浅！徐从良也由此被人们称为“楚雄老虎”。

对于徐充沛的体力如何练就，多年后熊才知道：首先，楚雄地处海拔 2000 多米的高原，对一些体力和耐力要求较高的运动项目来说，这里是一个得天独厚的好地方。对竞走、中长跑和自行车等，对对抗激烈的职业拳击来说，尤其有利。拳手的心肺功能、体能和有氧代谢能力比长期在平原训练要好出很多，其表现为重拳凶狠，抗击打能力强，喜欢对攻。还有，楚雄人特别能吃苦，这在徐从良、吴志宇和熊兆荣身上体现得很明显，他们都是力量型的重炮手。这一点与同样生长在高原的墨西哥拳手非常相似，其拳风均进攻凶悍，耐力好。

其次，训练方法得当。楚雄是一个经济较落后的地区，经费严重短缺，四五十人的拳击队每年的训练、补助和比赛经费只有三四万元。为此，教练傅华想了很多办法，就像我们在拳击馆见到的特大号电饭煲，就是他自己为运动员烹饪鸡汤等营养品购置的。

在训练上，傅华努力钻研，根据当地拳手的身体条件，总结出一套有特色的选材和训练方法，取得了不错的效果。吴志宇以前是练游泳的，因此他身体的协调性非常好。改练拳击后，他的技术动作运用自如合理。虽然他和徐从良连云南省队都没进入，但转入职业拳击不久，他们自身的拳击天赋和潜质很快得到了体现，这与傅教练为他们打下的良好技术和体能基础不无关系。

也就是看完洲际拳王徐从良的比赛重播后，更加坚定了熊朝忠迈进职业拳击的决心。

天下没有不散的筵席。尽管有着强大信念支撑，但是陶卫忠的“拳馆”在2005年不得不解散了。

第二节　首个民营拳击机构点燃他心中希望之火

自从在小旅馆观看了比赛的重播后熊就对自己未来充满了希望和信心。他有体力优势，从小生长在山区，练就一副好身板，肺活量也比其他地区的好。更重要的是他有超人的吃苦精神，有强烈的挑战生活挑战自我的欲望。

于是，每年利用训练之余打工期间，他拉矿更加卖力，回到训练场更加刻苦。渐渐地，大家发现熊朝忠有着惊人的习武天赋。于是大家都称他是块练拳击的好料，甚至大胆猜测说他就是未来的拳王。这些话让熊朝忠感到自豪外更多的是酸楚。他心里明白自己有这方面的天赋不假，但是何处可以成就他？就算有这样一个机构可以去深造，但钱从何来？学费和生活费，这可是一笔不小的开支。对此时的熊朝忠来说，这是他的一块心病，也是阻碍他此项事业发展的最大障碍。

而拳击这个行业之所以从业人员少，就是路很窄，在千万人中，只有塔顶的那个人才受人瞩目，才能改变命运。它不像其他行业只要用心学习一年半载就可以在街上租一个铺面开一个店营生。山里的人们很实在，对一项新的行业在还未取得成功之前认为“不务正业”“胡闹”“瞎折腾”。像熊朝忠这个年龄在苗乡早已成家，有了孩子。因此，他承受家庭和来自社会各方面的压力有多大可想而知。

但是，梦想的力量是无比强大的。在这样的边远山村里，新旧事物总是在交替。新思想和旧观念的斗争从来就一刻也没停止过。

训练场前稻田里，七月的秧苗长势正旺，已抽出许多青涩的谷穗。突然间，雷电交加，倾盆大雨下个不停，大雨整整持续了一个下午。黄昏时分，青蛙在稻田里声声叫唤。训练房里静得出奇，一桌丰盛的酒菜早已摆好，可大家坐在一旁心情沉重，谁也不愿动筷子。这不是平时打牙祭，也不是什么节日，更不是哪位兄弟过生日。这是散伙饭，是这个训练基地最后的晚餐。这顿饭后就意味着这个团队从此解散。因此，对这个团队有着深深感情的年轻人怎能不难过呢?

熊朝忠师徒拳馆的散伙饭是一个无奈的解散和结束，可又是一个新的开始。对于这帮酷爱武术的年轻人来说，师父陶卫忠在习武道路上只能将他们送到此站，未来的路还要靠他们自己去走。

“来来来，大家动筷子，想开一点，天下没有不散的宴席。”师父陶卫忠率先拿起筷子对大家说。其实，他的内心比谁都难过。

可也只有两个人拿起了筷子。

陶卫忠说：“习武，我顶多算个小学老师，今天就算你们毕业了。应该像小学升初中一样，进入更高的级别学习，我的那点东西已全部传授给你们了，就算咱们这个训练基地能长期办下去，你们也该毕业了。来，咱们为大家圆满毕业干杯!”

众人都举起了杯，有的人擦着眼泪。

陶卫忠说：“大家高高兴兴地聚起来，应该高高兴兴地散去才对。我们的这个体育训练基地说大也大，来自两个国家的人，说小也小，连我才7 个人。咱们团队虽小，但我感觉到个个都是精英，特别是熊朝忠，不是因为我跟你是老表才夸你。你读书时，成绩算一般，可在习武上特别有天赋，可以说算个天才，希望你今后有更大的进步，取得更大的成绩。我为陪大家一起度过人生宝贵的三年青春自豪，做得不好的地方希望大家多多包涵！但愿我没误人子弟！”

大家都说师父太谦虚了。像你这样，给弟子贴着钱干有几个能做到。

最后，陶卫忠说：“我最大的愿望是在你们中间，哪怕有一个人能在这个行业坚持下去，并取得辉煌的成绩也不枉费我的一片苦心。今后，接着办拳馆，不一定要办在村里，不管办在什么地方都算把这把火传下去了，我也就心满意足了。”

熊朝忠举起杯斩钉截铁地说：“表哥放心，我就算砸锅卖铁，也要在这条路上走下去，决不半途而废！”

大家为他干杯。

一个队员说：“咱们这个团队，哪怕今后有一个人能靠拳击出人头地，也证明咱们顶着非议在做有益的事，不然真的成了乡亲们眼中的胡闹了。”

大家都说是这样。更重要的是不能辜负卫忠师父的栽培。于是，大家就这样散了。分别时，陶卫忠告诉他们：“如果我以后有钱了，你们再回来，我继续教你们练。”他的内心充满遗憾，因为他一直觉得，“当时他们几个都还没有达到我的要求。如果再练一年，可能会多出两个熊朝忠。”

早在做矿工的时候，熊朝忠就会定期买一本叫《拳击与格斗》的杂志。正是从这本书上，他看到了一篇关于昆明众威拳击俱乐部董事长刘刚的报道。这位曾参加过1990年北京亚运会和1992年巴塞罗那奥运会、先后7次获得全国冠军的前拳手，于2004年在昆明开了一家俱乐部，担当经纪人兼教练，培养出不少优秀的职业拳手，也承办一些国际型拳击赛事。

当时，熊朝忠就想去投奔刘刚，他渴望成为一名职业拳手，但由于没有积蓄。后来，熊朝忠又在报纸上的一个角落看到昆明众威拳击俱乐部的介绍，进一步激起了他去学习的愿望。

我国著名拳击运动员刘刚在澳大利亚期间转为职业拳手，并获得教练证书和世界拳联经纪人和拳赛推广人证书。

拳击是一项竞技性和观赏性都很强的运动，在世界各地都十分流行，有很多业余爱好者苦于没有正规场地练习和专业教练指导。为了顺应这种需要，刘刚从澳大利亚回到昆明，创办众威拳击运动有限公司，实现拳击爱好者心中的夙愿。昆明众威拳击运动有限公司2004年开业，这是我国第一家面向社会大众开放的拳击俱乐部，也是世界拳击联合会（WBF）在国内指定的首家拳击俱乐部，是拳击迷和运动爱好者学习和展示身手的舞台。

希望之火在熊朝忠心里熊熊燃烧。他立即拨通了在昆明打工的弟弟的电话，让他去探个究竟，是不是冒牌的以免受骗上当。弟弟熊朝周找到了昆明众威拳击运动有限公司，报名交了两百元学费准备学两个月。这两个月，对熊朝忠人生来说是最漫长的，虽然在家里干农活，但他一天一天期盼着弟弟的消息。弟弟也是一个做事非常谨慎的人。通过摸底，当发现是真的，当即打电话给哥哥熊朝忠，叫他赶紧来学，自己退出继续打工。

第三节　兄弟情深　难得的机会相互推让

在熊朝忠成为世界拳王后，某电视台做的专题采访视频中有这样一组镜头，让人看了无不感动。当熊朝忠说到在昆明打工的弟弟为到拳馆帮他探虚实，专门报名学了两个月拳，探底后让哥哥来学自己终止了。他说，由于家庭经济的原因他把机会留给了我，我现在算是成功了，他却在农村。说到这里，熊朝忠潸然泪下。相信兄弟之间的这种患难真情一定深深打动了每一位观众。

笔者不由得想起《春去春又回》电视剧中，两患难亲兄弟最终却手足相残。时下，在金钱物欲充斥的社会，这样的亲情尤为可贵。

这个原本贫寒的小家庭之所以出了一个这样的优秀人才，跟一家人紧紧地团结在一起有着举足重轻的关系。人心齐，泰山移。

转眼进入冬天，寒风嗖嗖地刮过，枯草被折飞，树木光秃秃地伫立在山头。只有田埂上堆起的稻草，在柔和的阳光下泛着金光，冬天的山坡上并没有多少生机，只是一幅温馨的景致罢了。

多少次，熊站在孤寂的牛角山顶，闭上眼睛，张开双臂默默地拥抱大自然，也拥抱未来。可是，拥在怀里的一怀抱清霜，令他黯然神伤。

2006 年春节，苗寨的上空被五颜六色的喜炮炸开，熊朝忠望着在漆黑的夜空中炸响的鞭炮瞬间绽放的美丽色彩，如同他人生多彩的梦。他想，在新的一年里，自己一定要有一个新的起点。

自从表哥的拳馆解散后，熊朝忠就在家帮着父母干农活，每天早上，他总是早早地起床，他把干活当作一种体能训练。去年冬天，弟弟在众威拳击俱乐部去摸底，已证明是真的，让哥哥去学。熊朝忠知道弟弟也特别喜欢练拳，可是，这个家庭的经济只能勉强支撑一个人去学拳。这是一个关系到命运改变的机会，他想让弟弟去，而弟弟却坚持让他去。

任何一种新鲜事物一开始总是很难被人们接受，总是受到激烈地排斥。以陶卫忠为首的“体育训练基地”一开始就不被村民看好，现在终因生存不下去散伙了，此时似乎正中了反对者的预言。现在看见熊朝忠这伙年轻人老老实实地在家种地，他们也看得顺眼了。让熊朝忠受不了的是，一些人跟他们打招呼时总是用幸灾乐祸的眼光看着他，眼里带着嘲笑。

岩蜡脚村，在冬季里结婚的新人，在春季里享受浪漫的新婚生活。这让许多单身男子羡慕，同时又无形之中给他们造成了极大的压力。

在农村，儿子大了没成家，其本人和父母心中总是承受着巨大的压力。此时，熊朝忠当兵的哥哥也复员回家，这个家庭如何发展是摆在一家人面前的现实问题。学拳的成功率有多高，回报期有多长谁也说不准。对一个贫寒的农村家庭来说，显然是不靠谱的事。可是，熊朝忠认为，一个大家庭的发展应该像一个国家一样有短期、中期和长期规划，如果一味地只追求短期利益，这个家是没有前途的。他和弟弟都喜欢拳击，且都有一定的天赋，必须有一个人在这条路上走下去，才会给这个家带来希望。

最后，父母同意熊朝忠的想法。让谁去呢？面对这难得的机会，兄弟俩没有去争，反而是相互推让。

熊朝忠和弟弟年龄相差不大。读书时，他们虽学过“孔融让梨”的故事，兄弟俩常常为了一些小事情经常打架，几乎是从小打到大。但到了一定年龄，他们就懂事了，不再为一些小的东西和事情而争，而是相互谦让。

春节刚过，春寒料峭。熊朝忠家门前水潭里鸭子快活地游着，不久果树开花了。父母拿出800多元让熊朝忠交学费。到省城一个专业的民营拳击机构学拳，车费、学费、生活费，800元显然是杯水车薪远远不够，但家里只能拿出这么多。其余的日后再想办法，一边学一边打工。熊朝忠知道弟弟也想学，他执意让弟弟学。他认为，弟弟年纪小发展空间更大。弟弟却认为，哥哥的拳更重，体力好，年龄比自己大，也酷爱拳击，应该让哥哥去。

这时，表哥陶卫忠来到熊朝忠家。他将1000元交到熊朝忠的手中，说："你赶紧去学吧，你是一个好苗子。要在拳击行业打出一条路来，你没有退路。时间是宝贵的，你已经23岁，到下半年10月就满24岁了。时光是无情的，在家里待下去按你家的条件，三兄弟只有那么一点地，那点房子，媳妇都难找。就算找了媳妇又将如何生活？如何养家糊口？"

熊朝忠很感激表哥雪中送炭，但他执意要让弟弟去学，他去打工。

兄弟俩就这样一直推让着。

深夜，熊朝忠躺在床上辗转反侧难以入眠，他看见两个未来的自己。一个是平凡的熊朝忠，有了妻子、孩子，过着平凡人的生活。弟弟成了拳王，开着名车住着豪宅。弟弟很感激地对他说：哥哥，感谢你当初让给我这个学拳的机会，放心，我的未来就是你的未来，我会拉你一把。

突然，他看见自己成了世界拳王，有了荣誉、金钱、地位，而弟弟却成了平凡的人。在老家过着平凡的生活。他内心感到深深不安，尽管他努力帮助弟弟。

他渐渐地睡着了，迷迷糊糊进入梦中，看到了第三种结果：几年过去了，弟弟最终在拳台上败下来。他又回家种地了。他对熊朝忠说："哥哥，当初你去学就好了，你的体力好，抗击打能力强，拳也重。现在时间过去，年龄已不允许了，真可惜！"

真可惜！这句话不断重复着，熊朝忠惊醒，发现自己一身汗，不知不觉已经进入夏天。一寸光阴一寸金，寸金难买寸光阴。这是读书时老师经常提到的。他想，要是家里的经济再好一点，兄弟俩一起去学拳该多好呀，可以同时实现梦想，同时也能相互指点共同进步。想到这里，他眼睛里含着泪花。他真不知道该怎么办！这种优柔寡断或许天生就从父亲骨子里传下来的，完全不像他日后在拳台上所表现的那样凶悍。

第四节　带着全家人的期盼和梦想踏出苗乡

这样的日子一直持续到6月，年华就像小河里的水一天一天地流走，熊朝忠心里十分矛盾。农村里没有真正的闲日，即便是所谓的农闲之时也有忙不完的活。放养牲口——马、牛、羊，为家里的畜禽猪、鸡、鸭、鹅喂食，浇地除草，为秧田注水，给秧苗打药防虫，扯田里的稗子草等等。农民就像一台机器一样，为了生计不停地运转着，没有星期天节假日，也不分早晚，就算再没事干也要从山上扯点蓑草回来搓绳子。看一个年轻人能不能干，就看他每天干了多少活。

熊朝忠用不停地劳动来化解心中的忧郁。此时，儿时的小伙伴都已长大成人了。女孩几乎都出嫁有了孩子，男孩有的成了家，有的到省城或省外打工。童年时那无忧无虑的场景总是像电影一样回放在眼前。小伙伴之间的多少恩恩怨怨，多少承诺都随风飘散，消失在岁月中。每个人面对生存各奔东西，去追自己的梦。

只有这村庄依旧如故。那牛头山高耸的两只牛角仍然是那么威武雄壮，跟童年时看到的一样。

午饭后，太阳火辣辣的。他来到牛头山，站在高高的山尖上，仰望蓝天白云，天仍然是那么蓝，云朵依然是那么洁白，空气依然是那么清新。只是少了笑声和吵闹声。他的心态一直很平和，对未来充满希望。尽管曾经有许多懂相术的人给他看相说他鼻子生得好，是发大财之命，有算命先生给他排过八字，也说他命中主富贵。但他只是一笑了之，他相信躺在家里睡大觉，富贵是不会从天上降下来的。

他翻过牛头山来到白水河。在河里痛痛快快地洗了个澡，他要洗掉身上的汗渍，洗掉这个贫穷家庭带来的悲哀，洗掉内心的纠结。这是他儿时的乐园，这里留下了童年时多少欢声笑语，如今只有他孤零零一人。

洗完澡，他拖着沉重的步子一步一步回家去，顺便从山上扯了一些蓑草带回家。他坐在屋檐下剥蓑草的杂皮，准备搓一条牛绳，却被一只手给拿掉。他抬头一看是表哥。表哥陶卫忠严肃地说：“这活不是你干的。你该去学拳，学拳对你来说才是正事！”

熊爹坐在堂屋里抽着烟愁眉不展，说：“你虽然从小调皮，读书时爱跟别的娃娃打架，好胜，但是你懂事的早，心地慈善，这是我高兴的。一个内心慈善的人才能成大事。现在农忙也过去了，转眼又过去半年。一寸光阴一寸金，家里人都支持你去学拳，你早拿主意吧。”

熊朝忠难为情地说：“弟弟也喜欢拳击。家里的经济只能勉强支持一个人去练，还是让弟弟去吧。”

熊父说："全家都商量好了，弟弟比你小两岁，过两年去学也不迟，你先去吧。"

表哥陶卫忠语重心长地说："小而言之，你就是我们岩蜡脚村人的希望。大而言之，你是马关人民的希望。你身上的潜力我是看好的。希望你坚持下去，努力学习。但是，自古以来，不是所有天才都能成名，能成就一番事业。读书时，课本上有王安石作品《伤仲永》，主人公方仲永是北宋时江西金溪人，世代耕田为生，幼年天资过人，5 岁就能写诗，由于骄傲自满不学习，10 岁不如 5 岁，到 30 多岁连字都认不了多少，沦落为平凡的庸人。这说明天才也要不懈地努力，否则就会散失自己的那点优势。"

熊朝忠终于下定了决心，他说："表哥放心，我决不会辜负亲人们对我的期望！"

就这样，在父母和表哥、弟弟的劝说下，熊朝忠在 2006 年 6 月 28 日的清晨告别家乡踏上寻梦之路。天下起了小雨，原野显得格外洁净。熊朝忠提着母亲为自己收拾好的行囊，怀揣着表哥给了他 1000 元和父母凑的 800 元学费，带着一家人的希望和梦想离开家。他回头看了一眼破旧的老屋，它凄凄地矗立在雨中。再看了一眼生养他的父母，他们在岁月的风尘中变得衰老，尤其是父亲两鬓已生出斑斑白发，和他的实际年龄极为不符。这从小生长的土地，它亲切无比，但他不得不离开。为了让爹娘不再住漏雨的房子，为了这个家早日摆脱贫困，为了彻底改变家乡的面貌，他不得不去拼闯。这是熊朝忠第一次到省城昆明。

亲人无数次的叮嘱在他脑里回响。

"在外一定要小心，要照顾好自己，多结正直的朋友！遇事不要跟别人争强斗胜！"这是父亲的叮嘱。

"在外一定要爱惜身体，注意安全，人杂混乱的地方不要去！不要操心家里。"母亲流着泪说。

母亲仍然穿着那身民族服装。由于历史原因，苗族迁徙到文山地区后，大多居住在环境恶劣的大山之中，各支系服饰的差异往往与气候、环境有关。如马关式的服饰，由于这部分苗族都居住于北回归线以南的亚热带高山河谷中，气候炎热，蚊虫较多，其服装款式多为右开襟绣花上衣，下着单层蜡染百褶裙，以便透风，小腿裹着单层绣花绑腿，以防蚊虫叮咬；丘北的苗族，因居住北回归线以北海拔较高的山区，冬天气候寒冷，其上衣为对开襟，下着双层白色百褶裙和小腿裹着多层绣花绑腿，以抵御严寒；开远的苗族也居住于北回归线以北较为平缓的山区，冬天寒风袭人，上衣为右开襟绣花衣服，下身着蜡染百褶裙，外加一件绣花风衣，几乎裹住整个身体，并且围腰宽大。

那特有的服饰成了母爱的标志，深深镶嵌在记忆中。

“哥哥，你放心去学吧，家里有我。”这是弟弟的话。望着弟弟伤感的眼神，他的心就碎了。

此时的熊朝忠最放心不下的是体弱多病的父亲，他一遍又一遍地劝老爹干活不要太累，要多休息，生病要按时吃药等等。

表哥说，你就放心地去学拳吧，家里还有我们这帮兄弟呢，再不走就赶不上车了。

为了省钱，熊朝忠决定步行到县城。他想，这也是一种体能训练。他已做好了吃苦的准备。读书时，有许多身残志坚的例子，有的人连双臂的没有，用嘴写毛笔字同样成就自己，生活得很好。他就个子比一般人矮了一点，身体却比一般人好。他决心让自己的人生出彩。当屋顶最后一缕炊烟消失在他的视野中时，他特别难过。他感到，那一缕炊烟仿佛是一家人对上苍的祈祷。

当故乡的面貌完全消失在他的视野中时，他流下了两行清泪。他在心里想，当我再回来的时候，一定风风光光，以惊人的成绩来报答故乡和亲人。

一只雄鹰从头顶盘旋飞过，飞向遥远的苍穹。他感到年轻的自己就像那只雄鹰，正飞出村庄，飞向广阔的天地。

这一天成为他人生一个新的起点。

第五章

拳坛新人　鲲鹏展翅

第一节　结缘众威

结缘昆明众威拳击俱乐部，是熊朝忠人生重大转折的开始。接下来，他惊人的体力和不知疲倦的训练精神让众人吃惊。有些队员跳绳10分钟就气喘吁吁的，小熊却可以连跳1小时。他似乎有使不完的劲，走路也在打拳，非常执着，特别能吃苦。他并非铁人，是别无选择的处境和追求梦想的信念支撑着他超越极限。

2006年6月底，熊朝忠来到了省城昆明。几经周折，他在众威拳击俱乐部附近的城中村租了一间房子，买了床、被褥、锅碗瓢盆安顿下来。

第二天一早，他怀着忐忑不安的心情来到众威拳击俱乐部。通过透明的玻璃，熊朝忠远远望见许多拳手两人一组戴着拳套和抗击打护具在训练。他激动地敲开门。

“你是整哪样的?”现场的工作人员边问边打量着这个矮个小伙子。他眉清目秀文质彬彬，两眼炯炯有神，身穿白T恤，运动裤，脚穿一双白色旧球鞋。

“我找刘老师，我是来报名学拳的。”熊朝忠腼腆道。

“你？学拳?”俱乐部的工作人员和在场训练的拳手都有些惊讶。心里认为，这个年轻人一定是一时心血来潮赶来凑热闹的。

熊朝忠诚恳道：“我是从文山马关县专程赶来学拳的。”

一些人甚至连马关县在云南省哪个位置都不知道。熊朝忠告诉他们，马关县在文山州，与中越边境接壤，自己的家距中越边境只有20多公里，走路大约4个小时就可以出境。

大家觉得很吃惊，想不到昆明众威拳击俱乐部虽然才成立三年，名声就远播边关，同时更佩服他这种顽强的精神。熊朝忠解释说：并不是边远地区所有人都知道昆明众威拳击俱乐部，自己一直喜欢拳击，从一本《拳击与格斗》的杂志上看到刘刚教练的报道，也算是与昆明众威拳击俱乐部有缘吧。

“对对对！有缘才能相聚。”大家齐声道。

从熊朝忠的眼中，大家看到他拜师学艺的真诚，不像是来凑热闹的。于是，他们告诉熊朝忠，教练刘刚老师不在，让他明天来。

回到出租屋，这一夜，熊朝忠的心情难以平静。刘刚老师会不会收我呢？会不会嫌我矮？该俱乐部的学员好不好相处？一系列的问题困扰着他，让他深夜才入睡。

第二天，熊朝忠一早来到昆明众威拳击俱乐部，他终于见到了在知名拳击杂志上看到的刘刚老师。刘刚简单地问了一下家庭情况，觉得熊朝忠无论从年龄和身体条件都不是培养的好苗子。此时的熊朝忠已经 23 岁半了，一般来说不可能培养这样的学员。他身高 1 米 55，臂展也仅为 1 米 56，这种身体条件也是他没能从小走上体育的障碍之一。像熊朝忠这种条件，连体校都进不去，更何谈接受专业培养。

正当教练刘刚迟疑时，熊朝忠说自己不怕吃苦，想靠打拳吃饭，并称自己从小打架很厉害。教练刘刚就让一个拳手来跟他试试，结果熊朝忠发达的肌肉和超人力量以及不怕吃苦的精神深深地打动了刘刚。他决定收下这个弟子。

得知刘刚愿意收他，熊朝忠高兴不已，打电话给家里报了喜。接下来，他惊人的体力和不知疲倦的训练精神让众人吃惊。有些队员跳绳 10 分钟就气喘吁吁的，小熊却可以连跳 1 小时。小熊似乎有使不完的劲，走路也在打拳，非常执着，特别能吃苦。

同马关气候相比，7 月初的春城，除了中午太阳炙热外，早晚天气比较凉爽。就算是中午，太阳下常常吹着和风，不会出汗也不会感到闷热。而马关的夏天比昆明热的多，常常一运动就汗流浃背。这里四季阳光明媚，鲜花绽放，让熊很快就适应了。

由于来学拳的队员大多是业余的，每日都还得打工挣钱，俱乐部无法像专业运动队那样让队员就一个动作练上好几个月，再教下个动作，只能不断教授技术和实战，让队员不觉得枯燥，保持希望。众威俱乐部教练包进说："我们把基本动作一下都教给你，技术上会有影响，但要靠你自己练。我们也懂得循序渐进，但是我们没有时间等。如果像专业队那样练，他们的梦想都会破灭。"如果一名队员悟性稍好，教练会在一天内将直拳、勾拳、摆拳等动作全部倾囊相授。

熊朝忠可谓有惊人的天赋，一个动作一种姿势，只要教练教一遍他就会了。一天的训练让他的心里装满踏实，他感到在众人眼里，自己身体条件极不适合练拳击，但他正用刻苦训练和快速的进步获得师兄们的尊敬。他首先征服的是自己，不自卑，用实力去证明自己行。

初次来到众威，看到专业拳台、进口沙袋等设备，他就对训练场地很有感觉，对熊朝忠的习武生涯来说终于鸟枪换炮，意味着他从此将在一个正规的训练环境接受正规的训练，向着更专业更全面的方向发展，他的人生轨迹将发生彻底改变。

他每天早上6点起床，热身跑步8公里，回来后吃早饭、休息。下午2点开始去俱乐部训练，训练3—4小时，主要内容是空击和打手靶。训练周而复始，枯燥无趣，但他的努力没有白费。

一天筋疲力尽的训练，睡一晚安稳觉。第二天，一早醒来又精神抖擞，浑身有使不完的劲。这就是青春的魅力！他感到身体的能量和训练技能正快速增长，等待释放的那一天。

第二节　初露锋芒

一般人进入拳击行业，包括国家队的拳击队员，从业余拳击到职业拳击，要经过很长一段时间才能适应。而熊朝忠一场业余赛也没有打过，直接进入职业赛，而且还打出了很好的成绩，由此可以看出他惊人的天赋。在昆明众威拳击俱乐部，熊朝忠如火山一般爆发显示出自己超人的能量。接受正规训练一年之后，熊朝忠通过内部排名赛和多场国际比赛，一路过关斩将，终于在2008年获得了争夺亚洲拳王理事会冠军的机会。

7月的昆明虽然没有酷暑，但这一个月的天气无疑是一年中最热的时候。熊朝忠远离家乡亲人在一个陌生的环境中训练，由于经济拮据，他很少给亲人打电话，就算打电话报平安也只是讲上几句就匆匆挂掉，看见别的人在训练间歇和家人聊天，有女朋友关心嘘寒问暖，他心中生起一种淡淡的凄凉。他把这一切发泄在沙袋上，变成汗水排除。

熊朝忠一直坚持着。他租住在拳馆附近的云山村，徒步十分钟可到达众威拳击俱乐部。初来乍到的他和每一位新人一样，站在镜子前默默地跳绳、空击、左闪右晃，没人注意他，他也不看别人，挥出的每一拳才是存在的意义。

若想成为拳王，先要从俱乐部内部的排名赛打起，脱颖而出，才能得到大赛机会。熊朝忠用拳头确立了地位。

在进入俱乐部一周后，教练刘刚便开始安排熊朝忠实战训练，这是一个新手惊人的进步，令其他学员刮目相看。这期间，尽管只是作为陪练，但在他的内心并没有把自己当作是陪练。在每一次对练中，他都全力以赴，打得对手招架不了。对手似乎成了他的陪练，因此个子不大的他出色的表现总是让人吃惊。训练对手总是说：咱们这是练习，又不是在拳台上比赛，你别当真打！省点力气吧。别忘了，你是陪练！

熊朝忠总是笑笑向对方表示歉意，可不知不觉又全力以赴了。

这一切，在一旁的教练刘刚看得清清楚楚，他心想：人不可貌相！想不到身高不占优势的熊朝忠还真是一个可造之才，也就在这一刻，他从熊朝忠身上看到了希望。就这样，本来是做陪练的熊朝忠反而将别人变成了自己的陪练。

训练的日子每天都过得踏实，也感到很缓慢，或许是身边没有朋友又远离亲人的缘故吧。

转眼一个月结束了。教练刘刚告诉他们一个好消息，每个级别都要打一场俱乐部内部排名赛，摸摸底，同时对优秀拳手作为重点培养对象。教练刘刚的话无疑对所有拳手是一种激励。大家都在内心默默地给自己鼓劲，要在这次内部排名赛上充分发挥出自己的水平。

按一般拳馆的规则，刚刚进来训练一个月的选手连打排名赛的资格都没有。可是让人意想不到的是熊朝忠居然也能参加排名赛，大家既吃惊又感到正常。吃惊的是他是新手，打破了先例，正常的是他平时扎实的训练，不凡的身手。

随着一场场激烈的对抗赛后，熊朝忠最终打平了。这让刘刚感到吃惊，一般人进入拳击行业，包括国家队的拳击队员，从业余拳击到职业拳击，要经过很长一段时间才能适应。而熊朝忠一场业余赛也没有打过，直接进入职业赛，而且还打出了这么好的成绩。在昆明众威拳击俱乐部，熊朝忠如火山一般爆发显示出自己超人的能量，接受正规训练一年之后，熊朝忠通过内部排名赛和多场国际比赛一路过关斩将，终于在 2008 年获得了争夺亚洲拳王理事会冠军的机会。

熊朝忠打到了内部排名赛的第一名，这个成绩，让刘刚教练和队友更加吃惊，大家认为：这样一个非科班半路出家的农村青年在短期内有这样的进步，确实不容易！

当熊朝忠把这个消息电话告诉家人时，家人非常高兴，似乎从他身上看到了希望。快速的进步不仅奠定了他在昆明众威拳击俱乐部地位，更让他感到离自己的梦想真正走近了一步，可谓苦中有乐。尽管如此，他没有钱来庆祝，生活仍然十分简朴，训练回家后只能煮清水面条充饥，谈不上训练营养的保障。

在初露锋芒后，熊朝忠并没有骄傲，也没有丝毫松懈，而是更加刻苦地训练，向着他心中的拳王梦挺进。

在此期间，面临的最大问题就是生活来源。随身携带的 1800 元钱除了路费，房租和半年的学费 600 元，几乎所剩无几。于是，教练刘刚干脆免了以后的学费，由于俱乐部刚成立两年，处于发展阶段，教练刘刚也只能偶尔 10 元、20 元、50 元地资助他的生活，并让他赶紧找一份工作先解决生活问题。

此后近一年，小熊就靠着家人、朋友的救济下刻苦地训练着。一年过后，小熊也试图找工作希望自食其力，但身材矮小的他四处蹍壁，连找保安工作别人都不要。一方面是对梦想的执着追求，一方面是来自现实生活的经济压力。命运之神一次又一次死死地掐住他的脖子，能否走出困境他真不知道。

几经面临断炊，家里一百两百地给他的卡上打钱。有一次，逼到没办法，弟弟熊朝周找来几个人打牌赌博，为了给哥哥赢点训练生活费，他事先藏了两个麻将牌。果然手气不错，最终赢了 1000 多元，心想这下哥哥有生活费了。可是正当他起身时，藏的麻将牌从身上掉下来，就这样，1000 多元都被别人收走了，无奈之下他和几个好友凑了几十元给哥哥熊朝忠存到卡上。回忆这段经历，弟弟黯然神伤。

幸好那时消费不高，中午 4 元钱就能吃到两素一荤的快餐，而且米饭不够吃可以继续添加，不另收钱。

熊朝忠进步很快，2007 年，刘刚安排他到泰国比赛，对手很有名气，但熊朝忠坚持了十个回合，没有被击倒，让很多人惊奇不已。

第三节　克己之短

时光荏苒，光阴似箭。转眼间，一年时间就过去了。这一年时间里，熊朝忠虽然进步很快，但离他的梦想还很遥远。这一年，熊朝忠用心去练习拳击，融入一个新的群体，感受着枯燥的训练生活。这一年，他感慨颇多，有很多话想对家乡人倾诉，无奈路途遥远。强烈的乡思化作一种动力，他感到自己已无退却之路，必须勇敢地向生活挑战，不能向命运屈服。他非常清楚，要想从一个默默无闻的人成为拳王，除了身体素质的训练，竞技水平的突破外，还有内心素质的提升，因此他喜欢买一些书来看。

首先，在中国传统武术中就有“一寸长一寸强，一寸短一寸软”之说。在拳击行业也如此，同样体重的拳手，身高臂长占优势无疑就具备先天性的“硬件优势”，在比赛中可能出现“他打着别人，别人打不着他”的局面，当然，这只是一种简单的推理。他深深体会到自己身体条件的不足，但在任何时候他都没有表现出一丝一毫的自卑感，而是用超人的苦练弥补自身的不足。其实，自卑肯定是有的，但是他强大的内心战胜了这种自卑，他绝不会让这种天生的不可改变的不足，成为他实现梦想改变人生的绊脚石。

正如《老子》第五十八章所言：“祸兮福之所倚；福兮祸之所伏。”上帝给你关掉一扇门时同时也为你打开了另一扇窗。在相同体重，身高臂长占优势的拳手，必然是高瘦型，爆发力和抗击打能力肯定不如敦实型的拳手。从这一点讲，这无疑又成了熊朝忠的长处。刚刚在昆明众威拳击俱乐部崭露头角的熊朝忠并没有因此而骄傲，他觉得这只是一个开始，在高手如云的世界拳坛上，还有很多极其凶悍颇具实力的拳手等着他去挑战，只有打败他们才能成就自己，证明自己。

克己之短，扬己之长，在竞技体育上无疑是克敌制胜的法宝。对熊朝忠来说，这是决定他在这个行业生存与否的关键，也是决定他能否成功的基础。对于身体素质而言，不仅仅是健康的身体，而且表现在阳刚之美上面，只有阳刚之美才是男人特有的气质。因为造物主也很公平，它让女人具有温柔体贴的气质，而男人则具有阳刚之美的身体。数年后，成为世界拳王的熊朝忠，给人留下的印象是阳光、健美、和蔼可亲，一反美国黑人拳王的一脸杀气、霸道、冲动易怒的形象。

换句话说，一个人能否成功，首先取决于他的基本素质。人性中天生就赋有一些不良气习，诸如懒惰、怕冒险、骄傲、泄气、贪玩、不能掌控自己情绪等恶习，就看你是否能战胜它。

要想成功而不承担任何风险几乎是不可能的。可以说人类社会大部分人都害怕风险，只有极少数人敢于承担风险。所以成功的人往往就是极少数敢冒风险的人。作为一个渴望成功的男人，必须克服害怕风险这一致命的弱点，因为风险就孕育着成功的希望。

著名画家徐悲鸿曾经说过：人不可有傲气，但不可无傲骨。一般的人最容易犯的就是恃才傲物这个毛病，当然，有些人无才也傲气，那就更不应该了。古往今来，自满者，人损之；自谦者，人益之。许多才华横溢的人都吃亏在傲字上，最终一事无成。现代社会更不可能一个人包打天下，必须要靠大家的帮助。

情绪失控同样成不了大事。几乎每个人都有喜怒哀乐的时候，特别要注意的是不能经常把自己的情绪带给别人，尤其是不能因为一点小小的成绩就沾沾自喜而忘乎所以，也不能因为一点小小的挫折就情绪低落怨天尤人，既影响自己也影响别人。一般人的情绪失控还表现在生气，有时被气得暴跳如雷，有时被气得脸色难看，在日常生活中也有什么气死我了的口头语。著名的被人气死的故事当算诸葛亮三气周瑜，活活气死了东吴大将。实际上生气的确也伤肝，于自己的健康不利。生气更容易导致失态，做出不理智的事情来。此外，抑郁更是积极向上的大敌，不仅情绪会一落千丈，而且还会失眠、食欲下降，最后就会悲观失望，失去生活的勇气。由于人在情绪波动的时候，就可能失去理智而做出不恰当的事情来，那样的话，离你成功的目标又远了一段路程。要做个成功的人，就应该修炼成喜怒不形于色，泰山崩于前面不改色。这一点，熊朝忠做到了。

最后就是要充满斗志，有危机意识。许多人在平常的生活中很少考虑到危机到来时应该怎么办，一切似乎都是天经地义的事情，没有什么忧患，没有什么危机。只有当危机真正到来时才手忙脚乱，不知所措。孟子早就告诫人们：生于忧患，死于安乐。其实，在竞争型社会中，可以说到处都有危机，今天还是非常好的职业，明天就有可能下岗，要重新去找工作。如果老是躺在现实的安乐窝里，按部就班地生活，没准哪一天就会失去舒适的环境与生活。而常常具有旺盛的斗志，经常想到危机就要到来而不停地寻找新的出路的人，就是成功者的基本素质。在世界拳坛上，对拳手来说，忧患意识更为重要，时刻面临着挑战，需要不断提升自己才能确保王者的地位。

如果对于一个企业家来说，除了忧患意识外，胸怀的宽决定了事业的高度的话，对拳手来说，良好的内心素质同样重要。克己之短，除了克服自己的天生短板外，更重要的是克服人性中的弱点。决不让恶习来支配自己的行为，熊朝忠做到了。正是如此，决定了他在这条路上走高走远的必然性。

第四节　首根WBC洲际拳王金腰带

“个子虽小拳头硬，出身贫寒志气高。苦练两载无人问，泸州一战惊四方。”

比赛前，大家没有注意到一个细节，对阵双方拳手名字的显示板上，熊朝忠被改成熊绍忠。这是教练做的两手准备，目的是不让熊朝忠这个名字倒下。

结果却出乎所有人的意料。首次挑战WBC洲际金腰带的熊朝忠，瞬间击倒对手，崭露头角，显示出不凡的实力，似乎预示着他将在这条路上将走得更高更远！

这根金腰带为熊朝忠树立了信心，让他有了挑战世界拳王的资格。

2008年3月21日，是熊朝忠在拳击生涯中迈出的重要一步，也是他一生最难忘的日子。练拳一年零 9 个月的熊朝忠，在四川泸州举行的世界职业拳王争霸赛及 WBC 洲际金腰带争霸赛上，就在第一个回合以 2 分 28 秒的绝对优势重拳 KO 实力强劲的泰国选手龙猜・卡瑟，赢得职业生涯的第一条金腰带。这对熊朝忠来说是极大的鼓舞，也是对他多年来刻苦训练的回报，初步实现了他当初的梦想。他也由此被拳迷称为“中国小泰森”。

3 月的四川泸州显得有些寒冷，但熊家兄弟仨聚在一起，亲情的温暖驱走了瑟瑟寒意。比赛的前一天，赶来给熊朝忠加油的哥哥和弟弟，对刻苦训练近两年的熊朝忠的这次比赛充满信心，相信他的实力。同时，他们认为，这是熊朝忠的人生突破的关键时刻，应该为他设计个新发型予以鼓舞。最后商定为“火箭头”，希望熊朝忠的拳击人生像火箭一样不断高升，一飞冲天。3 个农家青年在陌生的城市里转了一下午，才找到一家如意的美发店，按照他们的意愿精心做了发型。在这里，他们恰巧遇上四川的拳击名人齐莫强在理头，齐帮熊朝忠付了钱，并鼓励他好好打。第二天，顶着黄色子弹头发型的熊朝忠站上了拳台，显得特别精神时尚，十分引人注目。但观众更期待的是他在拳台上的表现和结果。其实，当时的熊朝忠不想染头发的，只是觉得如夺得洲际金腰带，要给公众留个具有个性化的印象。从那之后，他的大赛发型一直保持子弹头。

比赛前，大家没有注意到一个细节，对阵双方拳手名字的显示板上，熊朝忠被改成熊绍忠。这是教练做的两手准备，目的是不让熊朝忠这个名字倒下。

随着裁判一声令下，比赛正式开始，虽然做了充分的赛前训练准备，但拳台上的发挥很重要。由于是首次挑战 WBC 洲际金腰带，第一次与亚洲拳王交手心里难免有些紧张。熊出于礼貌欲跟对手碰拳时，没想到对手十分傲慢，根本不把他放在眼中，直接一拳打过来。幸好熊朝忠反应快，机敏地躲开了。对手的嚣张和无礼激起了熊朝忠心中的怒火，原本的紧张情绪瞬间消失得无影无踪，他决心为尊严和荣誉而战，充分发挥自己的水平，好好教训一下狂妄的对手。

此时，坐在台下助威的亲人们特别担心他会被实力强劲的泰拳王击倒，因为泰国的搏击在全世界负有盛名。如果熊朝忠被击倒，对于 25 岁半的他无疑是一种极大的打击，将会打掉他的信心和梦想，也打掉了亲人们的梦。

骄兵必败！这是中国的古话。在接下来的赛中，观众看到中国选手熊朝忠完全超出他们心中的想象，他猛烈地进攻让对方难以招架，全场爆发出一阵阵喝彩声。就这样，初出茅庐的熊朝忠不负众望，在第一个回合2分28秒的时候就重拳KO实力强劲的泰国选手龙猜·卡瑟，这位不可一世的对手躺在异国的拳台上起不来，狼狈地丢掉金腰带。让原本打算看12场激烈搏击的拳迷倍感意外，同时，他们也清楚地看到中国拳手熊朝忠不凡的实力，为他而高兴。熊朝忠赢得了他职业生涯的第一条金腰带，赢得十分漂亮，可谓开了个好头。

当裁判高高地举起熊朝忠的右手，宣布他赢得比赛并把亚洲拳王金腰带给他戴在身上时，熊朝忠热泪盈眶。为了这一刻，他苦苦训练了近两年。住城中村廉租房，吃泡面，为了节省开支，他提桶到公共卫生间洗澡，其他时间则全泡在拳馆里，远离故乡亲人。

兄弟仨在台上紧紧地拥抱在一起。

对熊朝忠来说，首战告捷顺利夺冠，意味着他将走出大山飞向更高更远。此次获得WBC蝇量级亚洲拳王金腰带，熊朝忠得到了他职业拳击生涯中第一笔奖金：12000元人民币，而并非所有媒体误报的3000元。

此后4年间，熊朝忠先后击败了泰国、日本、韩国、菲律宾等国家的8名挑战者，捍卫了手中的两条亚洲拳王金腰带。

2009年，熊朝忠的出场费涨到了两三万元。“我竟能在昆明有吃有住，”他说，“太难以置信了。”随后，有人资助他到日本学习拳击。

这位来自云南文山的苗族小伙子此时还不满26岁，仅用了不到两年时间，这位半路出家的拳击爱好者就在洲际金腰带的争夺战中展示了自己的风采，当中既有他本人的天赋，也折射出昆明众威拳击俱乐部在培养职业拳手方面的成功模式。

总结成功之处，刘刚深有感触，他说：“几位云南拳手的成功给了中国拳击界很大的震动和启发，现在回想起来，我们就是不走寻常路。首先要打破过去的陈旧观念和训练模式，在人才选拔上不能墨守成规，熊朝忠就是最好的例子。当初他来时，条件也不是很好，但他很有潜力和天赋，悟性好，乐于接受新鲜事物。经过近两年的训练，小熊的进步非常明显。一位美国教练都惊讶地问：‘刚，你是怎么找到这么一位天才的？他很有潜力。’”

刘刚还总结说，其次要吸取国外的成功经验，让选手们有更多机会走出去。刘刚介绍，众威拳击俱乐部成立以来不断创造条件，让拳手到国外比赛，一年之中我们的拳手要到泰国、菲律宾等地参加二三十场比赛，在比赛中不断学习进步，对他们的提高很大。第三条经验，就是在培养队员方面完全采用与过去专业训练队伍的不同模式，比如不断从美国、韩国等地请来教练进行指导，队员们既学习了不同的拳击风格，也增加了对比赛、环境的适应能力。第四，在国家体育总局拳跆管理中心的支持下推广赛事活动，让运动员能够有一个很好的提升平台。刘刚说，我们这几年来一直致力于在国内推广职业拳击赛事，为我们的本土拳手提供了施展自己才能、提升竞技水平的舞台。

2010 年 7 月 9 日晚，在昆明举行的世界拳击理事会 WBC 洲际金腰带争霸赛中，经过十个回合的艰难对决，熊朝忠以点数击败日本选手佐藤靖明，夺得其个人职业生涯的第二条 WBC 洲际金腰带。

2010 年 12 月，四个回合 KO 庞潘获 IBF 亚太拳王金腰带。

2012 年 3 月 25 日晚，在昆明世博花园酒店举行的 WBC 洲际拳王金腰带卫冕战中，熊朝忠第八次卫冕成功。熊朝忠只用四个回合就两次击倒了韩国选手李智鸿，裁判终止了比赛，以 TKO 获得胜利。

第六章

受挫之后　浴火重生

第一节　煮熟的鸭子都飞了

内藤大助，身高1.64米，臂长达到1.72米，是日本久负盛名的职业拳手之一，2011年退役时，以36胜3负3平的骄人战绩，创下日本拳坛最长的卫冕纪录。

2009年5月26日，在日本东京，熊朝忠挑战的对手正是内藤大助。这是一场有着特别意义的比赛！它是中国大陆拳手第一次挑战世界拳王。因此，熊朝忠做了充分的准备，虽然他在拳台表现出色，打得日本拳王满拳台跑，狼狈不堪，但结果出人意料：煮熟的鸭子飞了！

经过拳台的血雨腥风，三年艰难拼杀，已稳摘亚洲拳王桂冠的熊朝忠在2009年首次获得挑战WBC世界拳王的资格。值得一提的是比赛原计划在上海举行，但由于赛事推广方面出现问题，最终才将比赛移师至日本东京进行。这一次，熊朝忠挑战的对手——34岁的日本世界拳王内藤大助实力非凡，战绩卓越，在日本有着超高的人气。对于步入职业拳坛仅短短三年时间的熊朝忠来说，要挑战这样的世界拳坛名将，无疑是一场恶战。

此时，获得WBC亚洲轻羽量级金腰带的熊朝忠，已取得12胜1平1负的职业战绩，也让他一跃成为世界排名第10的拳击手。

职业拳击手的收入主要靠赞助商们给的出场费，刚刚出道的熊朝忠，因为没什么名气，收入依然捉襟见肘。只有打出名气才有比赛，才有收入。内藤大助，日本久负盛名的职业拳手之一，2011年退役时，以36胜3负3平的骄人战绩，创下日本拳坛最长的卫冕纪录。2009年5月，日本诸多媒体报道称，内藤大助居然接受了一位刚刚打拳不到三年的中国拳手的挑战，而这名中国挑战者熊朝忠的名字，也迅速成了当地日本拳击媒体报道最多的字眼。

2009 年 5 月 26 日，在日本东京，来自中国云南的苗族小伙子熊朝忠跟日本的职业拳王内藤大助大战了十二个回合。在这次比赛中，26 岁半的熊朝忠表现出冠军级的水准。内藤大助被打得满拳台跑，狼狈不堪，双眼眉骨开裂流血不止，甚至一次被击倒。最后，3 名裁判判内藤大助以微弱的点数获胜。这位日本拳王很狼狈地卫冕了自己的 WBC 世界职业拳击最轻量级（蝇量级）的金腰带，这是他第五次卫冕。拳迷们都认为裁判不公。这次卫冕赛，超过四分之一的日本国民通过电视直播观看了比赛。内藤大助也为自己不出色的表现感到内疚，以至于在赛后不得不通过媒体向全日本的国民道歉。

熊朝忠第一次向世界拳王发起冲击虽以失败告终，但他凶悍的拳风让国人看到了中国有挑战世界拳王冲击世界拳击巅峰的实力。

首次到日本，下飞机瞬间被记者包围，十多个照相机咔嚓咔嚓地着拍，还有采访的。熊朝忠被异国他乡特有的风情所吸引，有些激动。熊朝忠被日本媒体称作“小泰森”。不过与 34 岁的内藤大助相比，熊朝忠感到自己无论在实力和经验上都与对手有着一定的差距，并且此次挑战赛被安排在内藤大助的“主场”进行，因此熊朝忠更是失去了地利和人和的优势。

第一回合，内藤大助便表现得极为活跃，不但步法灵活，并且频频用左刺拳寻找机会，不过无论是内藤大助还是熊朝忠都未能在本回合给对手实质性的打击。第二回合，内藤大助开始击出左右勾拳的组合拳法，不过熊朝忠移动灵活，防守也较为严密，只是在最后时刻才让日本拳王拿到分数。第三和第四回合，内藤大助攻势更猛，但前四回合结束后，三位裁判给出的判决是内藤大助仅以 38∶37、39∶36 和 39∶36 的微弱优势领先。

第五回合，内藤大助减少移动，充分利用臂展长出熊朝忠 14.5 厘米的优势不断打击对手，但熊朝忠也伺机进攻，并在本回合将内藤大助的右眼角打破见血。第六回合，熊朝忠更是利用猛攻将内藤大助击倒，不过日本老将在裁判数了 8 下后起身。前八回合过后，内藤大助仅以 75∶74、75∶74 和 76∶73 稍稍领先，并且两眼均被熊朝忠打开了口子。

熊朝忠在拳台上追着内藤大助打。内藤大助的拳迷在台下助威，叫着，让内藤大助挺住。

解说连连叫道：拳王危险！拳王危险！

虽然受伤，但内藤大助并未受此影响，在最后几个回合不断重击熊朝忠的面部拿到了有效点数。最后在十二回合结束后，三位裁判一致判决内藤大助胜出。根据日本媒体公布的有效击打来看熊朝忠可谓是“惜败”，泰国裁判斯里差罗恩判罚 111∶113，韩国的金在邦 111∶114，另一位日本裁判则判罚 110∶114。这样，熊朝忠冲击金腰带便以失败告终，而内藤大助也在 34 岁零 8 个月的“高龄”成了日本拳手中年纪最大的卫冕成功者。

赛后，内藤大助并未因胜出而感到高兴，他对媒体说：“我发现熊朝忠很难打，我没有小看他，但拳击却是一项很艰苦的体育项目。我没有打出一场很好的比赛，我感觉很对不起来看比赛的拳迷们。”熊朝忠则表示：“这是我第一次挑战世界冠军头衔，所以感觉有点紧张。我有机会但却没能把握住，我真的感觉非常失望。如果我以后还有机会挑战，我肯定会将冠军金腰带带回中国！”

熊朝忠虽被判负，但他将日本拳王内藤大助两处眉骨打裂，整场比赛满场追着内藤大助击打的视频在网上热播，引起了国内拳迷的关注。

网友纷纷留言：“太可惜了，要是中国主场，熊朝忠肯定赢了！”

“看对手惨样，熊朝忠实力不俗啊！”

“中国拳手冲击世界职业拳坛顶峰有希望！”

……

在熊朝忠记忆中印象最深的就是这一场打日本拳王内藤大助，他跨级别发起挑战，双方打满了十二回合，由于得点少，他输掉了比赛，但让日本几千万拳迷记住了他。他的名字也刻入每一个关注中国拳击的日本人心中。日本商业电视台在当晚的黄金时段直播了这场比赛。感到自己在明显占优势的情况下输掉比赛，熊朝忠有些想不通，整个人突然消沉了下来，灰心失望，不想再打了。是呀，竞技场上裁判必须公正！稍有偏差，不但拳迷不满，更重要的是对参赛选手会造成极大的打击，拳手们数年坚持不懈地苦练就是要在这一刻钟证明自己。失败后的熊朝忠回到家乡和父母一起到田间地头除草劳动，缓解压力。

在刘刚等人的开导鼓励下，熊朝忠相信这样的情况只是偶然的，世界拳坛还是公正的。他渐渐地恢复了信心，重新握紧了拳头。

回忆此段经历，熊朝忠感慨道："我是一步步、一级一级打上来的。拳击急不得，需要积累。我的基本功在老家时练得很扎实，来昆明后主要训练技术和思维。体能和力量保持得也不错。另外，做人也很重要。我相信世界拳坛最终还是公平的，不然这项体育运动就无法进行下去。"

这次失败让熊朝忠重新审视自己。渐渐地他获得了在逆境中保持冷静，把握反击的能力。其实，熊朝忠并不是真正纠结在那场比赛的公正性上。虽然比起日本拳王内藤大助，他的年龄还算年轻，可他的家境和现有的收入已不容许他在亚洲拳王的光环下耗下去，他必须在短期内有所突破，这才是他真正输不起的地方。

然而，命运之神似乎有意捉弄他，挑战受挫的他接下来再次遭遇失利。一个半月后，日本有名的宫田俱乐部邀请熊朝忠前往日本打了一场大级别的非头衔拳赛。对手是宫田俱乐部极力培养的粉川拓也。熊朝忠是 107 磅选手，却要参加 114 磅半的比赛。加上他身材矮小，只有 1 米 55，在臂展上处于劣势，因此打满十个回合后，他再次落败。

第二节　不能养活自己的洲际拳王薪酬

熊朝忠在的拳击事业上并不像人们想象的那样顺利，即便是在夺得亚洲拳王金腰带后也是一波三折，甚至差点放弃拳击事业，原因是"不能养活自己的洲际拳王薪酬"。

虽然在拳坛小有名气，但收入微薄，开支也增加，如比赛时要买专业的拳击鞋和服装。平时要保持一定营养，吃方面可以克服，在穿方面却不能节省。每当训练到中午，熊朝忠就为午餐发愁，有时想，要是人不吃饭也能活就好了，可这毕竟是无奈的想法。他不得不向长期吃快餐的饭店老板提出一个请求，能不能月底一次结账，先赊着吃。老板见是老顾客就爽快地答应了。

又一天紧张的训练结束了，熊朝忠拖着疲倦的身体回到出租屋，他像往常一样，光着上身，肩上搭着一张旧毛巾，提着水桶，带着洗漱用品了，来到公共卫生间排队洗澡。一些知道他是亚洲拳王的邻居向他友好地点头笑笑，以示打招呼。可是在熊朝忠的眼里，看到更多的是嘲笑。似乎在说，原来亚洲拳王的境遇也不过如此！熊朝忠更感到这个行业的艰辛和凄凉。就拿歌唱行业来说，最差的歌手一夜也有几百上千元的收入，一月有两三万的收入，至少也能住上小区房，交上如意的女友。而自己还是独自一人，住在城中村过得如此凄凉。

想到自己的境遇，理想和现实始终存在很大的差距，熊朝忠感到自己对不住亲人，也对不起自己，更有愧那些对自己抱有很高的期望并长期支持自己的人。因此，今天冲凉时间稍微长一点，他多给自己浇了几桶水，一是想冲掉内心的苦恼和迷茫，同时也希望能冲醒自己。自己是否太执着了呢？他不解。由于冲凉时间稍微长了一点，外边等待的人不耐烦地催着。他出来连声向大家道歉。

回到出租屋，他用电热锅煮了一碗面吃了。然后，他来到外边散步。繁华的都市霓虹闪烁，车来车往。虽然已在昆明训练两三年了，但除了住地和拳馆一带，其他地方都不熟。拳馆—住地，两点一线构成了他的生活。此时，一对对亲密的年轻情侣手挽手从他身边经过，更令他心生凄凉。

自获得洲际金腰带，生活虽然不靠家里了，但也不是很理想，半年打一次比赛，得的那点钱还不够自己花。由于个子矮，工作也找不到。因此他严格自律，按时起床训练，按时睡觉，从不沾烟酒。

闲暇时，有时朋友们会约他出去唱唱歌，他不太活跃，挺成熟的，有时聊天也能冒出几句很幽默的话来，但他还是不大情愿到那些高消费的场所。

在很长一段时间里，他都是早早就躺下了。却怎么也睡不着，童年、少年以及近期的往事总是不知不觉的回放在他眼前，那饱满、娇嫩、清新的童年面孔是他，那不服输的性格是他。往往让他不由自主地打开手机看时间，通常是晚上 12 点。按理说，像他这个年龄就是不搞体育训练也能一觉睡到天亮。他却总是难以入睡。他知道自己睡不着的原因。基于此时的处境，对未来的担忧，有时不得不去看些命学之类的书，许许多多使尽浑身力气都不能实现梦想的人总是最终承认自己斗不过“命”。

熊朝忠拿起一本生肖属相的小书翻阅。他是属狗的，书上是这样说的：

狗年出生的人具有忠于朋友，对工作很投入，不会轻言跳槽的特性。如果不是主管，则在工作上会充分发挥实力以上的表现，让主管也有光彩，尤其是在年轻时期，能顺利表现，服从上司，就会深受器重，是很好的工作伙伴。不过35岁以后会有较多纷争情形，必须宽心、诚实、冷静、沉着地去克服，打破难关，才能更上一层楼，而在社会上更有成就。但如果无法顺利突破，就只能在那种情形下平安过一生。在个性上活泼，也具有敏锐的直觉力和判断力，会毫无厌倦地跟着他信得过的上司和朋友，不过有时会令人感到很烦。

肖狗而生于午间的人，活动力强，眼光锐利，嗅觉灵敏，是狩猎型人物，对事业雄心勃勃，能看出社会上商机处处，勇于去获取目标，因此终日在外，忙于事业和社交，较不会守在家中，但对妻子是很疼爱的，很忠心的。

肖狗而生于晚上的人，充分发挥忠诚心，无论对老板、老师、长辈等，都忠心耿耿，不会变节，大至国家小至朋友，都能尽忠到底，而且成为朋友之后，可以维持终生不变的友谊。

他看完后笑了，唯一相信的是，属狗的人对事业追求执着，一如既往，决不会半途而废。此外就是对朋友忠诚，决不会背叛。还有就是对感情专一决不会朝三暮四，虽然自己还是单身但他相信自己。生活中一些属狗的朋友也是如此。

想到自己的终身大事，又勾起了他的伤痛。在老家岩蜡脚村，像他这个年龄，结婚早的娃娃已经上小学了。

2006年以前，熊朝忠大哥在昆明打工，在熊朝忠到昆明学拳后，大哥就返回家乡务农，三弟和父母在矿山捡矿。熊朝忠学拳之初，在经济上能得到家里的一些微薄帮助。后来，俱乐部承担了他的日常开销。虽然熊朝忠没有辜负亲人朋友的期望，在短期取得了较大的进步，在俱乐部里名列前茅，但还未产生经济效益。2006年冬天，弟弟结婚，由于自己没钱，他没能回去，只是打了一个电话。他的心里很难过，更激发了他的斗志。如今，弟弟和哥哥都已有了孩子，自己的未来还捉摸不定。

在亲朋好友眼里，亚洲拳王最低标准也应该是有房有车。他虽然已经抽时间在昆明考取了驾照，但何时有房有车他还真不知道。

在取得亚洲拳王相当长的一段时间里，熊朝忠虽然名扬四方，特别在家乡受到青年人的追捧，也成为小孩子们崇拜的偶像，在经济上却没能给家里带来什么改变。

第三节　意外的汇单　化解了儿时的恩怨

就在熊朝忠到昆明众威拳击俱乐部两个月后，俱乐部又来了一位四川凉山州姓张的青年，小伙子刚刚高中毕业，19 岁，个子 1.62 左右，很快就跟熊朝忠成好朋友。为省钱两人 120 元合租一间农民房，在一张床上睡了一年多。后来又来了两个师兄弟，四人共住一间房，相处十分融洽。2010 年，学了四年拳击的小张从众威退出到深圳拼闯，如今这个圆形娃娃脸的小伙子已成了工程老板，在昆明有房有车，有了老婆儿子。谈起当年的小熊他十分佩服他的吃苦精神和拳击天赋，他说他的体重跟小熊差不多，稍大一点，跟小熊打过三场内部赛都输了。虽然离开了拳击行业但他还是十分关注小熊的每一场比赛，关注国内的拳击发展。他对那段经历十分留恋。当时的小张一边学拳一边在某公司当保安，经济处于困境的熊朝忠也曾到过小张单位应聘保安工作，别人嫌他个子矮。合租两年后，师兄弟都有了女朋友，相继搬出，只有熊朝忠一人独居。孤独和贫困让他的生活再次陷入低谷。

就在他欲放弃拳击事业之际，忽然收到一个 3000 元的汇单。汇款人是弟弟，他立即打电话询问，知道家里经济不好，弟弟哪来的这么多钱？弟弟说他根本不知道这回事。于是他给亲朋好友一个个打电话，结果大家都说不知此事。他一直不敢用这笔钱。

半个月后，收到一封信才揭开这笔汇款的真相。信是从深圳寄来的。这封信彻底化解了阿牛和熊朝忠之间的积怨。信中写道：

小熊：

你好！收到这封信你一定感到很吃惊。因为写信人是你从小打到大的冤家阿牛。原谅我曾经的固执好斗，我陷入狭隘的争强斗胜中，一心想战胜你却始终胜不了你。如果说孩子时候是天真无知可以原谅，但成年后在矿山和文山武馆比武为难你实在不应该，我为自己的行为感到羞耻。到了深圳见到大世面，才开始反省自己。我的顽劣跟你很不一样，我是恶作剧，你身上却显示出一种英雄气质，不欺生、不使诈，有武德。或许正是你在这条路上走高走远的原因。

我随时跟家里人通电话，打听你的情况。知道你现在已是洲际拳王，经济收入不太理想，随着年龄增大想退出拳坛。我心里特别着急。你一定要坚持下去！你一定会成为世界拳王，千万不能功亏一篑。你一定会成功！我寄了一点钱也尽一点微薄之力。以后有什么困难尽管说，我现在在外资企业上班，工资也比内地高许多。顺便留下我的电话，以便随时沟通。

最后祝你一起顺利，我们将相会在胜利时刻！

阿牛

2010年10月18日于深圳

熊朝忠看完信，热泪盈眶，他立即拨通了阿牛的电话。

“谢谢你，我会努力拼搏，不会让父老乡亲失望!”熊朝忠说。

“好，我支持你，有什么困难尽管说。你就是咱们的希望，你知道世界拳王对中国对云南有多重要吗?”阿牛道。

“我知道。你的钱我将来一定会还你，谢谢!”熊朝忠道。

“这都不要紧，等你成功了再说吧。不要客气!”阿牛道。

简短的对话化解了十多年的积怨，死敌变成了朋友，给熊朝忠带来的力量远比3000元的作用大。

第四节　房租终于交了——患难见真情

穷困的日子总是显得那么漫长，仿佛像苦药水一样融化在空气中，一点一点地浸泡着你。熊朝忠出生于农村，住着土坯瓦房，吃着粗粮。童年的夏天打着赤脚习以为常，已成了一种乐趣。此时，在众威拳击俱乐部练拳，租住在城中村，相对省城来说，这里算是最差的住所，没有卫生间，没有浴室。但对熊朝忠来说，远比老家的房子好，至少不会担心漏雨。每当暴雨之夜，他总是担心老家的房子会不会漏雨，土坯瓦房遇上大雨如果漏雨就会垮塌，直接威胁到父母、哥哥、弟弟一家的生命安全。

这几天，在傍晚时下暴雨买菜不方便，熊朝忠只能吃清水面条，感觉到脚腿走路发软，他想去买点骨头炖汤喝。夜幕降临时，雨停了，熊朝忠来到附近的菜市场，卖骨头的老板早已跟他很熟悉了，他说：小伙子，快来，只剩最后一点骨头了，便宜卖给你。熊朝忠应了声“好”，就买下了。然后他来到买菜叶的摊主前买些剩下的便宜菜叶，这些菜叶发黄，有的已经烂掉。

“小伙子，你真不错，像你这么节约的年轻人太少了！”卖菜的大妈夸奖道。

“是呀，现在的年轻人几乎都是独生子女，要吃好穿好玩好，一点苦都不能吃！”

“没有艰苦朴素的精神，如何安身立命呀！”

……

熊朝忠微笑着和他们招呼后走开了。回到出租屋，电饭煲里的米饭已经好了，隐隐透出一股香味。他赶紧洗好骨头和菜叶，先把骨头放在锅里炖。肚子咕咕地叫着，他打了一碗米饭和着豆豉吃，边吃边想：要是买菜的大叔大妈知道我的真实处境就不会这么说了。

他忽然想到一个问题：要是我经济条件好起来，我会不会很奢侈呢？

他想，应该不会。

骨头汤炖好了，他放进洗好的菜叶，放了点调料就津津有味地吃起来。他感到这样下去也不是办法，营养跟不上肯定影响训练。他曾去应聘保安工作都被拒绝了，别人嫌他太矮了。他也想过到饭店、甚至去建筑工地干活，他挖过矿，不相信还有啥苦不能吃。可是，那样他就会荒废拳击，最终只能把它变成一种业余爱好，直到抛弃。

此时，虽然已是洲际拳王，但一年两次比赛，生活难以为继。眼看房租就到期了，他真不知该咋办！

这一天，是朋友的生日，熊朝忠用省吃俭用的钱买了一个蛋糕前去聚会。这位朋友知道他的处境，说：“你来就行了，何必买这些！”

熊朝忠说：“条件有限，只能略表心意。”

吃饭时，熊朝忠仍然不饮酒，只能以茶代酒敬朋友。

酒过三巡，朋友说：“你呀，二十七八的人了，老是一个人过也不是办法，得找个女朋友，这人的青春没多少。”

熊朝忠说：“哥哥在开兄弟的玩笑吧，我现在的条件你是知道的，生存都成问题，还找什么女朋友！”

朋友说：“天下那么多穷人还不照样结婚。”

熊朝忠说：“不错，要是在老家我还是找得着呢。这是在省城，城里的姑娘要求是‘五子登科’：个子、房子、车子、位子、票子。你看我哪样占上了？”

朋友说：“也不是所有的女孩都是冲着物质条件来的。你还年轻，年轻就是本钱，还有奋斗的时间。这缘分的东西不好说。我女友认识一个大理女孩，在昆明打工。有机会介绍给你认识认识如何？”

熊朝忠说：“好呀，多一个朋友多一条路。”

没过多久，朋友就介绍熊朝忠认识了这位大理姑娘，身材高挑，个子约1.65米，在一家餐馆做迎宾。自古美女爱英雄！熊朝忠做梦也没想到，在如此穷困潦倒的境地爱情还会来临。姑娘名叫秋菊，她清楚熊朝忠的处境，从不抱怨缺少浪漫。

在夜幕降临，华灯初上时，他们常常一起手挽手，漫步在开放的公园，望着天边最后一抹红霞的消失，听着人工构造的小溪哗哗地流淌，哼着苗族女歌手邹兴兰演唱的那首《云南的天空》：

抬头遥望云南的天空
亲吻你温柔的脸庞
但愿时间将你我停住
不再让我孤独

我像云彩一样的飞翔
飞到你的故乡
我像山野间盛开的小花
芬芳在你的心上

云南的天空
有时晴朗　有时雨露
想我的新郎
又是快乐　又是悲伤

心中的亲
今生今世　最爱是你
有我的一生
还有来生　拥抱着你
……

有爱的日子，生活充满了阳光；有爱的日子，生活不再孤单；有爱的日子再苦也觉得甘甜。对于一位职业拳手来说，爱是一种力量，这种力量可以突破人的身体极限。

星期天，一场清凉的雨水之后，他们打着赤脚来到野外，脚下是红红的泥土。他们在雨中追逐着，用手抓起一把红泥捏着，红红的泥水从指间滴落到地上。熊朝忠深有感触地说："这片红土地是多么可爱呀！这是天下绝无仅有的。红土中饱含一种激情，一种旺盛的生命力。再加上四季如春的气候，超长的日照，真是东方的伊甸园！生活在这样的土地上，不奋斗就是一种耻辱！"

秋菊说："是呀，这块土地上的人们历经千百年的战争融合，终于迎来了盛世，人人都可以去实现自己的梦想，要好好珍惜。"

熊朝忠说："就像歌里唱的那样，高原的天空最明朗。生活在这里的人们，就算再不开心也不会感到伤感。"

秋菊："为什么？"

熊朝忠："你洗了衣服是不是感觉干的很快？"

秋菊："是呀。"

熊朝忠："那就对了，因为高原的风很快就把眼泪吹干了，所以你就感觉不到悲伤了。"

秋菊大笑，说："想不到你是武者说话还充满诗意！"她想了想，捏捏手中的红泥，说："有一首《我侬词》你听说过吗？作者是元代江南大才子赵孟頫的夫人，名叫管仲姬。"

熊朝忠摇摇头，说："背来听听。"

秋菊点点头，吟道：

你侬我侬　忒煞情多
情多处　热似火
把一块泥

捏一个你　塑一个我
再将你我同打破　重新用水调和
再捏一个你　再塑一个我
我泥中有你　你泥中有我
但愿我和你生同一个衾　死同一个椁

熊朝忠被这首《我侬词》深深地打动了，恋人的深情吟诵似乎对他是一种表白，是爱情的誓言。他矗立在雨中的泥地上，眼睛湿润。拳台上从未有过的脆弱在此时表现出来。他如同一个意外被宠的孤儿，对温暖反而不适应。爱的阳光正一点一点地融化着他心头的积雪。第一次感到这个世界真正的属于自己，感到它的亲切。

众威拳击俱乐部训练场上，生龙活虎的熊朝忠又出现了。他认真训练，为下一场比赛做好充分准备。师兄师弟都吃惊他的拼劲，最后才明白：这是爱情的力量！

每当熊朝忠拖着沉重的脚步回家时，迎接他的再也不是以前那个清冷的小屋，而是恋人的倩影，收拾干净的房屋，摆放整齐有序的用具，热气腾腾的饭菜。

秋菊不但没有成为熊朝忠的负担，反而在生活上主动承担起一些费用，彻底打破了熊朝忠脑海里“有钱才能找女朋友”“有钱才能养女朋友”的概念。

有了一个伴，不再孤独寂寞，日子也过得轻松。职业拳击本身就是一项充满阳刚而枯燥的职业，需要柔性的一面来调理和缓解紧张的气氛。

可是，熊朝忠的经济状况不好。他总觉得亏欠她太多。眼看房租一天天逼近了，他暗自向朋友借，不巧此时朋友也无能为力，打拳圈子内的人经济都不是很好。虽然他心急如焚，但他依然保持平静，不让恋人看出来。可恋人之间还是很敏感的。细微的情绪变化都会触动彼此。于是，她问他有什么心事。熊朝忠说没有没有，就是在思考如何应战新的对手，下一场比赛很快就要打了。秋菊说，这个我帮不上什么忙，就全靠你了，相信你沉着应对，一定会战胜对手。

熊朝忠点点头，安慰恋人睡下。

深夜，熊朝忠辗转反侧，难以入眠。他看了一眼熟睡的恋人，下床来到门外，悄悄地给家里打电话。不巧，家里经济很紧，但还是答应去给他筹借。

第二天傍晚，他去找房东想让他宽限几天。房东吃惊地说："你的房租已经交了呀！你还不知道？"

熊朝忠大吃一惊，问："什么时候交的？"

房东说："今天上午，你女朋友交的。"

原来熊朝忠昨夜给家里打电话，被假装睡着的秋菊听见了。

熊朝忠吃惊道："我给家里打电话讲的是苗语，你是怎么听懂的？"

秋菊道："你忘了，我曾经问过你'需要钱'之类的话怎么说，你告诉过我，我都记住了。"

熊朝忠被深深打动了。他一再表示感谢，并说将来要还她。

她说，大家既然选择在一起就不要分你我了。

真是"岁寒知松柏，患难见真情！"

接下来的拳台上，拳迷们又看到了一个凶悍无比的熊朝忠。

第五节　七夕节　分手之后还是朋友

七夕节，又名乞巧节、七巧节或七姐诞，发源于中国，是华人地区以及部分受汉族文化影响的东亚国家传统节日，在农历七月初七庆祝。来自于牛郎与织女的传说。由于古代女子希望以织女为榜样。所以每逢七姐诞，她们都会向七姐献祭，祈求自己能够心灵手巧、获得美满的姻缘。这是中国传统节日中最具浪漫色彩的一个节日。

处于低谷的熊朝忠迎来了拳台上的失利后的第一次胜利，也迎来了无数拳迷的掌声和鲜花。他发现三天后就是七夕节，他想给女友一个惊喜。这一段时间，女友忙着加班，他也忙着备战，因此聚少离多。此时，家里也催着他结婚。弟弟的娃娃也有两三岁了，作为哥哥还是单身。

在这之前，他也曾经向女友提起过结婚的事。结婚？秋菊显得毫无思想准备。

"是呀，咱们已经认识快两年了，总不能谈一辈子恋爱吧？"熊朝忠说。

"这……太突然了，我确实还没有思想准备，让我再考虑一下吧。"秋菊说。

“还考虑什么呢？难道你……”熊朝忠疑惑道。

秋菊打断说：“你想过没有，恋爱时两个人是甜美的，可一旦结了婚有了孩子就有了负担，就要承担起抚养孩子的责任，将来还要赡养老人。没有一定的经济基础怎么行呢？”

熊朝忠想了一下说，“我倒是没想那么多，好，咱们暂不谈这个问题。”

熊朝忠隐隐感到，只要一提到结婚，甜蜜的爱情就蒙上一层悲色。

熊朝忠准备给女友一个惊喜，送她一个她喜欢的头巾。女友反对乱花钱，平时很节约。那是有一个星期天，他们一起去逛街，发现一个很好看看的头巾。她戴在头上试了试，最后还是没买。熊朝忠想给她买下，她说：大热天买这个干啥，冬天再买。

走出小店后，她悄悄说：“咱们的经济不是很好，能省就省，等你成了世界拳王，给我买什么我都愿意。”

虽是这样，熊朝忠心里感到很是不安。

打完一场比赛，有了一笔收入，他来到那个小店买下了秋菊喜欢的那条头巾。他期待着比去年更浪漫更温情地度过七夕节。

去年七夕，他俩漫步到一广场绿化带坐下，望着深邃的天上一轮弯月，秋菊向他讲述了牛郎织女的故事：

相传牛郎父母早逝，又常受到哥嫂的虐待，只有一头老牛相伴。有一天老牛给他出了计谋，教他怎样娶织女做妻子。到了那一天，美丽的仙女们果然到银河沐浴，并在水中嬉戏。这时藏在芦苇中的牛郎突然跑出来拿走了织女的衣裳。惊慌失措的仙女们急忙上岸穿好衣裳飞走了，唯独剩下织女。在牛郎的恳求下，织女答应做他的妻子。婚后，牛郎织女男耕女织，相亲相爱，生活得十分幸福美满。织女还给牛郎生了一儿一女。后来，老牛要死去的时候，叮嘱牛郎要把它的皮留下来，到急难时披上以求帮助。老牛死后，夫妻俩忍痛剥下牛皮，把牛埋在山坡上。

织女和牛郎成亲的事被天庭的玉帝和王母娘娘知道后，他们勃然大怒，并命令天神下界抓回织女。天神趁牛郎不在家的时候，抓走了织女。牛郎回家不见织女，急忙披上牛皮，担了两个小孩追去。眼看就要追上，王母娘娘心中一急，拔下头上的金簪向银河一划，昔日清浅的银河一霎间变得浊浪滔天，牛郎再也过不去了。从此，牛郎织女只能泪眼盈盈，隔河相望，天长地久，玉皇大帝和王母娘娘也拗不过他们之间的真挚情感，准许他们每年七月七日相会一次，相传，每逢七月初七，人间的喜鹊就要飞上天去，在银河为牛郎织女搭鹊桥相会。此外，七夕夜深人静之时，人们还能在葡萄架或其他的瓜果架下听到牛郎织女在天上的脉脉情话。

虽然，他在网上看过《牛郎织女》的老电影，但通过秋菊口中的娓娓道来，有另一番感受。言语中流露出她对纯洁而清贫的爱情的珍爱，对牛郎纯洁善良勤劳很是崇拜。是呀，就连喜鹊也懂得成人之美。真爱定能感动天地！

吃了饭，熊朝忠拿出买的头巾，女友表现出很感激，没有像他想象中的惊喜。令他稍稍感到诧异。两人一起散步时，女友一言不发似乎有难言之隐。

终于，秋菊开口了："咱们分手吧。"

"你说什么?"熊朝忠不敢相信自己的耳朵。

"咱们分手吧。"秋菊平静地说："你是个好人，可咱们不太合适做恋人。分手之后还是朋友。"

接着，在熊朝忠追问下，秋菊说了分手的理由，农村的女孩子的终身大事大都是父母做主。不错，中国还没有一个世界拳王，此时无论哪个拳手说自己要夺世界拳王，别人都觉得是天方夜谭。

熊朝忠压抑着内心的伤痛说："分手后，真的还能做朋友吗?"

秋菊点点头，流着泪说："能……"

第二天，屋子里只有熊朝忠独自一人。他流着泪一遍又一遍地听着高安的那首《分手后还是朋友》：

感情既然到了无话可说
何必再去相互折磨
想为你最后一次擦眼泪
想为你唱最后一首歌
都说爱情难免分分合合
爱的路上充满坎坷

默默地流泪
痛苦的抉择
分手是最好的解脱
你说走　让你走
放开曾经牵过的手
不想留　莫回头
缘分已尽的时候
从今后　别再忧愁
唤醒久违的自由
再见面时笑一笑
分手之后还是朋友

他彻底崩溃了，再也握不紧那双铁拳。他还能为谁而战？他不知道。

小船这个名字是熊朝忠的苗语小名翻译成汉语的。这个名字充满诗意，小船从梦想的港湾——苗乡岩蜡脚村起航，向着世界大洋航行，到达理想的彼岸。可是，小船毕竟太单薄，它能不能经受风浪，会不会被海浪吞噬，谁都说不准。都为它担心！熊朝忠发现自己的名字的含义居然与命运如此相似。

记得认识秋菊时，他们来到公园，战战兢兢地坐在长条木拼成的靠椅两端，屁股下的木条留着空格，就像音乐中的五线谱，连着两人的屁股随着呼吸轻轻地颤抖。奏出一曲无声的情感轻轻碰撞的音乐。一只红嘴鸥居然出现在他们的头顶，盘旋一圈后向滇池飞去，似乎在偷窥他们。一弯新月挂在天边，就像一只在宇宙中航行的小船。公园的秋菊散发出特有的药香味儿。

秋菊脸上泛着天边的红晕，她说："在湖南西部有一个叫德夯峡谷的地方分散着一些苗族村寨，在峡谷的崖壁上有一些洞叫雷公洞。每当苗族巫师来到洞前做法祷告，洞中就会飘出烟雾，接着就会下大雨。大雨过后，德夯峡谷中的溪水里就会出现许多桃花虫，人们吃了它可以延年益寿。你们苗族住的地方太神奇了！简直就是世外桃源！"

熊朝忠说："是很神奇，有些自然界的东西现代科学也无法解释清楚。在我们老家的水潭前的山脚也有个洞，洞里供着一尊观世音菩萨。小的时候，每当家里有事或生孩子迟迟治不好就去洞前焚香跪拜，有时还真灵的。”

……

他们的交流就从这里开始。彼此的不同地域文化化解了紧张情绪。可是，如今只有他一人坐在空空的长椅上对着天边的残月。月亮没有变，长椅依旧，只是身边少了一位她。他披着青霜，在长椅上坐到天明，他怕进那个空洞洞的屋子。往日的欢身笑语似乎停留在时间里，弥散在空气中。被时光的老人记下，如同录音一样随时播放出来。分手之后还是朋友，这句话说来好轻松，执行好难。朋友到恋人，是一个很好的升级过度，恋人再退回到朋友却如同割下已移植到身体内的器官，好难活呀！

拳台上，就算鼻青眼肿他都不会掉泪，只会激起他的斗志。拳台下，他的情感却是很脆弱的，弱不禁风。

回到训练场上，拳头击打在沙袋上却没了从前的力量。身体仿佛被抽空了，力不从心。

这一切都瞒不过教练刘刚的眼睛。于是在一个星期天，教练刘刚把熊朝忠约到一个僻静的地方，说：“现在的姑娘都很现实，人家跟你谈恋爱只是觉得你好玩。没有钱，哪个姑娘都看不上你！所以，要苦练本领打好拳，挣到钱了，一切问题都解决了。”

熊朝忠低头说：“可我已没有力气了，就算举起拳头，已失去了从前的力量。我的拳击生命或许从此中断了，或许是天意！”

刘刚想了想，叹了口气，说：“我忘了，属狗的人情感细腻，对朋友对爱情忠贞不渝。要让你一下子恢复到从前的状态不大可能。慢慢来！相信你最终会走出低谷的！爱情讲缘分，缘分已尽就算你此时的条件再好也会分手，关键你自己要迈过心里的那道坎。听说过《鲤鱼跳龙门》的故事吗？传说黄河上游有一道龙门，只要鱼儿跳过去就会变成龙。于是下游七万二千尾鲤鱼怀着万丈豪情游向上游，结果只有七十二尾跳过了龙门，变成了龙。生活上有什么困难就说出来，我尽力给你解决。”

熊朝忠点点头，泪水溢出眼眶。

刘刚忽然严肃道：“作为一个武者，首先要战胜自己内心的脆弱，才能战胜对手。连自己都战胜不了，又如何战胜对手。记住，人生事业第一爱情第二。没有成功的事业就很难有成功的爱情！”

熊朝忠擦掉溢出的泪水，深思着。

第六节　是谁在关键时刻堵住了他退却的路

一个人处在生活的低谷时，不幸的事往往会接踵而来。似乎命运之神也会乘人之危。就在熊朝忠在亚洲拳王的位置上难以突破之时，忽然接到家里的电话，在矿山捡矿的老父亲不慎从马背上掉下来摔伤了。

中国人自古以来就是孝字当先。苗族是一个历史悠久的民族，在长期历史发展过程中形成了具有自己特色的伦理意识和风俗习尚。其中最根本的是“孝”的伦理观念。而孝又在家庭伦理规范中占据主体和核心地位。孝或不孝成为评价人们行为美与丑，善与恶的最重要标准。

熊朝忠听到父亲摔伤的消息心急如焚，寝食难安。为人之子，却不能尽一份孝，让老爹安享晚年。年迈的老爹还在捡矿维生。想到这里，熊朝忠鼻子酸酸的，什么理想抱负我应该醒醒了。此时，他恨不得马上离开俱乐部，回到家乡，自己去捡矿，让爹娘在家休息。

他再一次拨通父亲的电话，问父亲的伤情严不严重。

父亲告诉他自己没事，找乡下大夫拣几包草药煎服了就好了，让他别担心。

熊朝忠却伤感地告诉父亲，自己不想打拳了，想回家捡矿。

父亲听了，严厉地责备他，坚决不允许他轻易放弃。

这一夜熊朝忠又失眠了。他的内心在痛苦地挣扎着。

快到而立之年，我是要继续在拳击路上坚持下去，还是回家成家立业?！这是一直困扰着熊朝忠的问题。他心里出现两个声音，一个说，你坚持，相信自己，坚持就是胜利，你会成为世界拳王。另一个声音说，还是面对现实吧。要是世界拳王那么容易夺取，之前的两位云南亚洲拳王就不会退役了。他心里坚持的声音道，你和他们不一样，你有良好的拳击天赋，有超人的体力和爆发力。反对的声音说，你曾经学过画画，你打听一下，许许多多自认为有天赋痴迷于画画的人，一辈子把自己圈禁在一个小屋里，孤苦伶仃地度过一生。一生卖不出去一幅画的人大有人在。执着有时会害了自己！

执着有时会害了自己！这句话似乎刺醒了他。第二天，他把这个想法在电话里给表哥说了。表哥坚决反对，他说，你现在已经没有退路了，回来只有种地，搞不好连老婆都讨不着。

而此时，当年和熊朝忠同期进入众威俱乐部的学员，大都因各种原因退出了。熊朝忠终于憋不住，把内心的想法给教练刘刚说了。

刘刚特地找他谈了一次心。刘刚说：别人走我不会挽留，但是你，我一定要留。因为你是世界冠军的料子，我很有信心。

熊朝忠说出自己的担忧，怕年龄过去，一事无成。

刘刚认真想了想，肯定地说：你一定会成功！

熊朝忠说：中国十几亿人，到如今都还没有一个世界拳王，这就说明夺取它有多难！

刘刚说：就是你呀，我没看错！我创办了国内首个民营拳击机构，你们是首批编外职业拳手。任何事都有先例。希望你我联合能改变中国拳击历史。

其实，在刘刚心里十分清楚，风靡全球的职业拳击比赛，在中国远不如业余拳击这个奥运项目受重视。在不少中国人的心目中，职业拳击似乎是血腥的代名词。同时，与各个省市都在开展的业余拳击不同，体制之外的非奥运项目——职业拳击运动尚未得到中国官方的批准，中国国内更是无法进行职业拳手的注册。虽然中国已是世界第二大经济强国，但许多人连职业拳击和业余拳击都分不清楚，要形成一个成熟的市场，谈何容易！但他感到拳击市场形成的时机已经来临，他有信心培养出中国第一个世界职业拳王。

说到最后，熊朝忠才吐出真言：他不忍心看到老父亲还在吃苦！觉得自己有一身力气何必浪费在沙袋上，应该回去多干活，让老爹享享清福。

教练刘刚说：你有这份孝心很好，可是要真正让爹娘享到清福就要好好练拳，只要成为世界拳王，爹娘的晚年还愁什么?！如果你现在放弃回去，虽然能为这个家尽一点微薄之力，但最终不能改变家庭的生活质量。感情用事会让一个人悔恨一生！

教练刘刚的话说得熊朝忠热血沸腾，他当即表示，不管结果如何，就再拼一拼，拼到退役年龄。

最后刘刚说：你好比是千里马，我是伯乐，谁离开谁都是一种损失。

就这样，熊朝忠退却的路被亲朋好友和教练给堵死了。熊朝忠又重新握紧了拳头，向命运挑战。

父亲的伤也在一个月后痊愈了。

2009 年的两连败，却让熊朝忠增长了宝贵的国际大赛经验。熊朝忠虽然没能赢得比赛，但他的英勇表现在拳坛声名大振，一时间，不到 27 岁的他，国际比赛的出场费也达到了每场两到三万元人民币。此后，俱乐部还从美国和日本为他聘请了高水平的教练，准备再次向世界拳王金腰带发起冲击。

第七章

「只求结果　不吐虚言」

第一节　斩获第二根 WBC 洲际金腰带

黄瓜为何有“只开花不结果”的现象，这是童年时困扰着熊朝忠的问题，长大后才知道主要是由于黄瓜植株体内细胞分裂失调，导致只开雄花而不开雌花，这样就难以结瓜。生长在农村的熊朝忠像父辈们一样看中事物的结果。他就像小时候谨防开空花的黄瓜一样对待拳击事业。

2010 年 7 月 9 日晚，在昆明举行的世界拳击理事会 WBC 洲际拳王金腰带争霸赛中，熊朝忠经过 10 个回合的艰难对决，以点数击败日本选手佐藤靖明，夺得其个人职业生涯的第二条 WBC 洲际金腰带。

由 WBC 世界拳击理事会亚洲拳击理事会主办的这次比赛在昆明世博花园酒店举行，熊朝忠和日本选手佐藤靖明展开了对 WBC 轻羽量级洲际金腰带的争夺。熊朝忠首回合没有急于进攻，做好了打持久战的准备，而佐藤则步步紧逼，积极进攻。最后四个回合，日本选手体力明显下降，熊朝忠则在观众的大声呐喊中主动出击，双方一直坚持到 10 回合结束。最终，裁判一致判熊朝忠胜出。这样，这个身高仅 1.55 米的文山小伙披上了他个人职业生涯的第二条金腰带。赛后，熊朝忠坦言这场比赛打得很艰难，对手非常顽强，“今后我会更加努力，向世界拳王金腰带发起冲击。”

此时，距离他步入职业拳击刚好四年整，四年时间就斩获两根 WBC 亚洲拳王金腰带，不要说刷新中国的拳击史，在世界拳坛也是个惊人的成绩。为夺取 WBC 世界拳王金腰带夯实了基础，更有底气。回到住处，在短暂的赛后休息期间，他抚摸着这两根 WBC 亚洲拳王金腰带，热泪盈眶。往日艰苦训练的一幕幕浮现在他眼前，这沉甸甸的金腰带是汗水的结晶。他决心打好后边的卫冕战，让自己终身拥有这两根金腰带。

第二节 “老虎”退隐 “熊”霸天下

2010 年 12 月 18 日接受泰国选手庞潘（12 战 4 负）挑战，4 回合 KO 庞潘成功卫冕，同时夺取空缺的 IBF（国际拳击联合会）洲际拳王金腰带，成为 WBC 和 IBF 双料冠军。在比赛中，拳迷们看到熊朝忠具有熊的力量，豹的速度。而曾经给他力量让他佩服的“楚雄老虎”徐从良却遗憾地丢掉了洲际金腰带。人们似乎看到“‘老虎’退隐，‘熊’霸天下”之势正来临。

国际拳击联合会成立于 1983 年，总部设在美国的新泽西州，主席是罗伯特·李。IBF 是一个与 WBC 对立的组织，这个组织成立的目的在于夺取被美国把持的颁奖权利。这个组织的前身是美国拳击协会（USBA，成立于 1976 年），原来两个组织并存，现在又重新合并，称 IBF/USBA，冠军为两个组织所共有。

本次 WBC 亚洲拳王争霸赛安排了 4 场争夺战，比赛场地昆明市体育馆早早就爆满，观众们带着极大的热情来为中国拳手、为本土拳手加油助威。

第一场比赛由昆明拳手夏钰钦对抗韩国选手李男俊。夏钰钦虽然是洲际金腰带拥有者，但本场比赛因为对手还达不到挑战他的资格，所以只是 8 回合对抗赛。他在比赛中积极主动，而且气势上完全压倒对方。前三回合在夏钰钦的猛攻下，对手节节败退。不过从第四回合起，夏钰钦自身体力下降，加上腿伤复发，进攻明显有所下降，此后双方一直纠缠，最终夏钰钦凭借点数优势战胜对手。拖着伤腿一瘸一拐走下拳台的他，在全场观众潮水般的掌声中，走到休息区。

第二场比赛由有着“老虎”之称的楚雄选手徐从良挑战菲律宾的杰纳，对手身戴该级别洲际金腰带。31 岁的徐从良已经是一个 8 岁孩子的父亲，这场比赛胜利的天平不在本土选手一方。大概是年龄差距，比赛中徐从良出拳很少，更多的是后退和闪躲，现场解说王国均多次提醒“只有更多的出拳才可能获胜。”年龄、身高、臂展都不占优势的徐从良，全场比赛几乎没有任何办法，最终 10 回合结束后眼睁睁看着对手带走金腰带。

第三场比赛虽是一场女选手之间的对决，但现场观众的喝彩声绝对超过之前两场的男选手。身高不占优的沈丹月进攻十分积极，利用贴身进攻让对手显得极不适应。刚刚在亚运会上取得佳绩的中国亚运女子拳击队也来到现场为她助威。随着比赛的进程，金腰带拥有者、经验丰富的日本选手利用自己的身高压制住了沈丹月的进攻。经过10个回合的较量，3位裁判两人判日本选手胜，这样沈丹月以1∶2“有争议”地挑战失败。

熊朝忠此次迎战的是实战经验非常丰富的泰国拳手庞潘·哈斯，这可是前WBC亚洲冠军，有着亚洲轻量级第一挑战者之称。为了迎战，公司特意从美国请了一名专业拳击教练，为“小熊”指导备战。

“小熊KO他！”最后一场熊朝忠与泰国选手庞潘的比赛是焦点战，小熊才一出场，现场观众就发出了山呼海啸般的欢呼声。熊朝忠目前身上有着两个不同级别的WBC洲际金腰带，本次他的泰国对手挑战的是50公斤级的金腰带，在这个级别上，小熊已经四度卫冕成功。中国拳击元老王国钧表示，昆明可以说是中国职业拳击的发祥地。捍卫这一荣誉就看小熊的表现了。

已经接受美国教练两个多月训练的小熊，正如教练亚布拉罕所说：“越来越像一名职业拳手。他不仅有能力控制比赛，甚至能主动引诱对手出拳而进行有力反击。”小熊在第二回合就是用这样的战术第一次将对手击倒在拳台上。拳台上的小熊实力明显高出对手，无论是进攻还是防守，都有一股拳王的霸气。

而更精彩的还在后面。第四回合，“嘭！”随着小熊的一记重拳，泰国选手的脸上发出一声闷响，熊朝忠利用一个错身的机会，一记重拳KO成功，12回合的比赛戛然而止，小熊再次卫冕成功。晃晃悠悠倒地的泰国选手直接失去了知觉，在裁判宣布比赛结束后，小熊也兴奋地在拳台上来了个后空翻庆祝，这样的时刻当然少不了教练，亚布拉罕第一时间冲上拳台，直接将小熊扛在肩上绕场一周，与家乡的数千拳迷一起分享这份喜悦。

“我什么都不想，我只想获得胜利。”赛后小熊说：“其实感觉今天还没发挥出最好的水平，然后就赢了！我的目标是能获得世界冠军，有一天能让中国的国旗飘扬在世界最高的领奖台上！”没有想到获胜后的小熊能如此冷静。突然想起之前采访亚布拉罕时他说的话：“中国选手完全有实力冲击世界职业拳王金腰带，说不定哪天我就能将小熊带到拉斯维加斯，让世界看到中国拳手的实力。”

中国拳击元老王国钧在接受媒体采访表示，昆明可以说是中国职业拳击的发祥地。在2008年中国成功举办奥运会后，职业拳击在中国有很大的发展空间。小熊等选手是在职业拳击道路上走的最坚定的拳手，无论他们的输赢，他们的精神都已经十分值得钦佩，我个人对他们表示感谢。

第三节 第八次卫冕WBC洲际拳王金腰带

八是一个吉利的数字。熊朝忠不仅夺得两条WBC洲际拳王金腰带，而且创下八次卫冕的骄傲战绩。为挑战WBC世界拳王金腰带打好了坚实的基础。

2010年12月18日，熊朝忠接受泰国选手庞潘（12战4负）挑战，4回合KO庞潘，第五次成功卫冕WBC洲际拳王金腰带，同时夺取空缺的IBF（国际拳击联合会）洲际拳王金腰带，成为WBC和IBF双料冠军。2011年6月4日，熊朝忠在四川会理县进行一次卫冕战，打满12个回合，击败菲律宾挑战者特加雷斯（33战18负），第六次卫冕WBC洲际头衔成功。此时，熊朝忠职业战绩20战16胜3负1平，10场KO对手。他在世界四大职业拳击排名是：世界拳击理事会（WBC）世界排第10名、世界拳击协会（WBA）世界排名第15名、国际拳击联合会（IBF）世界排名第12名、世界拳击组织（WBO）世界排名14名。

2011年11月19日，世界拳击理事会四大比赛之一的WBC洲际拳王金腰带争霸赛在昆明世博花园酒店举行。经过12个回合的激烈鏖战，熊朝忠击败日本拳手饭田大介，第七次成功卫冕了WBC洲际拳王金腰带。

2012年3月25日晚间，昆明世博花园酒店紫云厅汇聚了约800余名观众，热切期待比赛开始。熊朝忠迎来自己第八次WBC轻蝇量级洲际拳王金腰带卫冕战。他能否像前七次那样战胜对手成功卫冕，拳迷们正拭目以待。前七次卫冕异常艰辛，特别第六次在四川会理的卫冕战可谓是险胜。

结果令人惊喜，熊朝忠不负众望，再次刷新WBC洲际拳王金腰带卫冕记录，只用4个回合就两次击倒了韩国选手李智鸿，裁判终止了比赛，以TKO获得胜利。为此，中国唯一挑战过世界职业拳王的熊朝忠第八次成功卫冕自己的WBC轻蝇量级洲际拳王金腰带。

这一比赛通过云南卫视进行卫星直播，大约17个国家以及国内大多数地方都通过卫星收看到了这场惊心动魄的比赛。

赛前，李智鸿光着上身独自已在房间里，对着墙上的“太极”国旗图空击练习。熊朝忠则坐在椅子上，表情严肃冷静，非常自信，嘴里慢慢地咀嚼着什么。教练刘刚蹲在面前给他按摩腿部。

李智鸿是韩国拳坛有名选手，曾经多次入选韩国国家队。从实力来看，李智鸿虽然是韩国冠军，但服兵役5年没打职业拳赛。尽管李智鸿身高1.64米，足足比熊朝忠高出9厘米，熊朝忠在身高臂长处于劣势，但比赛一开始，小熊的优势就非常明显。他一直控制着距离，寻找机会贴近对手，用左手刺拳试探对手，并且用右手后手拳打击对手的腹部。李智鸿一直忙于退守，几乎没有有效进攻。但对于12回合的拳赛，拳台比赛情况瞬息万变，谁也不能预测到结果，一开始对手一般都处于试探状态。

此时的解说员认为，熊朝忠处于身体劣势，够不着对手，很难取胜。熊朝忠能不能做到贴近对方是取胜的关键。从第一回合看，李智鸿防的很谨慎，但腹部还是连连中了熊朝忠的前手拳。

台下有人喊：“熊朝忠”

拳迷齐声道：“加油！”

“昆明”

“加油！”

“中国”

“加油！”

……

第二回合结束，小熊错走到拳坛无人的一角。解说员道：“往哪里走？往哪里走？看来小熊太紧张了！这是不应该的，因为紧张就有可能产生失误。”

解说员认为李智鸿很聪明，只要熊朝忠一进攻他就回撤，化解小熊的进攻，避免遭重击。但他的致命弱点是，前手挡不住，后手跟不上。

比赛进行到第三回合快结束的时候，小熊一记重拳击中对手头部侧面，将对手击倒。

解说道：“漂亮！将对手击倒，第一次击倒！”

台下拳迷爆发出热烈的喝彩声。

裁判读秒后，第三回合结束。

李智鸿遭重击倒地身体必然受重创，心里也产生了畏惧。熊朝忠则增强了信心。第四回合开始，熊朝忠抓住机会，一套漂亮的组合拳再次将对手击倒。解说喊道：“连续击倒，连续击倒，没给机会……”

李智鸿一脸沮丧，跪在拳台十分难过。“有人欢喜有人忧！”这就是职业拳击。人们为胜利者的欢呼时，却没人去理会失败者的悲伤。裁判判定熊朝忠 KO 对手获胜。

就这样，熊朝忠第八次成功卫冕自己的 WBC 轻蝇量级洲际拳王金腰带。比起第七次、第六次卫冕出人意料的轻松。为下两场比赛，6 月的 WBC 轻蝇量级世界拳王银腰带争夺和 11 月的 WBC 轻蝇量级世界拳王金腰带争夺战奠定了坚实的基础。

第八章

「都言武者痴　谁解其中味」

第一节　没有豪言壮语的备战

众所周知，熊朝忠2006年夏天正式来到昆明众威拳击俱乐部开始拳击训练，2008年春在四川泸州仅以2分28秒的比赛时间KO了嚣张的对手，斩获了首条亚洲拳王金腰带。之后，于2009年取得挑战WBC迷你轻量级世界拳王金腰带的资格。不料，首次在日本比赛，挑战日本拳王内藤大助，在明显占优势的情况下却输掉了比赛。对他的打击相当大，之后连连受挫。虽说在教练刘刚的鼓励下，他重整信心，但在夺取亚洲拳王的四年里，始终与世界拳王的头衔是可望而不可即。这期间，随着年龄的增大，许许多多的担忧让他又一次萌发退出拳坛。

关键时刻，熊朝忠退却的路被亲朋好友和教练刘刚再次给堵死了。熊朝忠又重新握紧了拳头，向命运挑战。

在2012年3月25日系列赛第一站昆明的WBC洲际金腰带卫冕战中，熊朝忠在第四回合以KO方式击败韩国冠军李智鸿，第八次卫冕洲际金腰带，职业生涯战绩为18胜3负，其中12场以KO方式获胜，也为自己征战世界拳王赛迈出重要一步。此时，离世界拳王金腰带只有一步之遥，这一次，他充分备战，向WBC迷你轻量级世界拳王金腰带发起冲击。

早晨，熊朝忠准时6点起床。天还没有亮，早起锻炼的大爹大妈常常看见一位身体结实个子偏矮的青年人从云山村出租房里走出来，绕着停车场或生态城跑六到八公里。夏天的早晨下着雨，路上几乎无人，熊朝忠独自一人在雨中跑着，引来人们好奇的目光和啧啧议论。可熊朝忠一点也不在乎。

下午2点熊朝忠开始去俱乐部训练，主要内容是空击和打手靶。大约

100 平方米的拳馆里播放着快节奏的乐曲，30 多名学员在这里进行着空击或者跳绳训练。队友们发现更加拼命训练的熊朝忠。他的拳头雨点般地落到沙袋上，挥汗如雨，一练就是 3 个小时。就是跳绳也比平时跳的时间长了许多。他似乎有使不完的劲。

春城的下午气温常常很高，在 3 个小时的激烈训练中，熊朝忠往往一身的汗水，其实，高原的风会很快把一个人身上的汗水蒸发掉的，只是他身体不断涌出，保持着不干。他坚信那句话：平时多流汗，战时少流血！他还相信《孟子·告子下》中说："故天将降大任于斯人也，必先苦其心志，劳其筋骨，饿其体肤，空乏其身行，行拂乱其所为，所以动心忍性，曾益其所不能。人恒过，然后能改。困于心，衡于虑，而后作。"他感觉到面对的不是进口的洋沙袋，而是站在世界顶峰的对手，他只有战胜他才能夺冠。他打倒世界拳王，也就打倒了他人生路上的一切障碍，打走了贫穷、打掉困苦和无奈。他要打出自己的一个崭新世界。因此，师兄弟们常常看见拼命对着沙袋击打的熊朝忠，担心他会走火入魔。

接下来就是技术升级和针对特定对手的训练，熊朝忠都一丝不苟，不敢有半点松懈和怠慢。读书的时候，尽管老师一再表明读书是为了自己有个好前途，但中等偏下学习成绩的同学虽然明白老师的苦心，但因读不进去，常常是为应付老师而做作业。熊朝忠属于中等生，也曾应付过老师。但今天的训练，完全是一种自觉的，教练点到即会，而且还能自己悟出一些技巧。

每次高频率的 3 回合训练结束钟响了之后，教练都会给熊朝忠擦汗、并帮助他按摩放松，等到 1 分钟的休息过后，再进入下一个回合的训练出拳模拟。这一训练主要是帮助熊朝忠熟悉各个出拳方位以及拳受力回馈的感觉，以重复帮助他强化出拳的下意识记忆。

整个出拳模拟进行了大约 15 回合左右，熊朝忠换到一边去打大型沙袋，他左转右转地进行二三连击击打训练，找出拳的感觉。随后是打立式的摇摆钟，教练不时地在旁边也出拳给熊朝忠进行示范，并为自己带着拳套不方便擦汗的弟子抹去脸上的汗水。

在训练中可以发现，教练的出拳规范，摇摆中打击速度甚至比熊朝忠还有速度和节奏。刘刚花钱请来一位有过系统训练的准现役拳手给小熊当教练和陪练，确实给熊朝忠的帮助不小。

熊朝忠每天上午跑大约50分钟，然后做大约40分钟的空击等出拳训练，下午则是打模拟对练。接下来，众威拳击会给他安排一下模拟实战。

晚上拖着疲倦的身躯回到家洗漱完毕，倒在床上再也不想动了。只感觉到疲劳的躯体和四肢的位置。他看见了童年的自己：一个无忧无虑调皮的小男孩，在田野里奔跑。故乡的炊烟弥漫在村庄上空，缓缓地随风飘散。穿着破旧衣服，脸庞上满是污泥，却笑得天真无邪，周围的小伙伴们追追赶赶，汗水染湿了衣衫。他心里期盼着母亲呼唤他吃饭。终于，他听到了，听到了母亲的呼唤，是所有孩子们父母的呼唤，一声声，传遍整个村庄。

深夜，当他醒来时，母亲手里拿着针线还在灯下为他们兄弟仨缝缝补补。母亲满是老茧的手抚摸着他的额头，抚闭他的双眼的一瞬间，他瞥见一张布满皱纹笑脸，被岁月刻下道道痕迹里都装满慈祥。

母亲的手就像梨树皮一样粗糙，可显得特别亲切。

故乡的炊烟没有变化，它依旧在傍晚时分，在夕阳落下时升起，一缕接着一缕，整个村庄都是炊烟的味道。

随着年轮的增长，老树开始掉枝，父母开始掉牙，而渐渐长大的他自豪地夸自己牙齿锋利。而父母却已两鬓霜染，脊梁弯曲。此时，他真想拿起画笔把那个在风雨里接他放学的父亲和母亲画下来，但他此时已累得拿不动画笔。他想把他们用纸剪成剪影，但拿不起剪刀。

他耳边响起了那首脍炙人口的歌曲《阿妈的笑脸》：

故乡的炊烟　温暖了高原的春天
故乡的炊烟　也温暖了阿妈的泪眼
阿妈哟阿妈　用那青春的针线
把我缝成了男子汉　男子汉
走过冬天走过夜晚
我的梦里是依恋
翻过雪山走过草原
阿妈的笑脸在身边

故乡的炊烟　温暖了高原的春天
故乡的炊烟　也温暖了阿妈的泪眼

阿妈哟阿妈　用那古老的珠链
给我系上了无尽的心愿
走过冬天走过夜晚
我的梦里是依恋
翻过雪山走过草原
阿妈的笑脸在身边
遥远的思念淋湿了岁月
望着归来的春天
阿妈的笑脸在门前
阿妈的笑脸在门前
阿妈的笑脸在门前

他常常就在这样旋律中进入梦乡。

第二节　牺牲与家人团聚和享受爱情的浪漫

海上生明月，天涯共此时。

不知不觉又到了中秋，一轮明月出现在春城的上空。月光皎洁如水，洒在美丽的春城的每一个角落。俱乐部放了假，熊朝忠独自一人行走在大街上，他特别思念家人。

此时他眼前浮现出家乡的情景：圆圆的月亮挂在天上，把它圣洁的光芒洒在岩蜡脚村。走出小屋，来到田间小路，便会看到苗家人祭月的香火腾起的一缕缕浓烟，便会听到瓦房里传出的笑语和笙歌。

其实，苗家人节日并不多，除了讨亲嫁娶重大的节日之外，就是中秋节了。这时，稻子已生出青涩的谷穗。早玉米已成熟了。朴实的村民总是用最新的苞谷面做成馍馍，请月亮先尝新。从自家树上摘下的最大最好最新鲜的果子洗干净放在盘子里敬月亮。熊朝忠仿佛看见，父亲拿出自己亲手酿造的小锅酒同乡亲们共饮。火锅里，从上山采回的野生菌子在滚烫的煮水中散发出浓浓的香味儿。母亲用苦荞面做的油粉片掺上五彩，是上等的贡品，南瓜丝面饼从滚热的铁锅里捞出来，还在泛香。

苗家人不过传统的大年，他们把心思都花在中秋。据说月神是万能的，待嫁的姑娘如果沐浴中秋的融融月色，不仅面容能越来越娇艳，而且月光还能让她们心想事成。苗家姑娘到了十七八岁，心里想的当然是将陪自己度过一生的白马王子，那样，月光下的苗家姑娘，都能在未来的日子遂愿。

小时候，每一个中秋，一家人团聚在一起幸福的情景历历在目。兄弟仨放学后总是飞一样向家里奔去，回到家来不及放下书包摘下红领巾，一个个围着灶头转，期盼着母亲做出好吃的，总想着抢先尝一口。因此，这顿晚餐总是摆得满满当当，天上飞的、水里游的、树上挂的、地上长的、圈里养的、家里存的，都一齐上阵，令孩子们大饱口福。更重要的是一个小家庭感情的凝结。此时的熊朝忠鼻子酸酸的，他望了一眼圆圆的月亮，月亮依然如初，就像他小时候看见的一样。可是他快到而立之年了，父母已经渐渐老去。不老的月亮，沧桑变幻的人间。其实，古人早已发出类似的感叹，诗人杜甫在《春江花月夜》中吟道：“江畔何人初见月？江月何年初照人？人生代代无穷已，江月年年望相似。”相对浩瀚广袤的宇宙，人类显得极其渺小，或许正因为生命的短暂和脆弱，亲情才显得尤为珍贵。他耳边响起了藏族歌手德乾旺姆唱的《妈妈的好孩子》：

遥望夜空的明月
想起了久别的故乡
漂泊异乡的游子
牵念着妈妈
明月啊明月
请你等等请你等等我
我想把思念捎给你
送给我的妈妈
妈妈妈妈孩儿思念您

凝视苍穹的星星
想起了温暖的家
游子心中的妈妈
多么慈祥
星星啊星星

请你等等请你等等我
我想把鲜花捎给你
献给我的妈妈
妈妈妈妈孩儿祝福您
孩儿祝福祝福您

在苗家，中秋这天，外嫁或者在外面打工的都要回到家里，如果真的赶不回来了，也要寄点礼品回家，表示一种想念，顺便也好让家人在月亮下多说说好听的话，那样自己以后的运气就会更好。

上了年纪的老人，会在人们吃着喝着的时候，悄悄来到楼上，把一些松子纷纷扬扬地抛到家人头上，那是中秋节日必不可少的程序。谁的头上撒的松子多，意味着谁的运气更好，松子是吉祥的信物。松子洒落，月亮也就出来了，岩蜡脚村高高的两个牛角山是最好看月亮的地方。此时孩子们嬉闹追逐打斗，就连小鸟也叽叽喳喳地叫着，从这棵树飞到那棵树上，久久不归巢。调皮的孩子们暗自邀约着悄悄地去瞅青年小伙子跟心上人约会。祭献月亮的事又都落到母亲头上，选择一棵大树，把所有的果品都摆上，点燃心香，或是默默祈祷，或是唱起有点古老的歌谣。

在苗寨，中秋节是对歌的好机会，年轻人当然不放过。“十七十八小姑娘，人又苗条花又香。酒席场中你不走，人家拜堂你心慌。”这是规劝自己暗暗喜欢的姑娘的歌。

“太阳渐渐要翻坡，情妹渐渐要离哥。太阳翻坡日子少，情妹离哥日子多。”小姑娘没有办法，不可能永远等下去，等得地老天荒，因此，实情相唱，尽管在中秋佳节未免让阿哥黯然神伤。

然而，传统的婚恋方式在现实生活中早已是一种记忆，年轻人都选择了无拘无束的自由恋爱。在熊朝忠的记忆里，那段挥之不去的青苦涩恋情成为他青春时期的伤痛，化作奋发向上的力量。

往事如烟，逝水含悲。生活的波浪总是推着人一刻不停地向前。他面临的是人生的战场，是紧张地备战。

第三节　都言武者痴　谁解其中味

拳击，是戴拳击手套进行格斗的运动项目。它既有业余的（也称奥运拳击），也有职业的商业比赛。比赛的目标上要比对方获得更多的分以战胜对方或者将对方打倒而结束比赛。与此同时比赛者要力图避开对方的打击。拳击被称为“勇敢者的运动”。早在古希腊和罗马时代就有许多有关拳击的生动记载。

之前盛传泰森在拳击比赛打死人，现在还没有得到确凿的证据。正规的拳击比赛一般是不会出现打死人的状况。职业拳击从诞生到现在，一共打死200多人。那些被打死的人，主要是在很多年前拳击运动刚兴起的时候，那时候的拳击手套对人体的保护性能很差，比赛规则不完善，也没有专业护齿。虽然现在规范了，但这条路仍然是充满艰辛充满凶险，具有极强的挑战性。全世界不知有多少人带着万丈豪情踏上拳台，欲夺得拳王金腰带，但最终被打倒，梦想也被打得粉碎，能捡一条命不留下伤残就不错了。

就连世界著名拳王阿里，在无比辉煌的背后也给身体留下巨大的创伤。这种难以治愈的创伤正是武者的悲哀。当这些生长在贫民窟的青年挥舞着拳头砸向命运的枷锁，最终梦想实现却付出了惊人的代价。

阿里的成名和辉煌，是在20世纪六七十年代。有人曾经这样评价说：“阿里在20世纪是整个星球上可以数得过来的名人之一！”以星球宇宙来比，可见其影响之大。对于我们这个星球上最伟大的拳击手，有四个数字——“3”“56”“29000”“20亿”。

“3”，是说阿里在1964、1974、1978年三次获世界重量级拳击冠军。“56”，是说阿里在18年的运动生涯中，仅世界级别的最重大比赛，打了61场，取胜的数字为56场。

“29000”，是说阿里近20年的职业拳击生涯，他的头部曾经受到2.9万次重击！这样的重击，普通人摊上一拳，就会毙命，这也正是阿里今天全身僵硬和哆嗦的原因。可见作为一个武者辉煌的背后，有许多不为人知的悲哀和难以愈合的伤痛。

最后，“20 亿”，是说 1980 年 10 月的一场比赛，阿里对阵霍姆斯，全世界的电视观众是 20 亿人，影响之大，震惊全球!

1942 年 1 月 17 日，阿里出生在美国肯塔基州路易斯维尔一个黑人居住区的家庭里，父母给他起名叫卡休斯·克莱。这孩子当时是难产，医生只好用钳子把他取出来，所以他的脸上留下了两块终生的印迹。父亲是个穷画家，靠帮人画广告为生。母亲给白人当佣人，一天的报酬只有很少一点钱。阿里和弟弟上学的时候，没有钱乘公共汽车，就跟在汽车后面跑。这样跑，他觉得在同学面前有些屈辱，但无形之中练就了他强健的身体。

12 岁那年快过圣诞节的时候，父亲问阿里：“克莱，你最想要份什么礼物啊?”克莱想了想，没敢说。知子莫如父。父亲在圣诞节那天，送给他一辆自行车!父亲说：“孩子，你不说我都知道，你是看到别人都有自行车，而自己跑着上学，觉得丢人……”

有人说熊朝忠之所以取得成功是因为他的拳重和自身抗击打能力强。拳重或许可以说是一个拳手的优势，抗击打能力强则是对拳手理解的肤浅。对一个陷入痴梦的武者，身体的疼痛又算什么?

当人们提到某一个农村长大的孩子时，常常说道，他从小帮家里干活，所以长不高，人们只是以凄凉的一笑以示惋惜。

熊朝忠是苦出身，读书时常常没钱交学费。从小帮家里干活，身体还未完全发育成熟时就在矿洞里拉矿。个儿矮是他人生的一大缺憾，力气大又是他的一大优势。他的身体条件极不符合拳击选手的要求，但在偶然的机遇，在合适的地点，遇上了该遇到的人，加之自己的努力拼搏，最终实现梦想，成就了自己，可谓是一部拳手的励志史。

在比赛中左眼失明的世界中量级拳击冠军拉蒙布鲁斯维特说过：“拳击是项残酷的运动。如果你生命中没有其他东西了，没有家庭，没有钱，没有工作，没有机会，你可以打拳。”

都言武者痴，谁解其中味儿?!

第九章 运筹帷幄　决胜千里

第一节　夺取世界拳王银腰带　为“金腰带”赢得机会

2012年6月16日，在昆明电视台1000平方米演播大厅，中国大陆（20世纪70年代中国台湾有一名拳手2次挑战世界职业拳王失败）唯一挑战过世界职业拳王的云南拳手、拥有IBF和两条WBC亚洲拳王金腰带的熊朝忠在WBC世界轻蝇量级银腰带比赛中12回合点数击败拥有北美、加勒比、拉丁美洲三条洲际金腰带的墨西哥拳手奥斯瓦尔多，获得了胜利，夺取了WBC世界冠军强制挑战权。

熊朝忠将有机会在2012年7月，跟现任WBC世界拳王泰国的卡普亚和墨西哥的赫尔南德斯进行卫冕战后，向世界职业拳击冠军进行挑战。这是2009年熊朝忠在日本东京后乐园对阵当时的日本WBC世界冠军内藤大助以来，第二次得到世界职业冠军挑战权。熊朝忠在这天创造了历史，也获得了迄今为止中国男子拳手在世界职业拳击赛场上的最高排名。

奥斯瓦尔多实力相当强悍，他头戴墨西哥大檐帽，背着一个脸上缝针、手上戴着拳套的小偶人走进拳台，这个小偶人就是他外号“chucky”——恐娃的来历，原是美国一部恐怖片的主角。

对于熊朝忠来说，今天的比赛特别重要，已经29岁的他显然输不起，没有下一次机会再去调整时间打世界冠军了，如果这次不胜的话，他几乎就将失去所有的机会。

比赛开始后，身材只有1米55，比对手矮9厘米的熊朝忠积极进攻，对手采取拉开距离的战术，出拳不是很多，而是尽量试探，第一回合，熊朝忠有一次左前摆拳的清晰命中。

第二回合双方都开始正面对阵，奥斯瓦尔多的技术并不细腻，显然不如此前小熊曾经碰到过的日本选手，不过他的类型和熊朝忠非常相似，都是体力好，有重拳的拳手。在对打中，熊朝忠在日本的特训发挥了作用，多次出现清晰击中对手的情况，一次左右连打命中，引起了现场的欢呼，不过奥斯瓦尔多也有一次回击命中。

第三回合，熊朝忠的前手直拳不断出现清晰点数，对手虽然有所反击，但是在点数上明显落后于小熊，在组合上吃了亏。而第四和第五回合双方进入调整，没有太激烈的场面出现。

前四回合结束后，现场裁判播报比分为38∶38、39∶37和39∶37，小熊领先。

第六回合，在比分落后的情况下，奥斯瓦尔多开始猛烈进攻，连续打出组合拳，小熊的上步进攻明显跟得有些慢，而且似乎不是很积极，后手的右路重拳总是跟不上，让人有些着急，在这一回合，小熊处于了劣势。第七回合，小熊两记左刺拳命中对手面部，不过都是非发力重拳，右直拳也有HIT。而对手的右直拳和组合拳也获得了裁判的好感，双方基本战平。

第八回合较为关键，在这一回合中，熊朝忠两次左路进攻命中。奥斯瓦尔多发现熊朝忠因为身材矮，所以喜欢低势进入打直拳，所以开始调整自己的打法，组合拳以后手右勾拳开始，结果熊朝忠低势进入后，往往出现自己左侧防守空当，低下的头部和侧位暴露在对手的火力下。不过在一次进攻中，熊朝忠冲前进攻，将奥斯瓦尔多打倒在地。奥斯瓦尔多站起来后伸腿表示是熊朝忠用腿将自己绊倒的。不过现场来自澳大利亚的场上裁判巴尔纳还是认为熊朝忠命中了墨西哥恐娃，对他数了秒减分。这一回合熊朝忠以10∶8获得了宝贵的2分优势。

现场裁判播报前8回合比赛，熊朝忠以77∶74、78∶73、78∶73大幅度领先于对手。

第九回合奥斯瓦尔多发动了更为猛烈的进攻，有三次很清晰地命中了熊朝忠，小熊明显有些保守，在反击中的出拳次数，出拳频率都出现下降，连打更是少。不过在这一回合奥斯瓦尔多也耗费了大量的体力。

第十和第十一回合，熊朝忠继续处于防守，多以冷拳偷袭，他的防守让在场外的日本教练中村荣治非常担心，不断大声用中文叫熊朝忠“前面”（前手拳探距离）、“手抬高”（注意防守）。显然在这两个回合，熊朝忠都处于了劣势。

最后一个回合，熊朝忠开始进行较为积极的抵抗，一上来又打了2次清晰点，不过在最后15秒的时候，他的一次防守失误，连续挨了奥斯瓦尔多的2次重拳，令人担心不已。

12回合的大战结束了，最终来自泰国、新西兰和日本的三名裁判一致判定熊朝忠点数获得胜利。这样苗族拳王熊朝忠以3比0的比分战胜了奥斯瓦尔多。WBC常务副主席高威将军和云南电视台的台长赵树清在现场700多名观众的欢呼中，一起为熊朝忠戴上了象征WBC世界冠军强制挑战权的银腰带。

综合来看，这场比赛熊朝忠虽然获得了胜利，但是显然在非胜不可的重压下，他打得有些保守，连续组合拳不多，虽然将对手打倒一次数秒，但更多是靠刺拳和清晰点数拳获得了胜利，右后手“杀人”拳基本上没能奏效，较为可惜。最后4回合有些狼狈，还被对手追上2分，好在前面领先较多，在日本的训练还是在直拳上起到了一些效果。

最终比分熊朝忠3比0奥斯瓦尔多

泰国裁判　114∶113

新西兰裁判　115∶112

日本裁判　115∶112

就这样，熊朝忠通过12个回合的搏杀夺得WBC世界拳王银腰带，为WBC世界拳王金腰带赢得了机会。

赛后，教练才知道比赛刚进行到第二回合，熊朝忠右手一记摆拳挥出，墨西哥拳手欧斯瓦尔多用左臂护住自己。这记重拳正好击中欧斯瓦尔多的左肘，熊朝忠当即一阵钻心的痛，右手大拇指错位了。按理说，这种情况是要退出比赛，可是熊朝忠居然忍痛坚持下来，最终战胜对手。为了金腰带他能忍受一切！

第二节　世界拳王金腰带志在必得！

“我是熊朝忠，世界拳王金腰带是我的！”早在2012年11月7日，在云南电视台的演播厅里，熊朝忠正在录WBC的赛前宣传片。他一边对着镜头念这句话，一边把手叉在腰上，试图表现出拳王的霸气。但由于紧张，他一连吃了好几个“螺丝”，录了十多遍才成功。

“说这句话的时候，你有多大的把握?”记者问。

“很有把握!”熊朝忠信心满满地说。

熊朝忠这一席话可不是随便说的。它积蓄了6年，它沉淀了千年，他贯穿了30年人生朝朝暮暮的梦想。它承载着家乡父老乡亲的期望、马关30多万民族儿女的期望，神州大地13亿同胞的期望。

由世界拳击理事会（WBC）、云南电视台和昆明众威拳击运动有限公司共同举办的2012亚洲拳王熊朝忠挑战世界拳王系列赛即将迎来巅峰时刻，世界职业排名最高的中国云南籍拳手熊朝忠将于2012年11月24日与墨西哥拳王哈维尔·马丁内斯在昆明争夺世界拳击理事会（WBC）迷你轻量级世界拳王金腰带。熊朝忠此役如果获胜，就将创造中国拳击历史，成为中国第一位世界职业拳王。

双方都为这场比赛进行了精心的准备。众威俱乐部在赛前一段时间专门安排熊朝忠到国外进行了封闭特训，同时专门为熊朝忠配置了颇具规模的教练团队。教练组成员从体能、技战术教练到生活教练应有尽有，团队中甚至专门有一名心理辅导教练。俱乐部定期邀请国际著名大牌教练来辅导小熊，训练小熊的是菲律宾前国家队选手、世界冠军贾那兹尼罗利多。小熊主要进行调整恢复性训练，竞技状态保持得非常好。从临近比赛的一周开始，小熊已经对媒体封闭，进行最后的秘密备战。墨西哥拳王马丁内斯和他的教练团队提前一周于2012年11月18日来到昆明进行备战，主要也是为了提前适应昆明的气候和环境。马丁内斯每天在主办方提供的场地进行认真的训练。观看他训练的业内人士评价说：“马丁内斯速度快，拳很重，是一个很难打的对手。”

尽管如此，对熊朝忠来说，世界拳王金腰带志在必得！这是他人生的最大梦想。自古以来，机会总是留给有准备的人。熊朝忠对这场改变他命运的比赛盼望已久，做好了充分的准备。

这次比赛，除了熊朝忠与马丁内斯的重量级对决外，主办方还特别在当晚安排了几场难得一见的重要赛事，其中泰国选手狄松楚瓦塔纳和菲律宾选手瑞尼苏科之间进行的WBC亚洲太平洋地区金腰带统一战争霸赛也非常吸引眼球，这是自WBC1963年成立以来，亚洲和太平洋地区两个地区的金腰带得主首次进行统一大战。

因此，熊朝忠这场比赛事关改变在中国拳击历史的重大赛事，一经媒体透风就受到国内外的拳迷高度关注。其实，在国内岂止是拳迷，普通的老百姓看到报纸后，都异常激动。如今，作为体育强国的中国在拳击方面是一大短板。作为拳击新人的熊朝忠，此时已取得职业拳击 23 战 19 胜 3 负 1 平，11 场 KO 对手的骄傲成绩。他拥有两根世界拳击理事会（WBC）亚洲拳王金腰带，并 8 次成功卫冕，拥有一根 WBC 世界拳王银腰带，另有 IBF 洲际金腰带一根。作为中国拳坛新秀熊朝忠的异军突起直接冲击世界拳击巅峰的气势，让许许多多的国人看到了中国拳击的希望。

第三节　苗族祖先——战神蚩尤的力量

世间万物多，来源是一个。要晓得清楚，来唱枫木歌。枫木生榜留，才有你和我。要晓得典故，来唱枫木歌。回头看太初，悠悠最远古，砍倒枫木树，树心生妹留；树梢生鹡鸰；树蔸变成鼓；树叶变燕子；树根变泥鳅。

……

——苗族史诗中的《枫木歌》

经验来自于积累，文化源自于传承，而一种精神的力量则是天生就注入在骨子里。这不是普通的精神，这是战神蚩尤赋予的力量。也正是这种力量让熊朝忠在拳台上所向披靡！

熊朝忠的第二次拳王卫冕战在马关县举行，人们还清楚地记得头戴牛角的战神蚩尤出场。那场比赛，熊朝忠仅 5 个回合就 KO 了对手，似乎真是战神的神力附体。

文化二字中外学者有 150 多种解释，他是一个民族的魂和根。苏联解体后，隔绝数十年的东正教被重新请回俄罗斯，它并不因为隔绝数十年而感到陌生，因为他早已深深地植入到一个民族的骨子里。在东正教的传播下，俄国治安明显好转，绑架、杀人、抢劫等犯罪明显减少了。一部《根》的小说，勾起了黑人心酸奴隶史的民族情结，永远记住自己的根。因此，一个民族的根也就是这个民族灵魂的依附。民族文化最能教育感化族人，也最能激发族人的斗志，化作奋发向上的精神力量。

而此时，为夺取世界拳王金腰带紧张备战的熊朝忠，只要一闭上眼睛，就看见家乡那两座高高矗立的牛头山。它仿佛是战神蚩尤头上的一对牛角。这对牛角给予了他无穷的力量。他相信，这种力量可以让他战胜任何强大的对手。

那花山节祭花杆的祭词似乎又回荡在他的耳边：

“蚩尤是我祖，长江是我源，千年迁徙苦，安身在南边，而今逢盛世，苗胞喜相连，今日祭花杆，先祭我祖先，降福又庇佑，康乐满人间。”

“苗家多豪杰，历代皆有颂，弯刀射日月，降福南山中，长刀抗敌忾，长弩立奇功，花杆标清史，留存万人胸。”

……

蚩尤是中国神话传说中的部落首领，以在涿鹿之战中与黄帝交战而闻名。蚩尤在战争中显示的威力，使其成为战争的同义词，尊之者以为战神，斥之者以为祸首。蚩尤也是苗族相传的远祖之一。其活动年代大致与华夏族首领炎帝和黄帝同时。黄帝战胜炎帝后，在今河北涿鹿县境内，展开了与蚩尤部落的战争——涿鹿之战，蚩尤战死，东夷、九黎等部族融入了炎黄部族，形成了今天中华民族的最早主体。

苗族以蚩尤为祖。苗族川黔滇方言区，流传有“格蚩爷老”的传说。“格蚩爷老”又译“格蚩尤老”（苗语滇东北次方言：Gid Chib Yeul La-ol），“格蚩”，意为爷爷、老人，“爷老”是英雄之意，是否就是蚩尤，尚有争论。黔东南、广西融水等地苗族，每六年或十三年举行一次大型祭祖仪式“吃鼓藏”时，也要首先祭始祖“姜尤”。黔南还有苗族史诗《榜蚩尤》在民间传唱，歌唱“第一位祖先”香尤公的故事。

云南马关、武定苗族有“跳月”或“踩花山”的风俗，传说此风俗与蚩尤关系密切。当时蚩尤率领苗民抵抗黄帝东进，失败之后退入深山。为召集四方苗人，蚩尤在山上树起树杆，系上腰带，令男女年围绕花杆歌舞，吹奏芦笙。热闹的聚会吸引了众多苗人，并重整旗鼓，重新投入战斗。此俗后成为定期的歌舞盛会，成为苗族传统节日。

此外，瑶族、黎族、畲族、羌族和南方其他一些少数民族的人不同程度地长期怀念着蚩尤，把他用为伟大的历史人物传颂着、纪念着。

可见，蚩尤是中华民族永远怀念的历史人物。

根据蚩尤为黄帝六相，首管天时，故成为某种星相名称，称为“蚩尤旗”。根据《吕氏春秋》《史记》《隋书》等文献的描述，蚩尤旗应指某种彗星，是战伐的征兆。

《太平寰宇记·河东道七》客观存在邑县条下记：“蚩尤城在县南一十八里……其城今摧毁”。故安邑县治在今山西运城市安邑镇。

关于蚩尤冢的记载，见于《皇览·墓冢记》：“蚩尤冢，在东平寿张县阚乡城中，高七丈，民常十月祀之。有赤气出如匹绛帛，民名为蚩尤旗。肩髀冢在山阳郡巨野县重聚，大小与阚冢等”。三国时之东平寿张县治在今山东阳谷县寿张镇。山阳巨野县治在今山东巨野县。

《逸周书·尝麦解》中，有“命蚩尤于宇少昊”之语。这里的“宇”释为“边”。于屋则檐边为宇，于国则四垂为宇。意思是说蚩尤部落曾被安排在少昊部落的边陲居住。当时少昊部落居地，以曲阜为中心。《左传
2 定四年》杜预注：“少昊墟，曲阜也，在鲁城内”。蚩尤在少昊之西垂。

《述异记·卷上》云：“太原村落间祭蚩尤神，不用牛头”。又云：“汉武时，太原有蚩尤神昼见……其俗遂为立祠”。又载：“今冀州有乐名蚩尤戏，其民两两三三，头载牛角而相抵。汉造角抵戏，盖其遗制也”。秦汉置太原郡，属并州，首县晋阳，治在今山西太原市。两汉时的冀州，地在今河北南部、山西南部及河南省黄河以北地区。

依上列籍记述，关于蚩尤的遗迹、遗俗、传说，历数千年之久，逮至秦汉，仍然以浓烈的色彩保存于民间。在北至河北涿鹿，西至山西太原运城，东到山东东平，南至江苏沛县的广大地区，礼祠蚩尤之俗经久不衰。按“民不祀非族”的古俗，这些地区定有为数众多的蚩尤遗裔，才能具备形成和保持这种祭祀蚩尤民俗的社会条件。这些地区在两汉时期又是汉族政治经济文化的腹心之地，无疑有相当多的蚩尤遗裔成为汉族成员。

蚩尤遗裔见于载籍者，有邹氏屠氏。王嘉《拾遗记》载：“轩辕去蚩尤之凶，迁其民善者于邹屠之地，迁恶者于有北之乡。其先以地命族，后分为邹氏屠氏”。邹姓屠姓今为汉族常姓。

蚩尤部落遗裔之向南迁者，不见经传，但存口碑。黔东南苗族史诗《枫木歌》，说苗族始祖姜央（炎）是从枫树树心中生出来的。苗族学者联系《山海经·大荒南经》记：“有宋山者，有木生山上，名曰枫木。枫木，蚩尤所弃其桎梏，是谓枫木”。论证苗族为蚩尤之裔。枫树，苗语称

Detmed“蔸满”，“蔸”是树之意，“满”是母亲，意思就母亲树。《苗族简史》载：“川南、黔西北一带有蚩尤庙，受到苗族人民的供奉”。从枫木中生出苗族始祖之传说，实涵蚩尤再世之象征意义。

《帝王世纪》载炎帝神农氏崩葬长沙茶乡。茶乡即今湖南茶陵县，在湘赣边界罗霄山脉西侧。古三苗居地亦曾及于湘赣间。据《史记·吴起列传》记：“昔三苗之居，左洞庭，右彭蠡”。洞庭即今日洞庭湖，彭蠡即今鄱阳湖。因此，三苗极可能是从神农氏之裔，或即蚩尤（农部落）之遗裔发展而来的游耕农部落群。苗族普遍存在长时间远距离迁徙的传说历史。这是与其较长时间地保持游耕农业经济的生产方式分不开的。当然，也有政治和社会的原因。

还应当注意到，如同汉族是多元形成的一样，作为中国南方的一个古老的族群，苗族原初的族源即呈现出多元性。苗族古称“苗民”或“三苗”。除了上述炎帝神农氏和蚩尤（农部落）与“苗民”“三苗”有直接的族源关系而外，黄帝之裔缙云氏、颛顼之裔驩头也都分别是三苗、苗民的主要族源之一。在榕江一偏僻苗塞中发掘出的“苗族古歌”，解答了榕江西山上“苗王庙”的千古之谜，同时解释并确认了“苗王庙”所供的祖像是中华民族三大始祖之一“蚩尤”。

第四节　知己知彼　百战不殆

《孙子·谋攻篇》中说：“知己知彼，百战不殆；不知彼而知己，一胜一负；不知彼，不知己，每战必殆。”意思是说，在军事斗争中，既了解敌人，又了解自己，百战都不会有危险；不了解敌人而只了解自己，胜败的可能性各半；既不了解敌人，又不了解自己，每战都有危险。

“知己知彼，百战不殆”是孙子兵法最光辉的军事思想，同时他提倡的谋略也是建立在了解敌我双方力量的基础上的，因此我们认为它始终贯穿于《孙子兵法》之中。何谓“知己”，知胜有五，对自身条件的严格审查和分析，这样才能做好客观的分析，才能知道我方的军事优势何在，以此进行谋略和战术安排。何谓“知彼”，知彼即对敌方的力量能进行深入的了解，分析敌人的优势和劣势，以做到避强击弱，因敌谋略，采取不同的应战方案。所谓“知己知彼”即为了“运筹于帷幄之中”，以“决胜于千里之外”。

要挑战世界拳王，战术是尤为重要。它成了熊朝忠师徒之间讨论的焦点。他们常常列举一些政治、商业、军事等古今中外的例子来给这次对战以启示。同时也缓解一下训练的压力。这次比赛是在国内，熊朝忠再也不用担心像2009年在日本挑战世界拳王那样的客场因素。

哈维尔·马丁内斯，27岁，职业战绩为18场比赛13胜3负2平，其中7场KO对手。马丁内斯目前正处在职业生涯的巅峰期，在2012年4月争夺WBC洲际拳王的比赛中曾三次KO对手，外号“魔鬼”。这是一个不容轻视的强劲对手。

“知己知彼，百战不殆”是《孙子兵法》的精髓，它概括性地描述了孙武对战争中敌我势力的认识。古往今来，历代军事学家都在运用这一具有普遍意义的基本规律，经过时间的证明它不管是对战争、商业活动，甚至政治活动都有深刻的指导意义。

战争中这一规则的运用是最为广泛的。唐朝开国之初，政局未稳，边境时常受到敌对分子的干扰，面对这种状况唐高祖李渊一时无计可施，只好决定将京都迁移出长安。李渊的儿子李世民是一名骁勇善战的年轻将军，对于父皇的决定坚决反对，认为大唐皇朝成立之初，区区几个敌对分子闹事就要搞得迁都，国威何在。于是带领军队到泾阳与突厥展开战斗。

双方实力悬殊，突厥有兵20多万，而李世民所带军队不过几百。但是令突厥颉利、突利二可汗惊讶的是李世民居然天不怕地不怕，仅仅带着100骑兵就直奔阵前和颉利、突利二可汗，说：“我们已与你们可汗结盟，今日为何违约来犯？如果你们可汗真有本事，就请可汗与我李世民一人来决战。如果派兵攻打，我这百名士兵将拼死迎战，决不后退。”李世民如此的阵势，加上他深情镇定威严，使得颉利、突利二可汗认为大唐肯定设有埋伏，因此不敢下令进攻。李世民见状又说：“你以前与我们有盟，今日出兵袭扰，为何不守信用？”这一反问使得颉利、突利二可汗哑口无言，李世民的种种胆大的行为不得不使颉利相信突利和李世民勾结，将军情泄露出去了。鉴于这种状况，只好退兵，待时机成熟再出战。

李世民设计突击突厥，使他们仓皇而逃。一时间，李世民的军队士气高昂，大家都认为要乘胜追击。李世民认为，大唐皇朝建立才不久，应该以休养生息为主，而不是一味好战。于是，李世民与颉利会盟，并赠其大量金帛，目的是“将欲取之，必固与之”。从此大唐边境和谐安定。李世民晓知颉利的心态，据此采用一系列离间战术，然后采取突击获胜。真所谓“知己知彼，百战不殆”的深刻应用。

作为身高臂长不占优势的熊朝忠，要想击败世界拳王夺取金腰带，首先就是要充分了解对手的优势和劣势，然后根据自己的优势和劣势，做到扬长避短，克敌制胜。

墨西哥拳王哈维尔·马丁内斯现排名世界第六，以“技术好、出拳凶狠、体力充沛”著称。针对此次挑战对手墨西哥拳王哈维尔·马丁内斯的特点，刘刚特别邀请了前菲律国家队拳手、世界冠军给熊朝忠做陪练，这位拳手无论身高还是技术特色都跟墨西哥拳王哈维尔·马丁内斯酷似，中近距离进攻能力极强。在开赛前，熊朝忠将赴美国接受为期一个月的封闭式训练，师从曾培养出世界超级拳王冠军帕奎亚的著名拳击教练瑞克·斯塔利。

第十章

破茧成蝶　泪水和汗水缔造中国梦

第一节 美梦成真 斩获世界拳王金腰带

“完胜，完胜！”随着现场人们的欢呼，熊朝忠高举着双拳向观众贺胜。2012年初冬，在昆明举办的世界拳王金腰带争霸赛上，熊朝忠挥舞着双拳频频进攻，多年来所有的悲伤、不快都被他挥出的每一拳砸碎，他最终砸碎了命运的枷锁。世界拳王马丁内斯被打得赛后需要吸氧、眼角缝了11针。熊朝忠取得了中国拳手第一个世界级职业比赛金腰带。一夜成名！拳迷们为大时代的来临而欢呼、呐喊。熊朝忠像往常比赛后一样来了个后空翻。这一翻意味深长，他的人生也迎来一次“大翻”。

说到熊朝忠夺取世界拳王金腰带之前的心情，可能跟学生高考前的感觉差不多！要说不激动不紧张是不可能的。对熊朝忠来说，已是第二次冲击世界拳击巅峰。实际上，随着比赛日期的一步步逼近，他的心情总是难以平静。但理智告诉他，要取胜就必须强迫自己努力训练按时休息，放松自己。自己的事业、荣誉、爱情都关乎他这一战。

早在2009年5月26日，熊朝忠在东京第一次挑战世界拳王头衔，负于日本的蝇量级选手内藤大助。当时日本媒体报道说，熊朝忠是中国的另一个洛基·林。洛基·林原名叫林明佳，是20世纪90年代中国台湾的拳手，曾经两次挑战世界拳王以失败告终。值得注意的是，在职业赛场，林明佳的战绩是28战26胜2负11KO，那两场世界头衔的挑战，是他职业生涯中唯一丢掉的两场比赛。

林明佳1967年6月20日出生于台湾高雄。他在个人条件上和熊朝忠非常相似。不同的是，林明佳一直参加的是迷你轻量级的比赛，而熊朝忠比他重一个级别，打的是轻蝇量级。只是在本次挑战世界赛中，熊朝忠降到了迷你轻量级（105 磅参赛）。

林明佳小时候和熊朝忠很像，都是因为身材不高，受欺负，因此打架磨炼了幼时的意志与反应。在上高中后他开始进行拳击训练，业余时代获得过 63 战 58 胜 5 负 30KO 的超级战绩。

1987 年，当时 20 岁的林明佳来到了日本东京，被一个叫作开行宪的日本人带入了洛基训练拳馆，取了一个新拳名——洛基·林，开始了自己的职业拳击生涯。

在开始的 7 场比赛中，他保持全胜战绩，1990 年就拿到了日本草量级（即为现在的迷你轻量级）亚洲冠军，随后又 7 次防卫成功，排名上升到了 WBC 迷你轻量级亚洲第一名。

1992 年在日本后乐园，作为第一指名挑战者，林明佳作为中国人第一次挑战 WBC 的世界头衔。和这次熊朝忠的对手很相似，他的对手也来自墨西哥，叫作里卡多·洛佩斯。结果比赛只进行到 2 回合，林明佳就被对手以一记非常重的左摆拳击中，仰面朝天倒在了拳台的中央，直接 KO 告负。

由于输掉了比赛，林明佳的拳击市场受损，在俱乐部内部遭到了一些歧视，他愤然离开洛基训练俱乐部，并去日本学校学习法律，为自己争取利益。据林明佳后来接受台湾《中央日报》的采访，当时他如果获得了世界冠军，会有上千万日元的收入。

因为和原来的俱乐部闹僵打官司，林明佳退役了 1 年，直到 1993 年 10 月再次复出，结果首回合 TKO 对手，获得胜利。随后他在连续 5 场比赛中都以 KO 拿下，一时风头十足。就这样再次回到拳台。

1998 年 8 月 23 日，在日本横滨综合展览中心，林明佳面对来自泰国的万迪·西望差，进行 WBC 世界迷你轻量级拳王挑战赛，结果 12 回合后判定负于对手，就此现役退休。31 岁的林明佳，尽管在世界拳坛有着骄傲的战绩，但还是两度挑战世界拳王失败了，与世界拳王头衔差之毫厘，失之交臂。那么，熊朝忠是否重蹈林明佳的覆辙？全世界的拳迷正拭目以待。

此时的林明佳在台湾台北市立体育学院担任副教授。有趣的是，这名西望猜属于泰国西望猜拳馆（泰国很多拳手将自己拳馆的名字放在后面作为归属）的拳手。这次拳馆老板纳尔斯·西望猜也来到了昆明观看比赛，他是小熊的推广人刘刚的好朋友，刘刚管西望猜叫大哥。而且这次小熊世界战的副赛、泰国OPBF冠军狄松对菲律宾ABCO冠军苏科的一战中的两名拳手，都是西望猜的签约选手。其中菲律宾拳手是西望猜用200万泰铢（40万人民币）新签下的拳手。

2012年11月24日，在云南昆明体育馆，苦练多年的熊朝忠终于迎来他期盼已久的世界拳王金腰带争夺战。此时的熊朝忠已经30岁了，在拳击行业，这个年龄已经不小了。赛前，外界预测，无论输赢，这位成功卫冕8次的WBC亚洲拳王可能要退出拳坛了。

比赛将开始，他的对手、有“恶魔”之称的墨西哥拳王哈维尔·马丁内斯此时已经在台上凶猛地出击双拳，一次次推高着现场的声音分贝。临近拳台时，熊朝忠却停了下来，聚光灯没料到这一变故，有那么几秒钟跟丢了这晚的主角。阴影里，熊朝忠用黑色拳套抵住额头，嘴里念念有词。或许是对战胜蚩尤的一种祈求保佑。

当晚，熊朝忠仍像当年那个不知疲倦的少年，恣意地将拳头发泄到对手身上。他的小腿肌肉如绳索般突起，扭腰，转肩，摆臂。第十二个回合的时候，他平地而起，全身的力量经由一块块训练有素的肌肉传导增幅，经由黑色拳套划出一道凶狠的曲线。全场的惊呼声伴着墨西哥人的牙套同时飞了出来。裁判暂停了比赛，马丁内斯在台上沮丧地摇晃着。事实上，从第四回合开始，熊朝忠就接管了比赛。他几记右手重拳打得马丁内斯的左眉开裂，疼痛让墨西哥人越来越力不从心。

自感胜利已不可阻挡，熊朝忠在赛场上挥舞双臂，做出刺激对方的挑衅动作。观众们一起高喊“KO，KO”。

马丁内斯重新戴上牙套，几个象征性的直拳后，全场比赛结束。他礼貌地拥抱了对手，然后离开，将拳台留给了新科拳王。

这场世界王者争夺赛没有看到像刘德华主演的电影《阿虎》中那样血腥，也没有某位红颜知己在关键时刻闪现在他的脑海里给他神奇的力量。但是，台下养育他的父母和数十位父老乡亲给了他无穷的力量和斗志。他必须为他们而战。同时，也为还没有出现的那位梦中的她而战。这些无形的力量早已化作他充沛的体力凶悍的拳风，让他稳操胜券。

师父刘刚最先冲进绳圈，将自己的爱徒架在脖子上举起来。音乐、掌声、欢呼，还有灯光和主持人，包围了熊朝忠，他是此刻的焦点。

几乎不会有人在意，主席台的另一边，两位老人沉默以对。他们是熊朝忠的父母，离他们不远，是30多名来自家乡的乡亲，他们身上苗族盛装和银饰在黑暗中隐隐发出银色的光芒。此时，臂弯中的孩子早已熟睡。旁边的人过来问候时，父亲熊万江才笑着说："大家高兴就好!"然后，笑容消失在皱纹里。

台上的熊朝忠披上了金腰带，高举着双拳，对着主持人的话筒大声吼道："冠军，还要更多的冠军!"现场再次闪耀和沸腾起来。熊朝忠的拳击启蒙老师——表哥陶卫忠穿着表弟送的西服，抱着孩子悄然离开。在现场维持治安的警察里，他偶遇了自己当年的同学，后者用力握着他的手说："真想不到，你还能培养出一个世界冠军!"

此时，距离2012年11月7日，熊朝忠在云南电视台的演播厅录WBC的赛前宣传片刚好过去17天。当时，他信心满满地说："世界拳王金腰带是我的!"他如期兑现了诺言。但他依然对那场比赛不够满意，"我本来有机会可以KO哈维尔·马丁内斯的。"他有点遗憾，要不是伤痛的右手拇指骨折，担心造成永久性损伤。他不敢太用力，他本来有不少机会可以一拳KO对手。

右手的伤是2012年6月份参加WBC轻羽量级银腰带世界冠军赛时造成的，在第二回合的时候他的右手拇指处打骨折了，他硬是带着伤又打了十个回合直到战胜对手。这需要极强的意志力！在知道他伤情后，人们都啧啧称奇。但这样的伤痛对他来说已是常事，比如眼睛被打肿，眉骨开裂出血什么的，都是家常便饭。

熊朝忠不怕疼，或许对于穷人家的孩子来说，他们早已经习惯伤病，这些不是借口，甚至不能吸引父母的注意。对手的拳头打在他的身上丝毫看不出他的痛苦。这样惊人的忍耐和意志，常常让对手先怵了三分。

"我打了6年拳，这是我备战以来打得最累的一次，练着练着就不会打了，直到后面才调整过来。"熊朝忠赛后接受采访时激动地说，"我为这场比赛付出太多，我还要继续努力，要卫冕世界冠军，今后我还想获得更多的世界冠军，为中国拳击争光。"

两个月前，熊朝忠刚刚过完30岁生日。拳怕少壮，这个年纪对于一个拳手来说并不小。11月24日的比赛之前，他曾有点焦虑，"像我现在的状况，年龄大了，又没钱，如果还拿不到世界冠军，就什么都不是。”

好在他最终给了自己30岁一个最好的生日礼物——世界拳王金腰带。

获得世界拳王金腰带的这个晚上，熊朝忠一直忙着与人签名合影，什么也没吃。光是应对记者拍照就拍到腿软。虽然感到难以支撑，但他心里乐滋滋的。他知道，新的生活即将开始，3小时前的那个熊朝忠已经不存在了，现在的熊朝忠已是万人瞩目的世界拳王，民族英雄。他所期盼的生活，他想要的东西都会得到。

回到住处，母亲打来电话，问他手是不是很痛。熊朝忠哭了，他说他终于能用奖金给家里盖间新房了。

第二节　个人梦、民族梦和中国梦

斩获中国首个世界轻量级职业拳王头衔，熊朝忠成了媒体热追和国人关注的焦点。在迫切了解草根拳王如何取得成功的同时，更希望知道他的一些精神层面的东西，譬如他对人生理解对梦想的追求。这些精神力量或许就是他人生出彩的动力。为此，笔者特地与他探讨了个人梦、民族梦和中国梦以及美梦成真的感受。

笔者：首先，请你谈一下梦想的重要性，从老者到小孩是否人人都应该有自己的梦想？

熊朝忠：我觉得一个人，特别是生活在现在这样一个竞争型社会的人，就应该有自己的梦想，并努力去实现。渴望美好生活是人类的共性。往上数三代，除父亲外，我们的爷爷、老祖生活在旧社会。那时土地私有，穷人一出生就无立锥之地，成为富人的奴婢，基本生存时刻受威胁，根本谈不上去实现自己的梦想。通过一场大的变革，我们的父辈比上一代人幸福，出生在新社会，基本生活有了保障，人权平等，都以同志相称，物质生活虽然匮乏了一点，但大家生活得很幸福，人人都能安居乐业，有自己的梦想。我很幸运，出生在改革开放初的1982年，与共和国一同成长，见证祖国快速发展的历史。我觉得梦想对一个人来说太重要了！我认为实现梦想不仅仅限于学校，在社会这所大学堂有许许多多成就自己的路子，比如许多建筑工程老板都是读书很不行的人，文化不高，但他们照样能成为时代的骄子。像现在农村土地包到户，就是作为一个农民对一个家庭一年的生产也该有自己的计划有自己的梦想。你睡到中午也没人管你，你自己也没理想不上进，生活质量肯定很差。所以我认为，不论是谁都应该是一个有梦想的人。当然，这个梦想一定要切合实际，不能是空想，到老死都不能实现。

对小孩来说，梦想同样重要，它是一个人人生的起航点。总之，我觉得不分老小人人都应该有自己的梦想。有梦想，生活才有希望，才有盼头。生活才会有激情，才不至于随波逐流，不思进取。

笔者：有人梦想实现了很高兴，但过着放纵奢侈的生活；有人的梦想迟迟不能实现就怨天怨地，你是怎么看待他们？又是怎么看待自己的？

熊朝忠：首先，我要说的是当今社会成功者很多，当然失败者也不少。对于成功者有多种因素，有靠自己的努力成功的，有靠运气成功的等等不好说。但是我要说的是，许许多多成功的人有了钱就忘了本，生活腐化堕落缺少精神支柱。我认为一个成功者，也就说实现自己梦想的人首先要有一颗感恩的心，感谢有这样一个让你人生出彩的时代。然后是尽自己的力量回报社会，帮助弱势群体，帮助更多的人去实现梦想。对于那些失败者也不要怨天怨地，首先要摆正自己的位置，找准方法，相信没有永远的失败者！人生最怕自暴自弃。怨天怨地都没有用，反而对自己的健康有害，也会让一个人的精神变得不正常。

我自己无论在什么环境里都很淡定，或许我从小生活在农村，缺衣少食都习以为常了。穷不怨，富不骄，很少有人做到。就算能做到穷不怨，但有钱了，许多人都会过上奢侈的生活，放纵自己的欲望，彻底变了。欲望这东西如同一匹野马，千万不能放纵它。古往今来，许许多多的英雄好汉都毁在欲望的放纵上。我出生在农村，苦难不仅磨炼了我的生活意志，也历练了我的灵魂，时刻警醒我一生勤俭节约，关爱他人。古人云：“静以修身，俭以养德。”

笔者：回想起来，你是不是觉得当初的梦想太大了？

熊朝忠：我？算个例外吧。说实话，以我当时的处境练拳想当拳王，确实顶着巨大的压力，许许多多的人都认为是不切合实际，是空想，好高骛远。就连一些农村基层干部也看我们不顺眼。现在想来也为自己当时的冒险捏一把汗，年轻人就是敢想敢做。当时的我一没经济基础支持，二没有发展的渠道。村民不看好这条路是可以理解的。幸运的是我很快与中国首个民营拳击机构昆明众威拳击俱乐部结缘，刘刚教练给我提供了实现梦想的机会和路子，就这样，我在昆明众威拳击俱乐部得到了快速地成长。得感谢一切关心和培养我的人！

笔者：你是怎样理解中国梦的？

熊朝忠：中国梦是中国共产党召开第十八次全国代表大会以来，习近平总书记所提出的重要指导思想和重要执政理念，正式提出于2012年11月29日。习总书记把“中国梦”定义为“实现中华民族伟大复兴，就是中华民族近代以来最伟大梦想”。“中国梦”的核心目标也可以概括为“两个一百年”的目标，也就是：到2021年中国共产党成立100周年和2049年中华人民共和国成立100周年时，逐步并最终顺利实现中华民族的伟大复兴，具体表现是国家富强、民族振兴、人民幸福，实现途径是走中国特色的社会主义道路、坚持中国特色社会主义理论体系、弘扬民族精神、凝聚中国力量，实施手段是政治、经济、文化、社会、生态文明五位一体建设。

中国梦要从历史上追溯。中华民族曾经创造了灿烂的古代文明，但到了18世纪我们落伍了，那时候西方已经走上工业化道路，我们还在封建社会徘徊。1840年鸦片战争打破了我们“天朝上国”的迷梦，中国社会开始沦为半殖民地半封建社会。孙中山领导辛亥革命过程中，提出“振兴中华”的口号，明白无误地表达了中华民族伟大复兴的愿望。但为什么这个美梦没有成真呢？因为当时缺乏一个真正能够担当革命重任的先进的领导阶级。

在追求中华民族伟大复兴的过程中，1921年发生了一个开天辟地的历史事件，就是中国共产党的诞生。中国共产党把阶级的使命和民族的使命融于一身，勇敢地承担起了中华民族伟大复兴的使命。

新中国成立以后，以毛泽东为代表的党的第一代领导集体为新中国实现一个梦想而奋斗。1954年召开了第一届全国人民代表大会，把人民代表大会制度作为国家的一个根本政治制度奠基下来，毛主席庄严宣布要为建设一个富强的现代化的社会主义强国而奋斗。到1964年底的时候，周恩来在三届全国人大一次会议上宣布了四个现代化目标。在这个“中国梦”的指引下，新中国的建设取得了一系列伟大的成就，建立了比较完整的独立自主的工业体系和国民经济体系。不好意思，说得太多扯得太远了！

中国梦简单讲就是国家富强、民族振兴、人民幸福的梦。中国梦是当代中国最具凝聚力、感召力，最具广泛性、包容性的奋斗目标，反映了全体中华儿女的共同向往。在实现中国梦的过程中，全体中国人共同享有人生出彩的机会，共同享有美梦成真的机会，共同享有同祖国和时代一起成长进步的机会。

笔者：你是如何理解个人梦、民族梦和中国梦？

熊朝忠：个人梦和国家梦，有内在联系，这就是个人的奋斗离不开国家，离不开国家梦的实现。同时，国家梦的实现，特别是中华民族伟大复兴的实现，又有赖于每一个人最大限度地把自己的聪明才智和创造力发挥出来。所以，为了实现这样一个梦想，要在全社会中营造一种氛围，把全民族的梦想和追求凝聚在一起。

只有13亿人的智慧和力量汇集成不可战胜的磅礴力量，才能把历经苦难而又生生不息的中华民族送达梦想的彼岸，让每个人在“国家好，民族好，大家才会好”的逻辑中梦想成真。

从祖国大家庭中单个民族而言，我是苗族人民的儿子，我的成功也是苗族人民梦想的实现，也为他们了争光，并希望利用名人效应带动一方经济发展。

笔者：《中国体育报》报道：熊朝忠用铁拳实现了“中国梦”，展示了中国力量。你是如何看的？

熊朝忠：这样的说法太高抬我了，我感到受之有愧！其实，我们国家拳击解禁得比较迟，由于觉得这项对抗运动带有暴力性，容易出事端，所以一直没有引起足够的重视。另一种因素是普遍认为，拳击是西方人的拿手戏，西方人特别是黑人体质优于东方人。所以，提起世界拳王首先想到的是美国黑人。随着中国经济快速发展并已成为世界第二大经济实体，中国已成为体育强国，近年来拳击才逐渐引起社会各界的重视。其实国内很有潜质的选手还很多，我只不过是捷足先登。也算是开了个好头，给国内拳击行业带来了信心。高一点讲，就是打破了外国世界拳王不可战胜的神话！

至于说“我用铁拳实现了中国梦，展示了中国力量”，我个人觉得是对我的褒奖。其实，中国拳击行业发展远远落后于世界，还需要千千万万的拳击爱好者的努力。我想，中国拳击在不久的将来一定会向全世界展示强大的中国力量，真正实现拳击中国梦。

笔者：谈谈你实现梦想后有哪些体会？

熊朝忠：作为一个边远山区少数民族农家子弟，取得了一点微不足道的成绩就受到各级政府的嘉奖，社会各界的无微不至的关怀，特别是企业家慷慨赠送房子，让我特别感动。这是我万万没想到的。我真真切切地体会到，在我们社会主义大家庭中，各族儿女不分地域不分种族亲如一家！我现在除了获得多项荣誉称号外还是文山州的政协委员，这个可能很少有人知道，我会认真履行一个政协委员的职责，提出一些有价值的意见和建议，把文山建设得更加美好！

走上拳击这条路是我一生的荣幸，我将一如既往地坚持走下去。即便是以后退役了，也不会离开这个行业。我想，我还是会经营拳击行业。谢谢！

第三节　莫说拳王美　数把辛酸泪

熊朝忠不畏强手、顽强拼搏，敢于亮剑的体育精神不仅为自己取得了很高的荣誉，也为国争了光，实现了拳击“中国梦”，在世界职业拳坛最高舞台上为中国赢得尊严，展示了中国力量。这位创造中国拳击历史的英雄，丝毫没有明星大腕的傲慢，而始终保持着“草根拳王”的本色，不免让人有些惊诧。然而，谁又知道世界拳王耀眼光环背后有多少心酸和苦楚呢?！或许正是这种不为人知的苦楚洗涤了他的灵魂，让他永远谦虚谨慎，不骄不躁！

2011 年 6 月 4 日，在四川会理，熊朝忠迎来了他 WCB 洲际金腰带第六次卫冕战。对手是菲律宾选手诺地欧，人们在这场比赛中没有看到以往凶悍无比的小熊。对手并不出众，熊朝忠却始终不能找准机会发出致命攻击，反而几次陷入被动。

第五个回合，两人头部发生碰撞，诺地欧额头血流如注，愤怒之下对熊朝忠发动了连续的猛烈攻击。体能严重下降的熊朝忠只能勉强支撑。熊朝忠和对手都挨到了最后一个回合没有倒下。如果这次输了比赛，排名就会下滑，对熊朝忠来说就没有挑战世界拳王的资格了。

两分钟后，裁判团给出了点数统计结果，熊朝忠以微弱点数获胜。赛后，熊朝忠迅速离开了现场。半小时后，人们在更衣室找到了已经半昏迷的熊朝忠。队友们迅速抬着熊朝忠去了医院。医生诊断为脑震荡、伴随眼角大面积毛细血管爆裂。

这样的状况让教练刘刚吃惊，他表示，这种情况在他和熊朝忠相处几年还是第一次看见。而对一个拳手来说，在赛场上这样的伤根本感觉不到痛。熊朝忠赢得了比赛，只不过是惨胜。

接下来的比赛，熊朝忠以点数落败。2012 年 4 月 22 日，熊朝忠输给了日本拳手小野心。从四川会理的惨胜到日本之战的落败，熊朝忠似乎一头掉进了职业生涯的大低谷。由此带来的后果是比赛收入大幅度减少，日子也过得更加窘迫。对于一个职业拳手来说，这无异于恶性循环的怪圈。

熊朝忠的梦想似乎越来越遥不可及了！在中国，拳手一般 30 岁左右就巅峰下滑了。差几个月就满 30 岁的熊朝忠压力特别大。如果自己拿不到世界冠军什么都没有，什么都不是。

此时，在老家岩蜡脚村，熊朝忠的父母依然在捡矿为生。熊朝忠打比赛赚来的一点点出场费只够勉强维持平时的训练和营养。他无力更多地照顾家人。

2012 年下半年，人们又看到了一个全新的熊朝忠，又看到了昔日那个凶悍的“小泰森”。他如愿以偿地打赢了接下来的三场比赛。

然而，在最后一场资格挑战赛，命之神又跟他开了个玩笑。不过，这次熊朝忠是死死掐住命运之神的脖子，不让它作乱。

2012 年 6 月 16 日，熊朝忠对阵墨西哥拳王欧斯瓦尔多，他们中获胜的一方将有资格赴拉斯维加斯挑战世界拳王金腰带，这场比赛，熊朝忠特意把自己的父母接来。

当时，比赛刚进行到第二回合，熊朝忠右手一记摆拳挥出，墨西哥拳手欧斯瓦尔多用左臂护住自己。这记重拳正好击中欧斯瓦尔多的左肘，熊朝忠当即感到一阵钻心的痛，右手大拇指错位了。

回合之间休息时，教练刘刚一边替徒弟揉手臂，一边叮嘱：“要主动进攻，多出后手拳（熊朝忠的右手重拳）”。徒弟的体力很好，也不怯场，刘刚觉得今天很奇怪。

直到第六回合，熊朝忠的攻势才慢慢多起来。但右手的伤，没人知道，熊朝忠也没提。比赛的第二天，刘刚带熊朝忠去医院体检，这样的体检赛后都要做，主要是查伤，特别是头部和脸部。检查中，熊朝忠说右手痛，拍片后，发现右手大拇指已经错位。医生说要休养六到八周时间。

刘刚说，我都吓坏了！比赛的时候他没说，一般这种伤都退赛了。不知道他怎么坚持下来的。

在主场昆明比赛，台下很多熊朝忠的熟人，“肩膀放松”“跳两步”，他们喊的每一句，熊朝忠都听见了。2012 年 6 月 16 日晚上，是熊朝忠职业生涯重要的转折，对于一个 6 年前还在挖煤的农村小伙来说，赢下这场比赛，他就获得挑战 WBC 轻羽量级金腰带的资格。

这是他 6 年职业拳击手生涯中第二次重伤。上一次是去年 6 月，熊朝忠两眼眶被多次击中，赛后肿起，轻转眼珠都会感到疼痛，两周后，肿胀才慢慢消除。

“我想把比赛打完。后来不敢太用力，出拳也不敢太多，我也只能一直顶着。”熊朝忠轻描淡写地回忆，他比任何人都珍惜这个机会。

熊朝忠忍痛打完了后面 10 个回合的比赛，不让对手看出他受了伤，最终力克对手，赢得比赛。没有超人的毅力，非一般人能做到。

对于熊朝忠来说，每一场比赛都是基本上改变你命运的一次机会，这都要靠自己去争取。熊朝忠不想父母第一次来现场看他的比赛就输掉，所以他一定要打赢。

赛后，熊朝忠右手打着石膏，缠着绑带，吊在胸前。这让他无法系统训练，只能练练体能。即使绷带影响熊朝忠摆出各种姿势拍照，但他仍要面见渐渐涌来的媒体、各级领导和企业家们。

“如果不是受伤，我不会让他去参加这些活动的。这才取得一点成绩，要摆正位置。”熊朝忠的教练刘刚说。师徒两人都知道，一切才刚刚开始，他们的目标是在年底拿下该级别的金腰带，成为世界拳王。

这两次受伤对于一个世界拳王来说，是数不清的伤痛中之一二。一切伤痛都融在艰苦的训练和无数与对手交锋中。

莫说拳王美，数把辛酸泪！

第十一章

「捍卫王者　两次成功卫冕出场费飙升」

第一节 险 第一次迪拜卫冕战 首回合被击倒

奎洛曾在赛前放言，金腰带是暂借给熊朝忠的，他必将重新取回！熊朝忠却表现得非常平静。

迪拜当地媒体曾这样评价熊朝忠，“同那些傲慢暴躁的拳王相比，忠表现得亲切而随和，无论是招呼对手还是媒体，他都会面带笑容地鞠躬握手。很明显，他是一个谦逊的人，不应该被误认为是软弱！”贫苦出身的熊朝忠拥有良好的品德修养，拳王的风度不是霸气外露，但到了擂台上绝对会用拳头说话！

意外的是第一个回合，熊朝忠就被击倒了。让所有拳迷都为他捏一把汗……然而，他最终还是赢了。

斩获世界拳王金腰带后，熊朝忠首次卫冕就遇到世界拳坛排名第一的菲律宾拳王奎洛。这不免让拳迷们为他捏了一把汗。难道熊朝忠刚刚到手的金腰带还没焐热就要拱手送人了？然而，结果却出乎意料。2013 年 6 月 29 日凌晨两点（迪拜时间为晚上 10 点，有 4 小时的时差），WBC 迷你轻量级拳王争霸赛在阿联酋迪拜进行，中国拳王熊朝忠在 12 个回合的比赛中表现强势，高质量的进攻打得菲律宾拳王奎洛两眼发肿，额头见红，最终点数优势成功卫冕，成为中国第一个职业拳击卫冕的拳王。本次比赛过后，熊朝忠在该级别的世界综合排名蹿升至首位，成为名副其实的世界第一！

迪拜是阿拉伯联合酋长国的第二大酋长国，位于阿拉伯半岛中部、阿拉伯湾南岸，热带沙漠气候、是海湾地区中心，被誉为海湾的明珠。迪拜与其他阿联酋的酋长国的不同处在于石油只占 GDP 的 6%。大多数的收入来自杰贝阿里自由区，现在更多来自旅游收入。迪拜的经济实力在阿联酋也排第二位，阿联酋70%左右的非石油贸易集中在迪拜，所以习惯上迪拜被称为阿联酋的“贸易之都”，它也是整个中东地区的转口贸易中心。迪拜拥有世界上第一家七星级酒店、全球最大的购物中心、世界最大的室内滑雪场。源源不断的石油和重要的贸易港口地位，为迪拜带来了巨大的财富，如今的迪拜成了奢华的代名词。2013 年 11 月 27 日，国际展览局在法国巴黎投票选举阿联酋迪拜为2020 年注册类世界博览会主办城市。

熊朝忠的卫冕赛安排在这样一个国际知名城市，更能引起全世界的关注。

2012 年 11 月 24 日，熊朝忠在昆明首夺世界拳王金腰带。那个夜晚，他发现了坐在观众席里的菲律宾拳王奎洛，奎洛专程来看拳赛，小熊有预感，排名世界第一的菲律宾人日后将向自己发起挑战。

原本熊朝忠的自由卫冕战安排在美国拉斯维加斯，对手由熊方自由挑选（世界排名前 15 均可），后来因种种原因未能赴美比赛，时间一拖再拖，到最后必须面对一号挑战者奎洛，地点改在迪拜。

5 月初确定了对手，备战时间不足两个月了。对方将视频资料发了过来，经纪人兼教练刘刚看后倒吸一口凉气，“奎洛相当强悍，实力远在小熊之上。”小熊也有些担心，“不是怕的感觉，是紧张。”刘刚立即从菲律宾请来了尼诺教练，尼诺让小熊针对奎洛的风格打法来训练。

意外的是第一个回合，熊朝忠就被击倒了。

出拳迅猛的奎洛一记勾拳，正中小熊的下巴。“我还没有完全进入状态，防守大意了些。奎洛经验丰富，一上来就压着我，”熊朝忠回忆，“看上去像是被重击击倒，其实那一拳不痛的，没啥感觉。”

被打倒在地的他反复告诉自己：“我能扛得住……不要怕。”

他能扛得住。不论拳台上的拳头，还是拳台外的人生挣扎。

一场虚惊，熊朝忠站了起来。他把奎洛逼到拳台角落，将身体紧贴上去，他等来了第一回合的结束。

前四回合是最难熬的。奎洛的进攻凶猛，脚步灵活，总能化解袭来的重拳。熊朝忠以试探和反击为主，待适应了对手的后手拳后，他的气势渐起，体能优势逐渐显现。

菲律宾人的命门在右臂。赛前，熊方知道他的右臂有伤，但不知恢复得如何。前几回合奎洛打出了几记右手拳，之后右手只起到掩护作用。熊朝忠发觉后，调整了进攻重心，以击打他的右半身位为主。小熊亦是带伤上阵，2012 年 6 月在争夺 WBC 世界银腰带时，他的右手拇指关节骨折，“一直没好彻底，不敢用力打。”

四只拳头纠缠完 12 回合，两人的眉骨和脸颊都受了伤。小熊曾想 KO 奎洛，不料对手经验老到，“我一打他，他就贴上来，油得很。他的拳龄至少在 10 年以上，我只有 7 年。”

经裁判判定，熊朝忠凭借点数战胜奎洛，成功卫冕 WBC 迷你轻量级拳王金腰带，国际排名上升到第 7 位，再次创造了中国职业拳击的历史。

“这场拳赛具有里程碑的意义，是小熊职业生涯的转折点，”刘刚评价。熊朝忠自感发挥不佳，“我很少打‘左撇’拳手，有点不太适应。自己的拳打得飘，不准。”右眼之所以伤势严重，就是因为奎洛主打左手拳。

众所周知，职业拳击有四大拳击组织，本次赛前，熊朝忠虽然贵为 WBC 拳王，但在涵盖其他几大拳击组织的世界综合排名榜中，他只能排到第 10 位，而其挑战者奎洛的排名甚至都要超过熊朝忠，列第 6 位。菲律宾人奎洛被认为是该级别的无冕之王，虽然，他并不持有世界拳王头衔，但却在迷你轻量级拥有无可争辩的影响力。在过去的两年间，他取得了 12 场连胜佳绩，整个职业生涯 43 战 5 负，其中 21 次 KO 获胜，其强悍的实力由此可见一斑。本次赛前，不少国外拳迷都在网上质疑熊朝忠的能力，甚至还有媒体将其称为“十大水货拳王之一”。因此，这场卫冕战不仅事关一条金腰带的归属，更关乎一位职业拳手的荣誉与尊严，熊朝忠只有获胜才能证明自己。

应该说，熊朝忠是不幸的。由于此前运作的自由卫冕战泡汤，他不得不在首场卫冕战便接受强制挑战者奎洛的挑战，鉴于双方的实力差距，他很可能在金腰带还没捂热乎便拱手送出。与此同时，他又是幸运的，总是在看似山穷水尽时出现转机。本次比赛，熊朝忠遇到的奎洛，恰恰不是那个身体状态完好、正处竞技巅峰的“无冕之王”。奎洛本次比赛是带着严重的陈旧性肩伤勉强应战。

相对熊朝忠而言，奎洛则是彻底的不幸。早在两年前他便拿到了世界拳王的挑战资格，但却一直没机会行使挑战权。于是，当熊朝忠夺冠后，急切的奎洛便开始不断地向拳王叫板，而当他终于得到机会，他的身体状况却大不如前。2012 年 9 月，奎洛在墨西哥进行的客场比赛中右肩严重受伤，那场比赛他最终依靠一只手获得了胜利。2013 年 4 月 7 日，奎洛前往日本比赛，结果再次旧伤复发，他依然是靠着一只左手顽强地战胜了日本选手。

而此时距他与熊朝忠进行的 WBC 挑战赛只有两个多月，应该说，在如此短的时间内，他的肩伤完全没有彻底恢复的可能。事实也恰恰印证了拳迷赛前的这种判断。虽然在比赛的首个回合，奎洛以一记迎击打中熊朝忠的下巴，破坏平衡使熊朝忠倒地，但在接下来的 12 回合比赛中，他几乎没有打出一记前手拳。而第 4 回合，当熊朝忠依靠组合重拳打得奎洛一阵脚步踉跄之后，比赛局势陡转。

这里不得不佩服奎洛顽强的职业精神，医务监督曾多次检查其肩部伤势并征询其意见，但他和他的团队始终不肯放弃继续比赛。第 9 回合，两位拳手的头部发生了一次碰撞，这次碰撞应该是奎洛主导，结果他的眼角迅速肿胀出血，而熊朝忠的额头相对完好。根据 WBC 规则，比赛中发生碰撞，未受伤一方会被扣掉 1 分，因此，熊朝忠被冤枉地减掉了 1 分。后来，奎洛几次想故伎重演，但均未能得逞。最终比分揭晓，熊朝忠以 115∶112、113∶110、113∶113，二比一判定胜利，在熊朝忠控制多数回合的情况下，比分能如此接近还是让人捏了一把汗。考虑到熊朝忠首局被击倒一次减分，笔者对比赛最终结果的打分为 115∶112，即熊朝忠至少赢得了 12 个回合中的 8 个回合。

奎洛曾在赛前放言，金腰带是暂借给熊朝忠的，他必将重新取回！而在赛前采访环节，他也多次表现出对熊朝忠的不屑并做出不礼貌的挑衅性动作。也许是出于本心，也许是为了给熊朝忠施加压力刻意为之，也许是为了掩饰自己的伤病而虚张声势。不过，相比赛前嚣张的奎洛，熊朝忠却表现得非常平静。

迪拜当地媒体曾这样评价熊朝忠，“同那些傲慢暴躁的拳王相比，忠表现得亲切而随和，无论是招呼对手还是媒体，他都会面带笑容地鞠躬握手。很明显，他是一个谦逊的人，不应该被误认为是软弱！”贫苦出身的熊朝忠拥有良好的品德修养，拳王的风度不是霸气外露，但到了擂台上绝对会用拳头说话！

客观而言，这不是一场技术精湛的对决，但过程却惊心动魄，充分展示出了拳击的另类魅力，不到最后一秒，悬念不会揭晓。行内人士认为，熊朝忠的拳击技术虽然有所提高，但细节依然粗糙，这也是他在对手受伤情况下无法完成教练意图击倒对方的原因。可想而知，如果奎洛右肩没有受伤，结果或被改写。此外，本次比赛是迪拜历史上首次举办世界职业拳王赛，因此，经验欠缺。熊朝忠远赴迪拜卫冕实属无奈，由于中国没有赞助商肯承接本次赛事，WBC 完全是出于经济考虑而将比赛以招标形式移至阿联酋。相信，随着熊朝忠的卫冕成功以及邹市明在职业赛事中推动，职业拳击在中国的窘境最终会得到改善。

无论怎样，熊朝忠成功了，他没有食言，将金腰带重新带回了中国。在被业内普遍不看好的情况下，他无可争辩地赢得了战斗，这才是最重要的。接下来的一段时间，国内外拳坛肯定会充斥着很多关于熊朝忠的讨论。无论怎样，他做到了！在现役世界拳坛 17 个级别上百位世界拳王中，有一个瘦小的中国身影孤独地存在着，这个名字就是熊朝忠！

他是中国首位男子世界职业拳王，如今，他又成为历史上第一个成功卫冕的中国职业拳王。他续写了草根传奇，让无数平凡人感动并充满力量。在这项强悍的对抗运动中，熊朝忠完美地彰显了“中国力量”，因此，他值得所有国人为之骄傲。

弟子击败实力最强的对手，刘刚在微信中迫不及待地分享心情：“昨晚比赛场地、音响都世界一流，而且来了上千华人舞狮队，场面相当壮观、感人。迪拜华人是我见到最齐心、最团结的海外华人！”寥寥几句，难见艰难与困惑，只有兴奋与感恩。

迪拜卫冕战后，熊朝忠回到国内修养。

2013 年 11 月 13 日，成为为中国首个卫冕世界拳击理事会（WBC）最佳拳手奖的拳手。

第二节　牛　第二次马关卫冕 5 回合 KO 对手

初冬的马关，天空飘着毛毛细雨，透着瑟瑟寒意，但近 3 万父老乡亲冒雨为熊朝忠的第二次卫冕 WBC 迷你轻量级拳王金腰带卫冕战助威。浓浓的乡情驱散了冬季的寒意。在父老乡亲们的

支持下，熊朝忠不负众望，仅五个回合就 KO 泰国拳手卢克拉克，
再次成功卫冕了该级别金腰带。

熊朝忠第二次卫冕战一波三折，原计划在上海这样的大都会举行，但是由于种种原因未能如愿，加上马关方面的极力邀请而且小熊本身也有这个心愿。于是几经协商比赛最后落户马关。央视名嘴韩乔生抵达马关担任熊朝忠家乡卫冕战解说员。县城人口约 8 万，有近 3 万人现场观战，远远超过 11 年前宋祖英为首的团队到此演出时的观众人数。

2013 年 11 月 30 晚，WBC 迷你轻量级拳王熊朝忠的第二场卫冕战在他的家乡云南文山州马关县举行。由于马关县没有封闭的体育馆，这场卫冕战被安排在县城唯一的体育场内进行。和金碧辉煌的大酒店相比，裸露着泥土的体育场有些寒酸，但 WBC 执委帕崔克解释说，室外作战早有先例，并非什么特别的事。据马关县委宣传部工作人员介绍，这个露天体育场的水泥看台可容纳 13000 人左右，加上拳台周围临时增设的塑料座椅，场内可容纳观众 16000 人左右。

地处云南省文山壮族苗族自治州南部的马关县有 35 万人，县城人口约 8 万。据央视报道，熊朝忠出战前，场内观众和场外观众加起来约有 3 万人。马关县委宣传部有关负责人介绍说，2002 年，马关体育场曾迎接过宋祖英为首的演出团队，当时来了两万多观众。

这场比赛有很多少数民族元素。熊朝忠出场，一支少数民族仪仗队中，走在前面的是头顶牛角的战神蚩尤扮相庄严出场助阵。身着民族服饰的举牌少女代替了常见的比基尼女郎。熊朝忠卫冕赛倒计时牌和专题链接挂在马关县政府网站首页，足见其受重视程度。

虽然场地条件简陋，但负责赛事监管的 WBC、负责赛事转播的中央电视台以及当地政府都是以世界金腰带卫冕战应有的高规格在运作比赛。WBC 方面为本场比赛派出了顶级裁判队伍。主裁判是来自日本的福地勇治，这名裁判曾有 100 多场高水平职业拳赛的执法经验。

在三名裁判中，有一名来自泰国的裁判，与熊朝忠此役对手卢克拉克来自同一个国度。不过职业拳击并没有强制回避的规则，而且出于临时换对手的考虑，熊朝忠团队也没有就此提出异议。

央视对本场比赛的转播也非常重视，60 多人的团队在赛前来到马关县准备赛事直播工作。本场比赛虽然全部以商业化运作，但云南省、文山

州以及马关县各级政府也在人员服务、安保等各方面给予了全力的配合。

本场比赛原定票价为100元至880元。实际最终售票价格为150元至1000元。

这是国内第一次举办职业拳击世界王座卫冕战。这次熊朝忠的挑战者卢克拉克，原有的挑战者澳大利亚拳手克米威利因护照问题临时换成了泰国拳手卢克拉克。后者7年前曾夺取过WBC的洲际冠军。熊朝忠2013年9月开始接受菲律宾教练尼诺的训练，后来又由另一名菲律宾教练阿伦接手，阿伦曾经是帕奎奥在打次轻量级125磅时的教练。

之前熊朝忠职业战绩为26战21胜4负1平11次KO，挑战者卢克拉克官方战绩为11战7胜4负4次KO。

尽管罗克拉克比熊朝忠高出一头，不过坐镇主场的熊朝忠气势更盛，速度、力量和战术素养都占有明显优势。首个回合熊朝忠经过短暂的开场适应后，伺机利用左手直拳不断进攻，脚下移动很快，试探对手逐渐取得优势，几度将对手逼入死角。尽管身高和臂展不如对手，但熊朝忠利用自身优势，连续进攻卢克拉克的腹部，占据场上优势。

第二回合熊朝忠利用近身进攻，多次形成连续攻击，凭借速度和力量优势，将对手打得很狼狈，不停地给对手制造压力，场上优势很明显。

第三回合熊朝忠上来就是一阵猛攻，对手疲于应付，熊朝忠出拳杀伤力很大，一分钟后连续击打得手，一组组合拳威胁极大，左右手轮番杀伤，趁对手体能有些下降之际，赢得不少点数。

进入第四回合，熊朝忠的力量和速度完全占据上风，对手只能勉强应付，熊朝忠进一步控制局面。第五回合，熊朝忠已势不可挡，下勾拳击中对手后，对手毫无还手之力，左手直拳将对方击倒后，卢克拉克努力站了起来，熊朝忠加强进攻，又是一套组合拳，第二次将卢克拉克打倒！最终熊朝忠KO对手，卫冕成功！

取胜后，熊朝忠高高跳起，台下的观众也回以疯狂的欢呼。

赛后，资深拳击媒体boxingscene.com给了熊朝忠高度评价，认为小熊表现完美，继续创造着中国拳击的历史。文章开头介绍熊朝忠，称其是历史上首位拿到拳击赛事冠军的中国选手，熊朝忠击败卢克拉克后，再次为中国拳击的历史添加浓墨重彩的一笔，比赛在熊朝忠的家乡云南马关县举行，熊朝忠在五回合内就结束比赛，表现十分完美。

文章写道，罗克拉克身高臂长有着明显优势，但灵巧的熊朝忠的手臂和膝盖都发挥出特点，最终取得比赛胜利，本场比赛胜利后，熊朝忠把自己的战绩改写为22胜4平1负，其中12次击倒对手，去年11月，熊朝忠拿到WBC金腰带，距离如今也才一年的时间。

文章还提到了CCTV5，称中国媒体对于熊朝忠的表现同样赞不绝口，并且表示，熊朝忠的年龄已经不小，作为一位31岁的老将，熊朝忠的表现却还一直在进步，依然势不可挡。

作为中国拳击界的第一人，煤矿坑里成长起来的穷孩子熊朝忠已经越来越得到外国媒体的广泛关注。只要不断地进步和赢下去，相信熊朝忠十分有望成为中国的帕奎奥。

“我没想到这么快结束比赛。”为了这场比赛，熊朝忠备战两月有余，进行了大量针对性训练。但赛前突换对手，让他有些措手不及，“对这个对手根本不了解，也没有看过他的训练，比赛前我还很担心。”首次回到家乡作战，就有数万父老乡亲助阵，熊朝忠心满意足，但他也承认压力很大，“现场让我感觉压力比较大，我希望能打得精彩，感谢家乡人民对我的支持！”

谈及来自菲律宾的教练对自己的影响时，熊朝忠笑称感觉不错，“最近两个月我收获很多，水平提高得很快，尤其是后手力量提升很明显，步法也好了很多。”

资深拳击专家杜文杰表示，熊朝忠这半年进步非常大。他说，相比较胜利，熊朝忠所展现出来的进步才是更重要的。

本次拳赛资深解说员央视名嘴韩乔生说，熊朝忠个子不高、其貌不扬，但他凭着自己的努力站在了世界拳坛的巅峰。熊朝忠的成功，为现在的年轻人树立一个很好的榜样。熊朝忠的成功也让全世界认识了文山州、马关县，这就是他为自己家乡所作出的贡献。对于熊朝忠的本次卫冕战，韩乔生说，临时换对手虽然会给熊朝忠带来一定影响，但总体来说是利大于弊，毕竟对手也是仓促应战，光是临时减重就是个大问题，所以熊朝忠胜算很大，相信他能成功卫冕。

比赛当天风雨交加、气温很低，最低气温仅8℃，全场近3万名观众在风雨中见证了传奇的诞生。

第三节　正式完成拜师阿里仪式　出场费飙升至百万

苦练七载无人问，一举夺冠天下知！2012 年 11 月 24 日，在昆明体育馆，经过 12 个回合的激烈搏斗后，熊朝忠以 3:0 的绝对优势击败了有“魔鬼”之称的墨西哥选手哈维尔·马丁内斯，夺得世界 WBC 职业拳王金腰带，圆了中国拳击梦，也震惊了世界。70 岁的拳王阿里在得知此消息后，决定收熊朝忠为关门弟子。2012 年 12 月 1 日，熊朝忠前往墨西哥参加 WBC 成立 50 周年年会，并完成拜师仪式，他的出场费随之飙升至百万。与此同时，各种猜疑也接踵而来。

惊喜的背后：拜师遭质疑

2012 年 11 月 24 日，在昆明体育馆，当裁判高高地举起熊朝忠的右手时，场下的声浪几乎要把昆明体育馆的屋顶掀翻。熊朝忠没有掩饰自己的兴奋，他脱下还没焐热的金腰带，在拳击台上先是一个侧翻，紧接着是一个后空翻，这是他一向用来庆祝胜利的方式。不过，这次轻轻地一翻，意义已不同寻常，他的身价已从每场比赛数万元扶摇直上到了百万元。

对熊朝忠来说，这一天注定将成为他人生的分水岭。他成了中国拳击史上第一个世界职业拳王，成了《新闻联播》里的新闻人物。70 岁的拳王阿里在得知这个中国小伙子夺冠的消息后，决定收他为关门弟子。12 月 1 日，熊朝忠前往墨西哥参加 WBC 成立 50 周年年会，他在那里完成拜师仪式。

在 WBC 成立 50 周年年会上，中国第一位世界职业拳王，WBC 迷你轻量级拳王熊朝忠正式拜阿里为师。消息传出后，很多人质疑熊朝忠是在炒作，因为 70 多岁的阿里根本不可能指导熊朝忠。

不过，熊朝忠的经纪人刘刚否认炒作。他表示。虽然因为身体原因阿里已经不能亲自指导小熊了，但小熊仍然可以从阿里那里得到受益无穷的宝贵经验。而且，收一个中国弟子一直是阿里的心愿。

12 月 4 日，熊朝忠参加了在墨西哥旅游城市坎昆举行的 WBC 世界拳击理事会50周年全球年会，在那里他终于与自己的偶像阿里见面。但直到两天后，小熊拜师阿里的消息才在国内传开。很多网友也对阿里现在的身体状况如何收徒表示怀疑。因此很多人觉得此次小熊拜师阿里有炒作的嫌疑。刘刚表示：其实在12月4日，熊朝忠就与阿里见面并合影，其间，熊朝忠将礼物通过阿里的妻子送给阿里。阿里因为患了帕金森病症，无法进行语言表述，由妻子代收礼物。在会上，WBC主席苏莱曼就对与会人员公布：“熊朝忠成为我们拳王阿里的徒弟。”阿里的妻子也代表阿里说：“如果熊朝忠有任何需要，我们尽可能以阿里的影响力对他进行帮助和支持。”

而针对外界关于炒作的怀疑，刘刚表示：“我们没有必要炒作，如果需要，拜师泰森岂不是更有话题性?”

一些拳迷认为，炒炒亦无妨

中国出了个世界职业拳王不容易，而一个干过矿工小个子，能打出名堂，出场费飙升至百万更不容易。前些天，几乎全中国的声音还都在为熊朝忠创纪录地赢得国际拳击金腰带而欢呼，现在，关于他拜师世界拳王阿里的事情，质疑炒作的声音却此起彼伏。

说到炒作，一些拳迷认为应该，如果“产品”本身是个水货，没有价值，那么其炒作确实是无聊的、虚伪的、令人厌恶和需要批判的。然而，若“产品”本身是高质量的，具有价值，那么即使对这样的产品进行炒作，也是无可厚非的。或者我们换个词来形容，叫作包装。按照这样的逻辑，我们来看看熊朝忠拜师阿里的事情。虽然被帕金森症折磨的老阿里已经无法给熊朝忠任何技术上的指导了，但熊朝忠这个中国拳击金腰带第一人可是货真价实的。能创造中国拳击的历史，能在职业拳击圈里生存并创造辉煌，这样的成绩来不得半点虚假。因此，中国拳王熊朝忠这个“产品”本身是过硬的。既然如此，为了谋求更好的发展，通过拜师阿里来提升一下中国拳王这个“产品”的知名度，有何不对?!

中国的职业拳击事业正处于起步阶段，困难重重，归根结底的原因就是因为拳击的商业化推广及收益前景并不好。如今，借着熊朝忠夺得世界拳王金腰带，借着拜师阿里的名头让别人看到：一个曾经潦倒的矿工小子如今通过职业拳击这条路达到身价百万，自然会有更多的人愿意参与进来，而中国的职业拳击也能就此发展。美国的体育产业是世界上最发达的，在他们眼中，体育往往被称作“体育娱乐”业，为什么美国的职业篮球、职业橄榄球、职业棒球、甚至是职业摔跤能发展得如此壮观，就是因为人家在高水准的竞技层面配合了同样高水准的宣传与炒作，最大限度开发着体育的商业价值，也最直接地吸引人们或参与，或关注其中。因此，只要熊朝忠的拳头继续赢下去，炒作炒作，出场费越来越高又有什么问题呢？

阿里一心想收个中国弟子另有隐情

像拳王阿里这样的传奇人物，为何想在远离职业拳击多年后收一名中国弟子呢？其实，这当中的渊源还要说到邓小平。早在 1979 年阿里到访华的时候，邓小平就希望阿里收几个中国徒弟，在此之后拳击运动就在中国解禁了。

就这样，阿里一直牢记邓小平的叮嘱，一心想要收一名中国弟子。只是因为职业拳击在中国开展得并不理想，一直没有足够优秀的拳击手打动阿里的心，所以他迟迟没能收徒。而在上个月熊朝忠获得 WBC 迷你轻量级世界拳王金腰带之前，有着很深的中国情结的 WBC 主席苏莱曼就在与阿里见面时告诉阿里的妻子，中国有位拳手很可能马上要获得冠军了，希望能够拜阿里为师。阿里的妻子（兼秘书）就将小熊将参加决赛的消息告诉了他。拳王对于小熊及这场比赛表示了强烈兴趣，当时就表示愿意收他为徒。在得知小熊如愿战胜对手获得金腰带之后，阿里再次明确了这个意图。这才得以实现了收中国弟子的愿望。

据刘刚介绍，在 WBC 成立 50 周年年会上，主席苏莱曼特意向全球 160 多个国家的会员和媒体介绍来自中国的第一位 WBC 世界冠军，所有与会人员都为小熊鼓掌。“大会还授予了熊朝忠最佳拳手的称号。”

有了这些荣耀，小熊的身价自然翻了几倍。作为一个小山村里出来的穷孩子，他凭借自己一步一步的努力达到了现在的位置，成为阿里的弟子。这给他带来的不仅仅是更多的荣誉，更有巨大的经济利益。有传言表示他的出场费已经高达百万。多家媒体记者也就此问题采访了刘刚，刘笑称：“有百万了，但是和那些好几十万美金的世界拳王比，差距还很远呢。”

阿里一直具有中国情结，当年正是因为他访问中国，才使得中国打开了拳击的大门。现在，随着熊朝忠的横空出世，阿里终于在70多岁的人生暮年，实现了自己带中国徒弟的愿望。

第四节　泰森经纪公司50万美元力邀？

2013年11月26日，众威拳击有限公司总经理刘刚在接受新浪体育采访的时候，透露了熊朝忠之后赛事安排的更多细节。他说，已经有至少三方面的人力图促成熊朝忠和当前IBF草量级（迷你轻量级）冠军高山胜成进行一场王座统一战。其中前拳王泰森在美国开设的经纪公司为熊朝忠开出了最低50万美元的出场费，这一比赛如果没有意外变故将在2014年的4月进行。

在2013年6月28日于迪拜击败奎洛，卫冕WBC世界金腰带后，熊朝忠的世界综合四大组织排名从第9升到了第5位。当时在迪拜，刘刚就收到了高山胜成的经纪公司发来的短信，表示祝贺熊朝忠卫冕，并询问是否有在中国和日本进行一场统一战的想法。

高山胜成在今年3月30日于墨西哥击败了墨西哥拳手马里奥·罗德里格斯之后，原本预定在9月10日于大阪进行自己的卫冕战，但是由于时间准备上的原因，最终比赛被取消。随后高山胜成出现了和小熊一样的协调挑战赛对手问题，卫冕战拖了8个多月，IBF只好指定强制卫冕战，12月3日，高山胜成将在大阪和菲律宾拳手希尔巴诺进行比赛。

刘刚表示，泰森在美国的经纪公司给熊朝忠开出了50万美元起的出场费，由该公司负责安排这场战斗。之前，高山胜成的经纪公司派出了一名代表在上海，和刘刚进行了正式接触，双方都对这场WBC和IBF统一战有很高的兴趣。而此前澳门银河酒店方面也希望吸引熊朝忠前来比赛。

刘刚说，“我们当然想促成这样的赛事，明年1月28日左右，熊朝忠会打一场有贺岁杯性质的自由卫冕战，央视会直播，然后我们就会和高山胜成谈这场统一战。”当然，这中间高山要先赢12月3日的卫冕，而熊朝忠也要击败11月30日的卢克拉克和1月28日这两个挑战者才行。

高山胜成此时在世界草量级（迷你轻量级）四大组织职业拳手综合排名中排位第一，熊朝忠则是第五，在过去的五年，高山胜成参加了6场高等级的头衔战，而熊朝忠此时只有3场，这也是两人在总积分上的差距所在。

对于这个可能的对手，熊朝忠却是很兴奋，11月26日在备战结束后接受采访时，熊朝忠展望了自己与高山胜成比赛的可能。小熊说：“我不怕高山胜成，他不是很厉害，很一般。因为他是打速度打多拳的选手，他这样的打法我相对来说很喜欢。我看了他3月和墨西哥的马里奥的比赛，杀伤力很一般。”

对于打高等级的统一战，熊朝忠显得很期待，他说：“该来的早晚也要来，这种统一战肯定希望打，我在状态好的时候打，总比过几年再打要好，打强的对手才有挑战，自己也才有进步。”

两次成功卫冕金腰带后，熊朝忠的知名度也是水涨船高。至少已经有三方面的人力图促成熊朝忠和目前IBF草量级（迷你轻量级）冠军日本拳王高山胜成进行一场王座统一战，其中就包括其拳王泰森在美国开设的经纪公司，对方开出了最低50万美元（约合人民币304.6万元）的出场费。

第十二章

回报家乡 捐一半出场费

第一节　树高千尺也忘不了根

我生在一个小山村
那里有我的父老乡亲
胡子里长满故事
憨笑中埋着乡音
一声声喊我乳名
一声声喊我乳名
多少亲昵　多少疼爱　多少开心
啊　父老乡亲
啊　父老乡亲
我勤劳善良的父老乡亲
啊　父老乡亲
啊　父老乡亲
树高千尺也忘不了根

著名歌星彭丽媛演唱的一首《父老乡亲》，唤起了多少离家拼闯的游子浓浓的乡情，也让那些成功人士永远记住自己的家乡。

2013 年 11 月 30 日，熊朝忠在家乡云南文山州马关县，迎来个人 WBC 迷你轻量级世界拳王金腰带的第二场卫冕战。这不仅是职业拳击历史上首次有中国拳手在本土进行世界拳王的卫冕战，同时也是第一次在足球场上打卫冕战的世界拳王。熊朝忠如愿以偿地赢得了比赛，他毅然决定将出场费的一半捐献给家乡。

然而此时，他的老家还是这样：一台 29 英寸的 TCL 电视机、一部宗串摩托车、一台半新不旧的不能上网的台式电脑、一台微波炉、一个电磁炉、一台洗衣机，几乎就是这个家庭全部的现代化设施，除此之外的一切都是那么的落后，甚至原始。在熊家的土坯房内，守家的大哥熊朝飞一家三口依然过着简单的生活：围着门前的火塘用树疙瘩烤火……

这是熊朝忠的第二次卫冕，随着熊朝忠名气越来越大，一些荣誉的光环也开始围绕着他。在临时搭建的休息室里谈到对这个问题的看法时，熊朝忠说："我觉得现在压力更大，我要做的就是坚持把比赛打好，把压力转化为动力，拿到更多的金腰带"。

结果熊朝忠不负众望，仅 5 回合 KO 对手，第二次成功卫冕了 WBC 迷你轻量级世界拳王金腰带。赛后，熊朝忠深有感触地说："从我离开家乡学拳的第一天起，我就有个愿望，想在家乡比一场。7 年后，我终于实现了这个梦想，而且参加的是世界拳王卫冕战这样重要的比赛。"

正如诗人艾青在《我爱这土地》的诗中所言："为什么我的眼里常含泪水？因为我对这土地爱得深沉……"

熊朝忠有着浓浓的故乡情结。在迪拜比赛时，女华商关键时刻救场，表现了中华儿女虽然远隔万里，但仍然有斩不断民族的情。只要在迪拜街上转一转，就会发现所有的中国商店里都挂着红红的"中国结"。可惜的是，迪拜之战由于主办方赛前卷款潜逃，熊朝忠虽然赢了比赛却没能拿到酬金。

本场马关比赛，熊朝忠的出场费是 20 万美金，赛前，熊朝忠透露要把一半的钱捐给家乡贫困孩子。在谈到为何做出这个决定时，熊朝忠说："我这场的出场费是 20 万美金，拿出一半来帮助家乡贫困的小孩子。以前我也是贫穷出身，我希望帮助贫困的地方小孩子实现愿望，虽然钱不是很多，但是我希望尽自己的能力帮助和关爱这些小孩子，帮助他们实现理想"。

家境不好的熊朝忠打工出身，直到斩获金腰带才为人们熟识。刚刚有了不错的收入，熊朝忠便开始做慈善。这位体制外的拳王有如此高的觉悟确实让人吃惊。

20 万美元，这是熊朝忠职业生涯中最高的出场费。他却毅然决定拿出一半做公益事业。"我要成立一个以我名字命名的基金会，主要是帮助贫困地区的人们。"熊朝忠解释说，这个想法并不突然，"我出生在一个贫困的地方，现在有了一点能力，希望能帮助贫困的小孩子实现愿望。”

月是故乡明，水是故乡甜，人是故乡亲。熊朝忠虽然走高了，贵为举世瞩目的世界拳王，但他时刻也没有忘记养育他的故乡，故乡岩蜡脚村总是令他魂牵梦绕。作为一个土生土长的马关人，地地道道苗族农民的儿子。熊朝忠心里时刻装着家乡的父老乡亲。他爱家乡的山山水水，一草一木。是呀，谁言寸草心，报得三春晖。人要饮水思源，懂得感恩。熊朝忠希望家乡尽快富起来！

没有豪言壮语，没有华丽奢侈的形式，熊朝忠就像家乡高高矗立的牛角山一样，要挺起故乡的脊梁。他又像一棵深深扎根故乡泥土里的大树，纵然身高千尺也忘不了根！

是呀，衣锦还乡后，行走在故乡的小路上，摸一摸扎手的荆棘，闻一闻故乡的花朵，自由呼吸着带有浓浓的泥土气息的空气，是最好的放松。再和昔日的亲友聊聊天，是最大的享受。

故土，是他取得胜利时为他欢呼的地方！故土，是他失败时让他重拾信心的地方！故土，是他受伤时疗养身心的地方！

2014 年 5 月 22 日，蒙牛公益活动“我回老家上堂课”走进了文山州马关县夹寒箐镇么龙小学，这一次授课的老师，正是中国首位职业拳王熊朝忠。怀着浓浓的乡情，小熊回到了阔别 10 多年的小学校园，为全校 285 个学弟学妹们带来了一场别具特色的公开课。

早上 7 点，近十辆车的车队浩浩荡荡从马关县出发，虽然只有 60 公里的距离，但这段山路整个车队走了两个多小时，崎岖的山路更是让每个人胃里翻江倒海。一番颠簸之下，整个公益团队终于来到了熊朝忠的母校、位于大山深处的夹寒箐镇么龙小学。这也是全镇最偏远的一所村级中心学校。

一踏进校园，孩子们就用最热烈的掌声欢迎这位家乡人的骄傲，熊朝忠也开心地和孩子们打招呼，附近的乡亲也都围坐在操场旁，大家都用最热情的笑容表达着对这位拳王的喜爱。“这里的孩子都知道熊朝忠的故事，他也是现在孩子们的榜样。有了他，孩子们看到了美好的未来。”么龙小学校长熊朝贵说。

这里的环境虽然变了，朴素的瓦屋变成了高大的楼房，教室宽敞明亮，学生们的衣着也比 20 年前的熊朝忠穿得好。但那朴素的校舍，那群俭朴的同学以及和蔼可亲的老师深深地镶嵌在他的记忆中。老师常常苦口婆心地说："你们要好好学习，明天的世界属于你们的！"可是，那时的学生总认为明天很遥远，弹指之间，20 年过去了，老师的话成了真谛。在一张张新面孔中，熊朝忠突然发现一张熟悉的旧面孔，只是已经白发斑斑，两鬓霜染。熊朝忠急忙走上前去，紧紧地握住这位老师的手，说道："李老师，您好！"老教师李朝海是熊朝忠一至三年级时候的老师，虽然已经退休，但因为学校师资不足，他又被返聘回来教学前班。聊起当年的小熊，李朝海的印象是："矮矮小小，不怎么惹人注意，不过他的语文成绩不错。"难怪成名后的熊朝忠每一次接受媒体采访时，总是不慌不忙，应答自如。

熊父和前来看望熊朝忠的小学校长

这是熊朝忠小学毕业后首次通过公益活动的方式走进母校，而这次"我回老家上堂课"的公益形式也与众不同——世界拳王摇身变成了"熊老师"。

作为中国首位世界职业拳王，熊朝忠开班授课首先教的当然就是拳击。他挑出了 10 多个孩子，教他们基本的拳击动作。在熊朝忠耐心的指导下，孩子们学得有板有眼。

当小熊在操场中间问"有谁想和我学打拳"时，坐在两旁的同学都举起了手，大声地说："我想！我想！"学弟学妹们的热情感染了小熊，本来只安排了几个人的学习，小熊选择了 10 多个。被选中的同学兴高采烈地来到操场中间，没被选中的也围在两边观看。

"握拳应该这样，两个拳头放在腮下。""出拳要快速有力，收拳要迅速。""脚步要移动，打完拳就要退回原地。"小熊教得认真细致，而么龙小学的同学们也学得像模像样。小熊边做示范，边为学弟学妹们纠正姿势，而周围的同学也跟着小熊的示范在一旁比画着。

很快，同学们就学会了一套打拳的基本动作。就在记者感叹这些孩子学得快时，熊朝忠笑着对记者说："你看他们学得有模有样，他们中很多孩子是有打拳基础的。自从我打拳出名后，村里就兴起了一股学拳风潮，很多人在休息时都会学着打打拳。平时只要我回来，这些孩子就会缠着要我教拳，没事的时候，我就指导他们学拳。”

随后，熊朝忠、蒙牛志愿者以及学校的师生进行了一场陀螺友谊赛。这让他找回了许多童年的乐趣。飞转的陀螺就像时光的倒流器，把他带到了20多年前的童年往事里。他在陀螺的转动中寻找人生的梦想。如今，这也是当地男孩子们都喜欢的一个游戏，全场比赛气氛热烈，熊朝忠全神贯注投入其中。

很多人对熊朝忠在17岁学画画的经历很不了解，只知道他是个武者——世界拳王。殊不知要不是当年父亲驮矿的两匹马突然死了，今日站在面前的熊朝忠一定是一个优秀的画家。

熊朝忠终于向母校师生展示了之前从未在公开场合透露过的兴趣爱好——画画。虽然好多年没画，但拿起画笔的熊朝忠显得非常开心。他对学弟学妹们说：“多培养一些兴趣爱好，可以增添很多乐趣。”最后，他带着孩子们一起描绘起么龙小学美丽的校园。

小熊先给同学讲解了绘画的基本技巧后，请同学们和他一起画一幅《我的学校》。小熊在讲台上边画边告诉同学们，房子怎么画，树怎么画，比例应该怎么安排，俨然是一位正在上课的老师。画完后，大家拿着画一对比，都不禁笑了起来。原来小熊画的是他上学时学校的样子，低矮的教室，简陋的宿舍。而现在同学们画的是高大的教学楼，宿舍也是才修好的水泥房。小熊边看边说：“现在的孩子真幸福，可以在明亮的教室里读书。你们一定要珍惜这个条件，用心学习。”

拿惯了拳套的小熊再次拿起画笔是什么感觉？小熊说：“我已经10多年都没有画过画了，要不是这次活动安排，我几乎都忘记了自己还有这个爱好。今天能和同学们一起画画，我感到很快乐。我知道我其实没有教他们什么实用的东西，但我想告诉同学们，我曾经也是这里的一员。就算我今天有了小小的成功，我也不会忘记自己的家乡，和家乡的父老乡亲。”

除了上课之外，熊朝忠还将一副签了名的红色拳击手套送给了学校，同时给孩子们带去了字帖等书籍，而蒙牛志愿者也为孩子们送来了幸福礼单——牙膏、牙刷、毛巾、圆规、水彩笔等学习和生活用品，蒙牛文山经销商张勇总经理则给孩子们捐赠了600件未来星牛奶。

“今天在这里很开心。以前我就想过为母校的孩子做点事，这次蒙牛给我提供了很好的机会，我可以和母校的小朋友们一起交流、画画。”活动结束后，熊朝忠意犹未尽，“我和母校有很深的感情，每次回家都要到学校看看这里的变化。以后有机会、有能力的话，我要多回来帮助母校的同学们，给他们鼓励和支持，帮助他们实现自己的理想。”

最后，熊朝忠还不忘给师弟师妹们送上祝福：“六一儿童节快到了，以前我最盼望的就是这个节日，可以穿新衣服、戴红领巾。借此机会也提前祝你们节日快乐，好好学习，早日实现自己的理想。”

对于邀请熊朝忠回家上课，蒙牛云贵广大区总经理陈江春表示：“小熊是云南人的骄傲，他坚忍顽强的精神向全社会传递着强大的正能量；而小熊对公益的热爱也和蒙牛‘我回老家上堂课’的公益理念非常契合，就是众筹力量，公益从点滴行动做起。”针对么龙小学急需支教老师的情况，陈江春说：“我们邀请了团省委西部志愿者和大学生爱心家园志愿者实地了解，希望能够帮助他们。”

据了解，“我回老家上堂课”，是蒙牛乳业“有你最美”公益平台下帮扶乡村教育的公益项目，通过公益上课帮扶，解决乡村孩子们在精神层面对知识的渴望，让有公益热情的爱心人士实现公益梦想。2013 年，共计有 25 位名人，通过“我回老家上堂课”为乡村学生开启公开课。专业领域涵盖航空、艺术、体育、影视等，累计走访学校 38 所，覆盖学生超过 4500 人。

据悉，蒙牛携手合作伙伴及社会名人带来的“我回老家上堂课”，接下来将走进更多的乡村小学，同时以“幸福礼单”的形式定向帮扶。在这次公益活动中，文山州的蒙牛经销商张勇总经理特意捐赠了 600 件未来星牛奶给么龙小学的学生。

诚然，按学术的观点，地名是人类社会发展的产物，是人们在生活、生产、相互交往联系中对不同地理实体进行识别赋予的一种代号。这些代号，是不是更像人类文明的基因？它在串起历史与现在、故乡与他乡的同时，也一直紧紧维系着人们的乡愁与情感。也因为它的存在，时时刻刻提醒着我们：树高千尺也忘不了根。

在励志典例的同时，熊朝忠无疑又为我们树立了爱国爱家乡的典范。作为一个平凡人，即使成就不了轰轰烈烈的伟业，创造不出惊天动地的发明，成为不了家喻户晓的英雄，但是我们有善良的心灵，我们有勤劳的双手，我们有满腔的热情，为自己的家乡奉献一份爱心，为自己的家乡回报一片真情。

第二节　舍与得

人只有一双手，注定只能拿一样东西，必然要失去另外的东西；人只有一双眼，注定只能看一种风景，必然要错过更多的风景……

舍是一种境界，舍是一种智慧，舍更是一种情操。自从童年时把积攒的几毛角票放在讨乞残疾人的碗里，他就真正体会到舍与得的含义。为此，笔者特地与熊朝忠讨论了这个问题。

笔者：舍己为人，在我们那个时代自读小学起一直大力倡导，并在同学中树立典型。唾弃自私自利！谈谈童年时，你在这方面受的教育？

熊朝忠：我出生于 1982 年，读小学二年级时，边境的战火才停息。那时，爱国主义和无私奉献的教育抓得很严。首先是，好好学习，锻炼好身体，长大了建设祖国保卫祖国！我们生活在边境，年幼时，常常听见隆隆的炮声，对保家卫国更有深刻认识，知道它的重要性。那些“最可爱的人”用鲜血和生命保卫着祖国，有了他们的奉献才有边疆人民的生命财产安全。这种奉献精神激励着每一个人！为此，老师提倡助人为乐。比如谁主动打扫了教师，主动帮助有困难的同学，都会受到老师的表扬。得到一个小红旗或是一张奖状，感到特别快乐！

笔者：这也是你们这批孩子从小受的教育，能谈谈在献爱心方面最早触动你灵魂的事件吗？

熊朝忠：记得我 6 岁的时候，也就是 1988 年，第一次跟父亲到县城。那时的县城没有这么大，也没有现在繁华，还有许多老房子。父亲卖了土特产和草药，给我买了一碗面条吃了。我的衣兜里揣着积攒的几毛角票，准备买糖果。忽然看见一个断腿的残疾人在街边乞讨，有许多人围观，偶尔有一两个人丢一毛两毛钱给他。

我对那位残疾叔叔也产生了怜悯之情，把捏在手里的一卷叫角票毫不犹豫地放进他碗里，顿时迎来一片掌声和叫好声。那个残疾叔叔眼里对我充满感激，连声说谢谢！回去的路上，父亲问我后悔吗？我低头不说话。

我没有吃到糖果，有一点后悔，但更多的是自豪！

过了一会儿，我抬起头说：我不吃糖，那个断腿的叔叔就不会饿肚子了，他可以买两个馒头。

父亲用异样的眼光看着我。我仿佛看见那个残疾人正用我给的钱买了个馒头，大口地吃着。我体会到一种从未有过的快乐！

笔者：挺有意思的。看来，一个人的成长环境本身就是一部教科书。可现在许多人发了财，在大城市扎根，把户籍移出去。别说回报故土，甚至都不愿承认自己的出生地。你是怎么看的？

熊朝忠：首先，懂得舍己为人的人，一定也是知道感恩。一个连自己生长之地都嫌弃的人，更谈不上奉献了。胸怀的宽度决定了一个人事业的高度！在此，顺便说说目前社会的发展。随着经济快速发展，城市化生活或许是一种趋势。德国 8000 万人口，只有 250 万农民，国家全面工业化。韩国 50% 的人口生活在 2% 的国土上。中国人口也向城镇化快速迈进，农村出现衰败。但故土毕竟生养了你，不能忘本。

笔者：是呀。一个人对自己的出生地都没感情，更谈不上舍己为人。可喜的是出现了许多像陈光标一类的慈善家，让许许多多的人得到关爱。这个社会也因此充满了仁爱。而农村却是中国目前经济发展中的一个伤痛，还要靠年轻一代去振兴。

熊朝忠：随着城市竞争越来越激烈，相信一些商人会转向农村投资。一些青年人也会选择在农村创业，因为农村创业的风险相对低一点。云南褚橙的成功就是一个例子。

笔者：再回到“舍与得”上来，谈谈你们苗族文化对舍与得的理解。

熊朝忠：好的。苗族、土家族最富民族特色的节日，是年节。节日中最富民族特色的歌舞，是“舍巴日”。

舍巴日“舍巴”，意为“摆手”；“日”，即“做”。苗族、土家语动宾倒置，“舍巴日”，汉语直译为“做摆手”，意译为“摆手舞”。它是苗族、土家族祭祀祈祷的一种活动，一般在年节举行，并发展为祭祀、祈祷、歌舞、社交、体育竞赛、物资交流等综合性的民俗活动。“摆手”有大小之分。每隔三五年举行一次的叫“大摆手”。“大摆手”规模大、套数多、时间长，历时七八天，与集市贸易、文艺体育活动一起，在“摆手堂”前举行。“摆手堂”，在土王祠。“小摆手”规模小，套数少，一般是一至三天，多在本氏族祠堂举行。

苗族、土家族人在摆手活动中，追忆祖先创业的艰辛，缅怀祖先的功绩，展示苗族、土家族先民的生活场景，整个活动都着浓厚的祖先崇拜痕迹。这个祭祀、祈祷、歌舞、社交、体育竞赛、物资交流等综合性的民俗活动实际就有“舍”的意味。

笔者：在汉语中，记得这样的一句话：舍得，舍得，先要舍去，才能得到。为了得到某些东西，必须得先舍去某些东西。

只有更多的人懂得舍己为人助人为乐，咱们这个社会才会和谐，国家才有凝聚力。谢谢你！

熊朝忠：不客气！

第三节　对家乡发展和期望

在熊朝忠向家乡捐10万美元的出场费以后，笔者就家乡的发展和期望等话题跟他进行了一次深入探讨，结果发现他与笔者的想法不谋而合。没想到，年纪轻轻的他对家乡的经济如此了解，关心家乡父老乡亲的疾苦，对家乡的发展充满了希望。

笔者：目前，家乡岩腊脚村是一个什么的情况？

熊朝忠：岩腊脚村位于镇南边，适宜种植水稻、苞谷等农作物。人均耕地1.3亩，主要种植水稻、苞谷等作物。农户住房以土木结构住房为主，有4户居住砖木结构住房，有极少的几栋楼房。

岩腊脚村村农民收入以种养殖业及外出务工等为主。全村外出务工人员中，常年外出务工人数30多人，大部分在省内务工，极少数到省外务工。属于绝对贫困村。

笔者：许多人是不是把外出打工看成唯一的致富之路？

熊朝忠：对，是这样。俗话说，一分钱难倒男子汉！无论你身体多好，怎样年轻力壮，但没钱就办不了任何事，甚至连基本的生存就成问题。现在国家总体经济发展很快，但云南相对滞后，在云南省内，我们这里也该算是最落后的。虽然我们小时候也穷，但那时消费低，物价较稳定，学费只要20多元。现在一个家庭面临孩子的成长，老人的赡养，如果不出去打工，单靠种土地很难生存，更谈不上发展了。

但是，出去又面临两个问题：一是家庭的分离，孩子的成长和老人的照顾问题。二是由于是少数民族，这些出去务工的人受文化技能等影响，他们从事的工作有限，年龄收入也就有限，稍大一点文化低甚至连汉语都不会讲的，肯定只能在家了。因此，外出打工致富这条路本身就受到一定的制约。

笔者：留在家乡创业怎么样？

熊朝忠：很难。虽然政府在小额贷款等方面给予一定的优惠条件，但受地理等因素限制，很难成功，我的表哥陶卫忠就是一个明显例子，他放弃在昆明的警察工作，雄心勃勃地回到家乡一心想带头致富，结果种香蕉失败了。他还是村里唯一的大学生。

笔者：我那次跟你去了你们家乡——岩腊脚村。山清水秀，气候温和，民族特色浓郁。我觉得是一个好地方，发展潜力巨大。

熊朝忠：你指哪方面？

笔者：旅游业。

熊朝忠：很好，我也是这么想的。现在乡亲们都以捡矿卖钱来贴补家用。可是，矿是一种有限资源，总有一天会枯竭，而且开矿也是对自然生态的破坏。只有搞旅游，带有当地民族风情、文化特色的农家乐之类的服务行业，坐在家里，别人把钱给你送上门来。这些例子，在省外省内有不少。

笔者：就是就是，北京有个爨底下村，位于北京市门头沟区斋堂镇，是一座始建于明朝的古村落。村内至今仍完整保留大量清朝民居。该村距北京90公里，本来人都快走光了，1997年，一个画家偶然发现该村，并把它画下来，于是就轰动全国，人们又回到家乡，发展旅游业，现在火得很。

在云南省内，我到大理双廊渔村去拍过旅游宣传片，虽然我们一路的吃住都不用出钱，但让我吃惊的是，在2013年春的双廊洱海边一渔村家客栈最高就能达800元人民币一晚的住宿，而且客人爆满，这些村寨几乎全是白族。地域文化和饮食特色是吸引国内外游客的一大亮点。

熊朝忠：是呀，我也去过省内一些地方，所以才对旅游行业有信心。

笔者：一个杨丽萍能让人们记住她的家乡，带动家乡旅游业红红火火地发展。一个熊朝忠希望能让岩腊脚村，不，应该是马关县甚至文山州的旅游业火起来。

熊朝忠：我可能还没那么大的影响力，没那么大的能量。不过，对家乡的旅游业充满信心。这不只是我一个人的梦想，也是家乡几十万父老乡亲共同的梦想。

笔者：小地方出大才，确实让地方添彩。咱们这里在谈家乡经济发展的同时，也谈谈体育。熊朝忠是马关第一个世界拳王，希望不是最后一个！希望这个地方从此红起来，成为人才辈出的摇篮。

熊朝忠：是的，希望还有很多的体育健儿从这块土地上涌现出来。有更多的体育爱好者实现自己的梦想，为国争光，为家乡添彩！

笔者：这就需要当地政府努力营造一个好的环境。我们期待着马关出更多的世界拳王，中量级、重量级的，甚至是女拳王。大而言之，希望中国这块土地上出更多的拳王，希望有一个有利于他们生长的大环境。

熊朝忠：就是就是。

笔者：咱们回到名人效应上来，如果说，一个阿里让全世界记住了他的出生地美国肯塔基州，一个莫言让大家记住山东高密，那么，熊朝忠会让人记住文山州、马关县。名人效应带动一方经济的案例不少，关键是如何运作。如何让名人和地方文化有机结合。相信不久的将来的马关县会有一个飞跃，会成为人们旅游经商的热点。2013 年九寨沟旅游经济逆势上扬，旅游总收入 61.6 亿元，谁也不会低估那首《神奇的九寨》在旅游品牌打造中发挥的作用！

熊朝忠：我想除了政府和咱们自己的努力，还得靠你们媒体和文人的大力宣传。

笔者：那是一定的！

熊朝忠：谢谢！

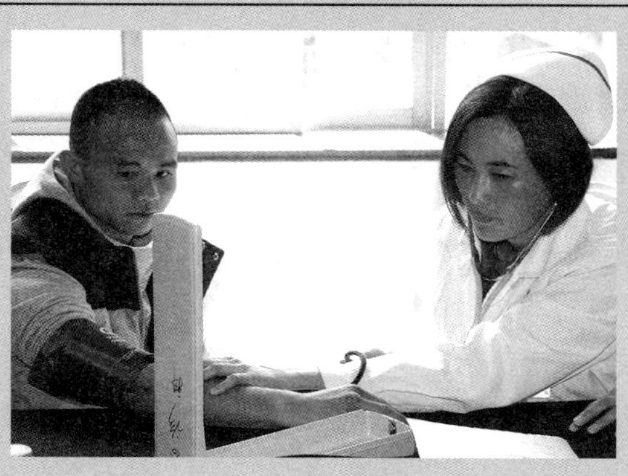

第十三章 失利之后重振雄风

第一节　被打回原点　期待重新出发

2014年春节，春寒料峭，但在祖国海南却感觉不到寒冷，宛若温暖的春天。对熊朝忠的拳击生涯来说，却正将面临一次“寒潮”，这温暖的气候背后似乎暗藏杀机。熊朝忠的第三次世界拳王金腰带卫冕战在海南省海口市举行。作为中国首位WBC世界职业拳王熊朝忠能否再续奇迹，战胜挑战者——墨西哥拳手奥斯瓦尔多·诺沃亚第三次成功卫冕，广大拳迷们正翘首以盼。此次WBC世界职业拳王争霸赛是目前中国举办水平最高的国际性职业拳击赛事。

1月27日中午，WBC中国区首席推广人刘刚携中国拳手熊朝忠、裘晓君、杨兴新、向静和他们的教练及工作人员抵达海南，为熊朝忠2月5日的卫冕战做准备。中国队为备战本次赛事特从海外邀请的神秘陪练同时抵达。

本次赛事由中央电视台体育频道、中国国际文化传播中心、WBC世界拳击理事会主办，中视体育娱乐有限公司、海南省体育赛事中心、海南世拳商业管理有限公司联合承办，海南省文化投资管理有限公司、昆明众威拳击运动有限公司、海南博海体育文化产业发展有限公司、海南海王搏击俱乐部协办。比赛将于2014年2月5日晚18:00在海口体育馆举行。届时将有来自澳大利亚、加拿大、墨西哥、泰国、印度尼西亚、中国等世界顶尖职业拳手上演激情对决。

没有常胜将军！尽管熊朝忠对每一次比赛都做了充分的准备，也全力以赴的进行比赛，最终基本都能获胜。但这一次，他的心里有些不踏实，一是成为世界拳王并两次成功卫冕后，太多的应酬占去了他的备战训练时间。二是他对对手的了解太少，只知道是一位强劲的对手。只有知己知彼，才能百战不殆。因此，他对此次比赛有几分担心。

为了化解比赛前的紧张情绪，他特地了解一些海南民族风情。他早就知道，美丽的海南岛上也居住有苗族。“伸手给哥咬个印，越咬越见妹情深，青山不老存痕迹，见那牙痕如见人。”这是流传在海南省苗族的一首歌谣。咬手是海南苗族男女青年表达爱情的一种独特方式。每逢节假日，特别是三月初三，在槟榔树下，芒果林中，小河溪边，山坡草地上，青年男女唱起美妙而动听的歌曲，抒发自己的理想、情趣和心愿，寻求自己的意中人。咬手定情后，他们便各自拿出最心爱的手信，如戒指、耳环、竹笠、腰篓之类的礼品，互相赠送，作为定情物，以示终生相伴。

但是迷人的地域风情和温暖的天气仍然没能让他忘记担忧，这一次能否的成功卫冕尤为重要，是决定世界拳王金腰带能否永久留在中国。

5 日晚海口市体育场人声鼎沸，第二届 CCTV 贺岁杯 WBC 世界职业拳击争霸赛在这里如期举行。18 点 30 分，第一场比赛开始，中国选手徐春燕经过 10 回合激战击败了加拿大选手林赛·加尔巴特赢得了 WBC 女子次轻量级洲际金腰带。随后，第二站中国选手裘晓君战胜了来自澳大利亚选手杰森·库珀，取得 ABCO 洲际拳王和 WBC 次羽量级世界青年拳王双金腰带。比赛第三场战役在泰国选手斯里蒙谷·星王差与中国选手杨兴新之间进行，但在比赛中，泰国选手星王差技高一筹，在第七回合交锋中击倒杨兴新，成功卫冕 WBC 次中量级亚洲拳王。

前三场比赛后，重头戏在观众们的热烈欢呼声中打响。WBC 迷你轻量级拳王熊朝忠出战，他的对手是来自墨西哥选手奥斯瓦尔多·诺沃亚。对于熊朝忠而言，这场比赛的重要程度不言而喻，能否第三次卫冕世界头衔，一战决定成败。“熊朝忠加油，加油。”在海口市体育馆内，现场观众击掌呐喊为“小熊”加油。海口市民在记者采访中表示，能够在家门口看到如此高水平的拳击比赛实属不易，而中国拳击“励志偶像”熊朝忠的到来更是让他们激动。

在其第三场世界拳王头衔卫冕战的擂台上，中国目前唯一的世界职业拳王熊朝忠被逼到角落里，他勉强抵挡着对手疯狂的进攻，还有 24 秒，第五回合就将结束，此时，裁判宣布终止比赛，判定熊朝忠 5 回合被挑战者诺瓦技术性击倒——TKO 告负。台下顶着绿白相间的头巾、穿着蓝色绣花褂子的熊朝忠父母，脸上写满对儿子的担心。熊朝忠眼神里闪过一丝茫然，眼看着金腰带落到了墨西哥人的身上，但很快，他微笑着去祝贺对手，“我有些没发挥出来，竞技体育没有永远的胜者，虽然输了比赛，但我还会回来!”

这是熊朝忠自2006年正式进入职业拳坛以后，首次遭遇TKO失利。虽然对判罚有些许争议，但整场比赛，熊朝忠仅有四五次像样的进攻，自己却始终被对手所控制，挨了不少重拳，有一次险些跪倒在地，几乎没有人会怀疑这场比赛双方差距的悬殊，“这个对手很强，但比赛有输赢，就要面对现实。”在海口休整了一天的熊朝忠将于2月7日返回昆明，他坦承赛前的准备并不充分，自己并未看过诺瓦的比赛视频，“只知道他是传统右势拳手”，但诺瓦却把左手视为“重要武器”，且“看了很多遍熊朝忠和奥斯瓦尔多以及马丁内斯的比赛录像”。

在这种“敌暗我明”的状况下，比熊朝忠高8厘米，臂长也明显占优的诺瓦从开赛到终场持续领先。从熊朝忠慌乱的脚步和出拳节奏看得出，提前10天到达海口，一直在进行减重和恢复性训练的熊朝忠，显然缺少对对手的了解。熊朝忠的推广人刘刚表示，这和自己疲于筹办赛事，难以兼顾训练有关，“现在职业拳击推广的很多环节都不成熟，跟不上职业拳赛的需求，当地协办的经验不足，从前到后都要我亲自去做，压力全在我身上，在昆明与海口之间来回奔忙，我已经筋疲力尽了，也就忽视了对小熊的训练和前期准备。”

事实上，几乎在每一次熊朝忠的大型比赛前，最忙碌的人都是刘刚。职业拳击赛所有的运营都是靠推广人来完成，从去年夏天因赞助商问题被迫远赴迪拜卫冕，还在开赛前因投资人“跑路”而面临比赛流产，到11月因场地问题被迫在赛前20天由上海辗转至云南马关再战，且临阵又调换对手，熊朝忠的每次卫冕战都显得很匆忙。而这一次，海口方面承诺的内容又有了变动，但相比以往，刘刚说：“这次已经好太多了，至少想呈现的元素，效果都还不错”——著名美国职业拳击主持人吉米担任主持。熊朝忠头戴安全帽，身穿矿工服，伴着砸矿石的“哐哐”声奇异登场。外国姑娘穿着云南的民族服饰出现在赛场上，“我们要的不仅是职业拳击的氛围，还想在春节期间，表现出更多具有中国特色的东西。”

但坊间“草台班子”的评论和场边稀疏的观众，却反映出买账的人并不多。刘刚坦言，比赛票房并不理想，“整场比赛就卖出几千元的票，其中还有很多人想方设法要免费票，也许这就是职业拳击遇到的最不职业的环境。”这种情况甚至还影响了熊朝忠，“他现在取得了一些成绩，外围活动也多了起来。”据了解，每天找熊朝忠吃饭、要票的人数不胜数，这让他“无法静心训练，比赛也难以集中注意力。”这和熊朝忠“通过我，让更多的中国人关注职业拳击，让更多的人有机会实现拳击梦”的理想差距甚大。

残酷的失利把将统一战当成下个目标的熊朝忠拉回现实，“这次的教训很深刻，我们需要调整反思一下，再确定下一步计划了。”刘刚表示，“失败之后，要么痛苦，要么重新振作。我觉得，该是让我们静下心来重新开始的时候。”

职业拳击在中国火起来了，这是不争的事实。尽管此次比赛央视甚至是作为贺岁杯直播的，却没使这场贺岁杯的结果变得喜庆，特别是对熊朝忠与他的推广人兼经纪人刘刚来说，简直可以称得上是灾难。熊朝忠在这场一面倒的比赛中被 TKO，输得没有脾气，保持了一年多的 WBC 迷你轻量级世界拳王金腰带被墨西哥猛将诺沃尔夺走了。

从当晚比赛的情况来看，熊朝忠的对手实力非常强，WBC 排名第二也证明了此人的实力。因此，比赛之后有人质疑这到底是一场强制卫冕战还是自由卫冕战，因为刘刚曾说，熊朝忠在迪拜强制卫冕赛卫冕后，可以获得 3 次自由卫冕权，亦即在排名前 15 名的拳手中自行挑选对手。那么既然是自由卫冕战，怎么会挑选这么强的对手呢？对此刘刚并没有做出回应。从一个权威渠道获悉，其实刘刚是吃了一个哑巴亏。

第二节　别让压力影响信心　多数拳迷能接受失利

2014 年年初，熊朝忠在海口丢掉了 WBC 迷你轻量级金腰带。随后，这位中国唯一一位拥有世界金腰带头衔的拳王曾一度考虑退役。4 月份，熊朝忠在俱乐部及经纪人的劝说下，最终选择了继续征战，而他的目标就是夺回丢掉的金腰带，并考虑向其他级别发起冲击。

熊朝忠前两次卫冕战的对手比较弱，但这次这个诺沃亚则是个不折不扣的劲敌。而熊朝忠实战中心理负担明显比较大，在强手面前似乎还没有充分发挥出自己的能力和特点，再加上实力不如人，输掉比赛也在所难免。

争议判罚，也是意外因素。从实战的过程和结局来看，熊朝忠是被意外判负的，这个判罚本身就存在争议。日本拳王高山胜成也在现场观战，如果熊朝忠本场比赛获胜，下一个对手正是高山胜成。目前在世界职业拳坛，不会有选手会轻易选择轻视熊朝忠。

本场比赛第五回合，比赛进行到还剩 2 分 36 秒时，诺沃亚一个重拳之后，裁判宣布终止比赛，裁判认定熊朝忠被技术击倒，判罚墨西哥选手诺沃亚获胜。如果这个判罚的确有争议，WBC 经过审核后应该会给出新的处理意见。如果这个判罚是正确的，只能说明我们对职业拳击的规则还没吃透，这方面我们还应继续努力适应国际通行的规则。

熊朝忠是矿工出身，能奋斗到今天这一步非常不容易。一场卫冕战的失利，应该不会把他击垮，凭借他这么多年来的闯劲和不服输的性格，他会在失利的废墟里吸取“营养”，为自己再次站在世界冠军之巅努力。不论如何我们都应该对熊朝忠的这场失利更理性更包容，给他鼓励的掌声，助他在开年不利的困境中尽快崛起。

2014 赛季的首战对小熊来说，应该是一个艰难的开始，但这就是职业拳击。这场失利有诸多的因素，但熊朝忠本人那种顽强拼搏的精神还在。我们应该给熊朝忠更多的支持和鼓励，凭他身上与生俱来的不服输的精神，他会朝着夺回属于自己的荣誉大踏步前进的。

从刘翔横空出世以来，近 10 多年间中国体坛涌现了许多英雄豪杰。刘翔曾在男子 110 米栏的跑道上所向披靡，丁俊晖曾在斯诺克领域大放异彩，张怡宁为代表的国乒高手更是让世界同行胆寒，如今李娜甚至在欧美传统强项——职业网球领域两夺大满贯单打冠军，中国体育的繁荣似乎到了前所未有的高度。

我们的围棋国手可以把日韩同行追杀得片甲不留，我们的乒乓球、羽毛球球星可以把主要对手打得永难翻身，职业拳击的发展却如此滞后。但职业拳击更能体现体育的本质，这充满血腥的搏斗是生命的赞歌，战胜自我永攀高峰的信念、勇于挑战强者的劲头，可以给更多的观众以精神层面的激励。

拳击奥运冠军邹市明在连续三届奥运会上取得的辉煌成绩，是中国拳击发展过程中非常重要的里程碑。进入后伦敦奥运会时代，邹市明舍弃以前的荣誉，转往职业拳坛发展。不过比较而言，熊朝忠的成长经历，以及他目前取得的成绩，更能代表中国职业拳击的新力量，但与拳击文化有几百年积淀的国家相比，我们想一下子赶上或超越显然是很不现实的。

归根结底，实力差距是熊朝忠失利的根源。奥运会的拳击比赛，与职业拳击有着天壤之别，中国体育迷、甚至中国的体育市场，对职业拳击的了解还很陌生。我们在这一块与世界水平的差距，是非常巨大的。对那场比赛击败熊朝忠的对手诺沃亚来说，他的综合实力远在小熊之上，不论身高、臂长还是力量、作战经验，诺沃亚都高出一筹。抛开个人素质先不说，诺沃亚虽然练职业拳击的年龄也比较迟，但他是在职业拳击很发达的墨西哥的土壤里成长起来的。熊朝忠不仅出身非常草根，而且从步入职业拳坛至今，得到的专业方面的训练和熏陶，与这些国外同行比还是逊色很多。

只要是竞技体育，就会有输赢。在我们实力不占优的情况下，就难有绝对的取胜把握。熊朝忠去年两次卫冕成功，这次失败了，但一场卫冕战的失利并不能说明熊朝忠就一文不值，他目前仍然是中国职业拳击的旗帜性人物。与姚明、刘翔、丁俊晖等体坛巨星比，熊朝忠的职业生涯才刚刚起步，遭遇一些挫折本身也是很正常的。多数拳迷能接受他的失败。

第三节　总结教训蓄势待发

冷静下来，我们不妨来分析一下熊朝忠的对手：墨西哥选手奥斯瓦尔多·诺沃亚。出生于1982年，跟熊朝忠同岁。此人也是半道出家，曾经是一名产品推销员，29岁才步入拳坛，短短3年时间打遍世界各国高手，可谓是一个不折不扣的拳击天才。诺沃亚职业拳击战绩为12胜1平4负，其中7次KO对手，最近的3次比赛全部KO对手获胜。面对这样的天才高手，失败是在意料之中的。

可业内评价熊朝忠“过分紧张，不在状态”。这个32岁的云南小伙，曾于2012年击败墨西哥人马丁内斯，首次荣膺“世界职业拳王”，此后相继战胜菲律宾拳王奎洛和泰国选手卢克拉克，引起拳坛热议。然而他与诺沃亚对阵时，全场仅有四五次像样的进攻，更多时候是疲于招架。

熊朝忠的经纪人刘刚自责未能兼顾办赛和训练，忽视了赛前准备。据了解，熊朝忠在赛前只是进行减重和恢复性训练，甚至不曾观看诺沃亚的比赛视频，误以为诺沃亚是“传统右拳选手”，而不知对方善用左拳。

另一方面，刘刚坦言随着熊朝忠的名气日益增长，外围活动应接不暇，致使其“无法静心训练，比赛也难以集中注意力”。

有业内人士分析，与有奥运冠军头衔的另一中国拳手邹市明相比，“金腰带”是熊朝忠的价值核心，失去“金腰带”可谓损失惨重。

原本有意与熊朝忠打一场“统一战”的国际拳击联合会（IBF）迷你轻量级冠军高山胜成方面已明确表示“熊朝忠赢了冠军，我们才有可能交涉比赛”。不过，他们认为失利未尝不是一种机会，“熊朝忠可以看到更大的场面，更努力去进步”。

刘刚亦在受访时说，深刻的教训可以使团队调整反思，“失败之后，要么痛苦，要么重新振作。我觉得，该是让我们静下心来重新开始的时候了”。

值得一提的是，熊朝忠手握一份二次战挑战权协议，在半年内有优先向诺沃亚挑战、夺回金腰带的权力。他表示，经由双方协定再确认是否挑战，但他一定会卷土重来。“打得不好是因为对手太强大了，输了就争取重新来过吧。”但后来放弃了挑战。从纯朴悠闲的农村到繁华的都市，从一个默默无闻的拳手到世界拳王，熊朝忠的人生发生了巨变。有了至高无上的荣誉和无数的光环，熊朝忠的生活压力显然大大增加，处在事业巅峰万人瞩目的他跌不起，因此第三次卫冕失败无疑对他是沉重的打击。此时，只有旅游才能让他从失败的阴影里走出来。

虽为土生土长的云南人，但对这块举世瞩目的旅游热土他也只是从电视和报刊上目睹各景点的风采，一是以前没有经济条件；二是有经济条件了又有没时间。此次可谓是因祸得福。这个春天，熊朝忠开始了人生从未有过的一次省内旅行。

作为世界拳王，超负荷的工作和无休止的应酬，让他感到很累很累，他一直渴望有一片乐土，卸掉包袱，释放压力，修复疲惫的身心！

踏上旅途，降落在漂亮的大理机场，内心的压抑似乎瞬间被抛到了体外。饱览原生风景，让他耳目一新。入住民族特色的酒店，让疲惫的他充分领略到家的感觉，轻松进入梦乡。

大理，是一个令人神往的地方。踏着硬硬的青石路面，穿行于古老的白族风格民居间，各式各样的民族手工艺品映入眼帘。

叮叮的声音传来，那是银匠在工作。那专注的神态，仿佛带着游人的思绪穿越漫长的岁月时空，去寻找和体味古老悠久的银器打造文化，走进《月光下的银匠》的浪漫故事。再品尝一下令人口馋的大理白族风味小吃，烦恼和疲惫不知不觉被遗忘了！

告别风花雪月的大理，直奔丽江，他仿佛变成了一个与世无争的旅行家。置身丽江古城，感受纳西人家的小桥流水，如同一幅巨大的动态风景画，无限的延伸而去。随着古老水车的慢慢转动，纳西妇女手牵手跳起了欢快的舞步。不知不觉，熊朝忠也加入其中一起舞蹈起来。累了，小憩于某一个茶园书吧，感受别样的人生！

在茫茫人海中，他终于盼到了梦中期盼已久的那个她，或许注定了在某一年的某一天，要在某个地方邂逅。他们虽然认识多年，但在半年前才确定恋爱关系。爱情总能让人缓解和释放心中的压力。对熊朝忠来说，可谓是“几经风霜情自真，枯木又逢春!”他耳边响起了王菲演唱的那首《传奇》：

只因为在人群中多看了你一眼
再也没能忘掉你的容颜
梦想着偶然能有一天再相见
从此我开始孤单地思念
想你时你在天边
想你时你在眼前
想你时你在脑海
想你时你在心田

宁愿相信我们前世有约
今生的爱情故事不会再改变
宁愿用这一生等你发现
我一直在你身边

从未走远

只因为在人群中多看了你一眼
再也没能忘掉你的容颜
梦想着偶然能有一天再相见
从此我开始孤单地思念
想你时你在天边
想你时你在眼前
想你时你在脑海
想你时你在心田
宁愿相信我们前世有约
今生的爱情故事不会再改变
宁愿用这一生等你发现
我一直在你身边
从未走远
只因为在人群中多看了你一眼

那是2009年的一次朋友聚餐时认识了她，当时她还刚读大一。当时的熊朝忠已是小有名气的亚洲拳王，已经有了女朋友。在他心里只当她是小妹妹、老乡，因为都是苗族，交流多了一点。缘分这东西谁也说不清，没想到四年后两人会走到一起。爱情的甜蜜，正温暖着他的心，让他从拳赛失利的阴影中走出来。

天还没有亮，当纳西河的水眼被打开，清澈的河水顺着青石街面缓缓地流淌着。古城的街，就这么被清洗了一遍，焕然一新，疲惫的心接受了洗礼。

晨曦里，古城的屋顶涂上了一层灰色，远处的山岚如同燃烧的火焰。熊朝忠怀着无比激动的心情，在导游的带领下，驱车前往向往已久的玉龙雪山。乘坐高空索道，登上玉龙雪山，感受着纳西人家关于玉龙雪山的神话传说，不由想起了那首诗："玉龙名山，终年雪与天齐。云不恋峰，岭岭若洗；巉岩如剑，疑是风劈。正苦万里无生机，不似南国活地。冷流引我向人寰，蓦尔惊醒，猛然诧异——但使身边有泥土，不经意间，芳草萋萋"。这样的圣境一定能让人的心灵得到净化！雪山是一个让人冷静下来的地方，他能把一切不快都彻底冻结，让人面对现实！现实是残酷而有美丽的，极具挑战性！

双廊的清晨，是格外的静谧和幽美。吹着柔和的海风，沐浴着渔村的第一缕阳光。尽享“目极湖山千里外，人在水天一色中”的美景，随之心也被融化了。

轻踏着古老的双廊渔村栈道，把烦恼和忧愁都抛入湖中，一幅幅大自然的天然画卷呈现在面前。坐在洱海边的露天餐桌前，对着波光粼粼的湖面，品着烂漫的红酒。感受着双廊悠久的历史文化，和谐优美的自然环境，仿佛让时光留住了脚步。可惜，熊朝忠是烟酒不沾，无缘醉一回！

回到昆明，来到九乡溶洞。在大自然和时光面前，他才感觉到人类是那么的渺小，个人的得失更是微不足道。面对两亿年前形成的神奇九乡溶洞，在岁月的长河中，人，只不过是一粒尘埃或一颗流星，瞬间即逝，心中还有什么放不下的?!

通过旅游，不但让熊朝忠疲惫的身心得到修复，让沮丧的心情得到回暖，更让他悟出许多人生哲理。重新考量人生真正的得与失！

自在海南举办的贺岁杯上被来自墨西哥的拳手 TKO 并抢走金腰带后，熊朝忠 2014 年 4 月第一次出现在公众面前。提及丢失的金腰带，熊朝忠直言不服气，那场比赛输在自己太轻敌了。经过一个多月的休整，看上去小熊的心情已经平复下来，面对媒体也能坦诚相告。

再谈及这场比赛，小熊已然释怀，他微笑着说道：“刘老师问我要不要看录像，我说既然不好找就不看了。没看录像，没做分析，没想到他上来就这么猛，把我的节奏完全给打乱了。”

许久没有尝到过失利滋味的小熊那段时间心情不太好，教练兼推广人刘刚给他放了一个很长的假，好让他恢复心情，重新认识、分析失利的原因。他早已经想明白，比赛的结果无非就是胜和负，过了就过了。只不过对于丢掉的那根金腰带他很是遗憾，“我当然不服气啦。”他说，金腰带对拳手来说是至高无上的荣誉和地位的象征，“下一场比赛现在还没有确定，我还需要跟刘老师商量，我想重赛，拿回金腰带，但这要看我的状态，也有可能打一场调整赛。”

此时，熊朝忠将满 32 岁，当问及考虑何时退役时，小熊直言要看明年表现如何，如果明年打得不错，他将继续征战下去。32 岁对职业拳手来说仍然处于当打之年，已经拿到过拳王头衔的熊朝忠可以通过减少比赛数量来达到保持状态的目的，就像现在很多世界拳王一样——每年参加一至两场比赛即可。

“我还没有想清楚退役后要做什么，但肯定不会离开拳击这个圈子。”小熊说。

熊朝忠说，在那段时间，自己认真考虑过自己的未来，“我还想打，但是用什么样的心态去打是需要我冷静下来好好思考的。”熊朝忠说，如果回来之后打一些不疼不痒的比赛还不如干脆退役，要继续就要以重新上路的目标继续冲击金腰带。

确定复出之后，熊朝忠开始了艰苦的训练。由于海口之战后休息了将近 3 个月，熊朝忠的恢复很艰苦，“这三周训练量很大，第一个礼拜开始恢复训练的时候腿疼了四五天。”熊朝忠说，为了备战复出战，自己每周坚持三天跑步训练，地点就在自己所住的小区，“从一楼跑到二十五楼，两个来回，用 30—40 分钟。”

恢复体能的同时，熊朝忠在教练艾伦的要求下做着比以往更艰苦的技术训练。这一次，艾伦对他的步伐移动做了更多的要求和调整，这对于身材矮小的熊朝忠而言十分必要。

熊朝忠此役的对手是菲律宾人罗里奥·格雷斯，目前世界综合排名第 33 位，菲律宾该级别排名第 6，职业战绩 15 胜 11 负 1 平。罗里奥·格雷斯曾于 2011 年 7 月 8 日夺得 WBC 迷你轻量级洲际拳王金腰带，并多次挑战 WBC 洲际头衔和世界银腰带，不过成功率不高。此外，格雷斯的征战的级别也从迷你轻量级到轻蝇量级，经验十分丰富。

选择这样的对手作为熊朝忠的复出战对手十分恰当。复出战不可能给熊朝忠安排实力太过接近的对手，这样的强度对于调整战而言太高，同时，也不能为了保证一场胜利而选择实力太弱的对手，这样就无法给熊朝忠保持一定的压力，也起不到检验的效果。在复出战中对阵格雷斯这种水平的拳手既能让熊朝忠面临考验，又不至于产生太大的风险，在适当强度的对抗后赢下比赛也能为熊朝忠增加复出的信心。

2014 年 5 月和 7 月，他以两次 TKO 对手完成了他的复出战。

第四节　再冲巅峰　差之毫厘

这次失利不影响熊朝忠这个传奇人物，因为 WBC 才是世界拳坛顶级荣誉，熊朝忠已经拥有过了。相比之下 WBA 略微次之，IBO 更不用说了。熊朝忠发挥出让对手惊叹的水平，且对手超强，有着惊人的战绩。

2014 年深秋，金黄色的玉米挂满了云岭大地上的农家屋檐，农民迎来了大丰收。红嘴鸥早早地飞临昆明。在昆明众威拳击俱乐部拳馆外，粉红色的三角梅开得正热烈，散发着淡淡的香味。简易破旧的铁皮房里就是熊朝忠的训练场地。不足 200 平方米的拳馆里弥散着汗水和雄性荷尔蒙，也弥散着野心和梦想。

2014 年 10 月 19 日，熊朝忠团队将启程前往世界著名赌城蒙特卡洛，并将在 25 日挑战现 WBA、IBO 双料世界拳王布德勒，这是熊朝忠今年 2 月丢掉 WBC 的世界拳王金腰带后首次挑战世界金腰带头衔，中国拳迷对熊朝忠再次创造中国职业拳击历史抱以极大期望。

熊朝忠在海口举行的 WBC 卫冕战中被墨西哥拳手诺沃亚 TKO，丢掉了金腰带。8 个月后，熊朝忠重整旗鼓，再次向金腰带发起挑战，不过，熊朝忠知道如果在原来的组织 WBC 内向从自己的手中夺走金腰带的诺沃亚发起挑战是没有胜算的，因此，熊朝忠的经纪人刘刚经过一番运作，让熊朝忠在另外一个方向发起冲击，希望在 WBA 和 IBO 两个组织中找到自己新的位置。这一次熊朝忠的对手是 WBA、IBO 双料拳王布德勒。为了备战这次比赛，熊朝忠团队从菲律宾邀请了 4 名教练，埃伦负责熊朝忠的总体训练安排、放松和管理，也兼职教其他拳手。琼是主训练师，主要负责小熊喂拳。格雷斯和艾斯特莫斯·嘉亚两位前洲际拳王是特邀陪练，主要调整熊朝忠的前手拳和近身攻防。并专门给陪练看了对手之前的比赛录像，要求他们去模仿，以便让小熊提前适应对手的打法。刘刚表示，此次训练的重点是储备足够的体力打硬仗，不是玩技术！队友们都希望他打出自己的真实水平。

WBA、IBO 迷你轻量级世界拳王争霸赛于北京时间 2014 年 10 月 26

日凌晨在摩纳哥蒙特卡洛星际大厅举行，经过12回合较量，三位裁判一致认定南非拳手巴德勒战胜中国拳手熊朝忠，卫冕WBA、IBO迷你轻量级拳王双金腰带，熊朝忠以微弱点数落败。

比赛中，熊朝忠在第二回合两次将对手击倒在地，但并未收获胜利。第三回合他在移动中被巴德勒击倒在地并遭到数点。余下的9回合较量中，两人表现平分秋色，最终巴德勒赢得了裁判的一致认可，以114:112、114:112、118:108战胜熊朝忠。

担任央视解说嘉宾的中国拳击队总教练李青生认为，小熊的问题还是技术不够好，拳法太单调了，没有第二次反击，出拳也太少了。看起来两人不分伯仲，最后往往卫冕的一方获胜，因为巴德勒算是主场作战。一名IBO的裁判也指出小熊出拳太少了，虽然击中对手获得的打击伤害更重，但是在有效拳数上处于了劣势。

双方的差距并不大，比赛打到第7回合都还是比较接近的，巴德勒是FIGHTNEWS和美国《拳台》杂志评选的105磅世界综合第一，但他打出的拳并不重，对熊朝忠的威胁不算大。不过，熊朝忠并没有占上风，而对手的出拳更为有效，输了也没话可说，只能感到可惜。有人把熊朝忠这次挑战看作是“重新崛起”和“打翻身仗”，笔者认为这次失利并不影响熊朝忠这个传奇人物，因为WBC才是世界拳坛顶级荣誉，熊朝忠已经拥有过了。相比之下WBA略微次之，IBO更不用说了。况且熊朝忠的对手超强，有着惊人的战绩。

熊朝忠这一次的对手布德勒26岁，目前在迷你轻量级的世界综合排名比熊朝忠高，位居第2，职业战绩27战26胜1负9KO，是一名实力超群的世界拳王。2007年进入职业拳坛后，布德勒一直参加年轻的国际拳击组织（IBO）的比赛，并在取得10连胜后于2009年4月在南非开普敦夺得IBO轻蝇量级（108磅）洲际金腰带。2010年，布德勒又在开普敦击败鲁比莱尔拿下IBO世界金腰带，正式成为世界拳王。布德勒职业生涯目前为止的唯一一场失利来自于2010年的一场卫冕战。当时，他与布瑟雷茨打满12回合，比分判定失利，失去了金腰带。那场比赛后，布德勒降级征战迷你轻量级（105磅）的比赛，也就是熊朝忠现在所在的级别。2011年，布德勒击败罗兰德夺得IBO迷你轻量级世界金腰带，再次封王。之后布德勒七次卫冕这一荣誉至今。2013年11月，布德勒4回合KO维切利，拿到 WBA 世界金腰带。至此，这位南非拳王成为 WBA 和 IBO 两个组织的双料拳王。2014 年，布德勒再度两次卫冕这两条世界金腰带。10 月 25 日，布德勒将迎来熊朝忠的挑战，这将是他第四场 WBA 头衔的卫冕战，同时也是第 8 场 IBO 头衔的卫冕战。

赛后，刘刚认为熊朝忠打了一场漂亮的比赛，是 2014 年四场比赛中水平发挥最好的一场。熊朝忠所属的昆明众威拳击俱乐部董事长李建认为，这是熊朝忠复出以来打得最精彩的一场比赛，同时认为他打出了中国的力量。

回到休息室，熊朝忠与巴德勒握手合影，只见巴德勒满脸红肿，熊朝忠则干干净净，却没想到巴德勒后来竟然去医院缝针了，一共缝了六针。第二天早上再见巴德勒，他右眼被紫色瘀血充斥，脸上多处瘀青，走起路来有些东倒西歪，他赞熊朝忠拳头威力大，感谢他给了他一场精彩的比赛。

熊朝忠虽然没有拿到金腰带，但他挑战金腰带的步伐仍在继续，3 个月后他将进行调整赛，为下一次的挑战做准备。

第五节　重拳显雄风　夺得 WBC 国际金腰带

2015 年的春天来得特别早，接近春节，春城已是百花竞放，莺飞燕舞，春意盎然。春天的早来似乎向拳迷们暗示着一个好消息：中国拳坛的春天来临了。不出所料，大年初四晚上，在云南省文山市举行的 CCTV 贺岁杯 WBC 职业拳王争霸赛中，作为焦点之战的熊朝忠与日本拳王山本浩也争夺 WBC 迷你轻量级“国际金腰带”引来了满场喝彩，最终熊朝忠打满 10 个回合凭点数优势战胜了对手，夺得了这条“国际金腰带”，在 WBC 的世界排名中重新进入前 15 位。

山本浩也 23 岁，12 岁时学习空手道，直到 17 岁才转向职业拳击，当时世界综合排名第 50 位，日本排名第 10 位。山本浩也虽然之前没遭遇过熊朝忠，但他看过熊朝忠当年与自己同胞的一场比赛，对熊朝忠的后手重拳留下了深刻的印象。他同样对战胜熊朝忠夺得这条“国际金腰带”充满信心。

熊朝忠在失去了拳王头衔后有些沮丧，虽然仍然征战在拳台，但争胜的雄心已不复当年。刘刚说："熊朝忠的雄心虽不复以前，但也有好的地方，就是他无论是赛前还是赛中都很放松，他已经不怕输了，即使是在自己的家乡，熊朝忠也没有太大的压力。"当然，这与对手也有一定关系，对手山本浩也，按行家的眼光，是打不过熊朝忠的。

为了打好贺岁杯拳击赛，1 月 22 日，刘刚专门把参加贺岁杯的选手带到巴厘岛，与来自印尼、菲律宾以及澳大利亚的三个俱乐部教练以及拳手共同组织训练营进行训练，这也是中国职业拳击俱乐部第一次在海外进行如此大规模的备战。为了准备这次回家乡的"汇报演出"，熊朝忠推迟了原定在春节期间的婚礼，他与妻子领证 2 年后，还没有正式按家乡风俗摆酒拜天地。谈到即将到来的比赛，熊朝忠很有信心："这场比赛对我来说相当重要，必须有信心，所有的训练都很有用，包括控制体重方面。我看过山本浩也的三场比赛，山本与其他日本拳手一样，属于拼打型。"

首回合熊朝忠并未急于发动攻势，处于试探对手的节奏，山本浩也表现得更为积极，双方都比较谨慎，有效进攻并不是很多。不过 2 分钟过后，熊朝忠一记重拳打得山本有些踉跄，但对手还是多次主动进攻，场面上基本上呈现均势。

第二回合熊朝忠逐渐打出气势，虽然场面上以躲闪和防守为主，但伺机反攻的质量很高，山本虽然处在主动进攻的一方，但有效打击很少，很明显比赛经验还不够丰富。熊朝忠很好地控制场上节奏，双方争夺十分激烈。

第三回合，山本加重出拳力道，熊朝忠稳固防守，两人多次近身肉搏，熊朝忠的防守有些吃力，但基本上可以维持住局面，反击出拳还是很有效率，山本的体能状况看起来还是相当不错。

第四回合，熊朝忠上来就一阵猛攻，一度将山本逼到绳角，连续进攻得手。山本防守顽强，顶住熊朝忠的攻势后开始反击，熊朝忠的防守破绽很少，伺机出拳效果很不错，打得山本有些狼狈。

第五回合，熊朝忠又是上来一组组合拳，山本已经非常被动，熊朝忠出拳非常坚决，完全占据场上优势，山本的速度明显下来，熊朝忠的攻势愈加凶猛，山本几乎毫无还手之力。

第六回合，山本展开绝地反击，熊朝忠的眼角被打破，血流不止依旧坚持比赛。熊朝忠的表现受到眼角伤势的影响，山本猛攻连续击中有效部位，熊朝忠勉强支撑。

第七回合，熊朝忠逐渐恢复常态，双方短兵相接，场面上又呈现出均势，打得更为激烈，熊朝忠提升进攻效率，命中率明显高于上一回合。

第八回合，熊朝忠彻底转被动为主动，多次打中山本，双方体能都有所下降，但也都顽强支撑不让分毫，比赛进入僵持局面，谁都无法占据绝对上风。

第九回合，双方继续拉锯战，熊朝忠抓机会能力明显更强，一度连续攻击山本成功，取得点数上的优势，再度将对手逼入死角，山本明显体能消耗殆尽。

第十回合，熊朝忠要做的就是保持节奏，虽然进攻显得有些踉跄，但足够压制山本，后者背水一战，但基本上已经很难改变被动的局势。熊朝忠将优势保持到铃响，在场观众一片喝彩。

此次比赛中，在家乡作战的熊朝忠展现出了快速、灵敏的特点和充分的自信，最终以点数胜出。国际头衔仅次于世界头衔，获得国际金腰带将帮助熊朝忠提升世界排名，为其再次冲击世界拳王金腰带打下基础。

2015 年 3 月 21 日晚，首届中国拳击“龙鼎杯”风云人物颁奖在河北省正定举行。熊朝忠荣获年度最佳拳手，昆明众威拳击运动有限公司负责人刘刚获年度最佳推广人。

第十四章 世界拳王的品牌效应

第一节　婉拒品牌代言　积极参加各种公益活动

作为中国首位世界职业拳王这一响当当的品牌，许多商家早已偷偷觊觎，想方设法通过各种关系找到熊朝忠，重金邀请他代言，面对这大好机会，熊朝忠并没有像人们想象的那样乘机捞一把，而是出乎意料地婉言拒绝了。相反，他积极参加各种公益活动。从 2014 年 5 月 22 日蒙牛公益活动“我回老家上堂课”走进了文山州马关县夹寒箐镇么龙小学，到 2014 年 5 月 24 日在昆明南屏街中心广场，带领大家用“重拳”砸陋习，呼吁“一起行动起来，做一个文明人!”，他乐此不疲!

2014 年 5 月 22 日，蒙牛公益活动“我回老家上堂课”，熊朝忠跟随整个公益团队走进了文山州马关县夹寒箐镇么龙小学，看望了母校的全体师生，并给孩子们上了一堂绘画课，教孩子们打拳。熊朝忠、蒙牛志愿者以及学校的师生进行了一场陀螺友谊赛。此次，公益团队还给同学们送去了 600 件未来星牛奶。

由昆明市政府新闻办、昆明市文明办主办，中共五华区委宣传部支持，云南信息报承办的“千言万语叫响文明新昆明”大型公益活动于 2014 年 5 月 24 日在南屏步行街中心广场隆重举行。近百志愿者现场宣誓签名，世界拳王熊朝忠倾情助阵。

当天下午，烈日当空，气温进入一天最高，南屏街中心广场仍然人流如梭，其中不少人是在等待世界拳王的到来。时间进入两点半，白色 T 恤、蓝色裤子，一身运动打扮的熊朝忠出现在大家面前。当人们逐渐认出这个个子不高却肌肉结实的小伙子时，舞台周围已经被围得水泄不通。随后，在主持人的热情介绍和现场观众热烈的欢呼声中，熊朝忠走上台前，用地道的方言和大家招呼："大家好，我是熊朝忠，我来自云南文山马关县，云南的老乡你们好吗?"世界拳王就站在自己面前，不少人激动地高呼起来，越来越多的人聚集在舞台旁一睹拳王的风采。

"作为一个云南人，我感到非常自豪，这里气候宜人，资源丰富，迎接着世界各地游客的到来。我和大家一样，深深热爱着这片土地，热爱着我的家乡，但是在家乡我也经常看到一些不文明的行为，比如乱扔垃圾、随地吐痰、乱闯红灯等等，这些不文明行为不仅会破坏我们生活的环境，还会有损游客对美好云南的向往。今天举办了文明新昆明大型公益活动，在此我也希望大家和我一起行动起来，从不乱扔垃圾这样小小的文明习惯做起，做一个文明人。"站在台上的熊朝忠褪去世界拳王的光环，用自己的亲身经历讲述他对文明的看法，并呼吁大家和他一起行动起来，从不乱扔垃圾这样小小的文明习惯做起，做一个文明人。

活动现场，熊朝忠还和大家分享了他的成功经验，他说："有了目标就一定要坚持，坚持训练坚持梦想。时代是属于我们的，我们要敢想更要敢做，敢做的同时一定要坚持向前，不要被困难和挫折打倒，成功就会属于你。"朴实的语言，赢得了现场市民发自内心的掌声。

2014 年 8 月 22 日，中国首位 WBC 世界冠军熊朝忠等名人也积极响应春城晚报发起"春晚大爱　冰桶挑战　救助灾区罕见病患儿刘庆"专项救助活动，与晚报一起"冻"起来。为专项救助已募集善款 10400 元。

2014 年 11 月 3 日，熊朝忠正式成为文山消防形象大使。"119"消防日是全国性、全民性开展消防宣传教育活动的重要时期，为进一步扩大影响力，文山支队借助名人效应，积极策划，多方协调，特别邀请到世界级著名拳王 WBC 金腰带获得者文山马关人熊朝忠为消防代言。当日，支队召开了聘用洽谈会，向拳王熊朝忠介绍了本次"119"消防系列活动的，阐述了消防宣传的重要性，并邀请拳王熊朝忠作为本次 119 活动的主要嘉宾，向熊朝忠正式提出邀请，作为文山的一分子，熊朝忠深知消防安全的重要性，欣然同意成为消防宣传形象大使（兼"消防武术教练"）为消防代言，并作为嘉宾受邀参加本次"119"宣传启动仪式活动。

第二节　借机谋发展　马关县大打拳王牌

马关县地处云南省东南部，文山壮族苗族自治州南部。马关属于全国贫困县。

熊朝忠说：“我在打拳前，家里主要就是靠种地生活，父母和我哥哥弟弟一年的收入不到3000元人民币，这些钱主要是靠养鸡和养猪过年去卖了换回来的……”

在熊朝忠拿到世界拳王的金腰带之后，马关县做了一件事情——他们取下了紧邻马关汽车客运站的那块全县最大广告牌，换上了花2000元制作的熊朝忠宣传画。自此，出入马关的人都能看到面积一百多平方米的巨幅宣传画。

从未出过历史名人的边陲小县马关，太渴望被外界关注和了解。马关尽管有着丰富的资源，但却始终缺乏龙头企业的带动，此前他们竭力将马关打造成“中国草果之乡”和“中国民间艺术之乡”，虽然取得了一定的效应，但要赶上国内发达地方还任重道远。熊朝忠的出现，让马关找到了一个新的契机，“我们之前已经有了两张名片，自强不息、励志向上的小熊就是马关的第三张名片。”马关县县委宣传部部长有关负责人说。

《国家级贫困县75万重奖拳王》事件经过《成都商报》的报道，在过去一段时间形成了巨大的新闻效应，广泛讨论的余波数日未平，马关结结实实地红了一把。

2012年马关县的地方财政收入达到了4.3亿元，属于全国典型的贫困县。2013年1月16日成都商报一篇《国家级贫困县75万重奖拳王》报道出来之后，正是“国家级贫困县”这几个字触及到了不少人的神经，因此批评马关“不顾民生，胡乱花钱”。在该负责人看来，这些非议都是由于不了解马关的实际情况所造成的，她介绍说：“民生投入和奖励为国争光的拳王本来就不矛盾，2012年马关县的地方财政收入达到了4.3亿元，75万的奖励就是经过集体研究决定，从地方财政支出中拿出来的。”

这75万奖金给马关带来的“广告效应”是750万，甚至是7500万都达不到的。对此，该负责人说：“我们之前还真没想过要用奖励来制造话题，进行城市营销，只是单纯地希望用身边的事来激励身边的人，用拳王精神激励干部群众脱贫致富。现在更多人通过这件事情知道了云南还有一个马关县，这样的效果完全在我们意料之外。”

从马关县夹寒箐镇到熊朝忠家乡岩腊脚村的18公里土路在几年前被列在了县道路建设规划之中，前年曾拓宽了部分地基，但由于项目尚未正式上马，这条路依然维持原状。行驶在上面的饱受颠簸，尘土飞扬。试想如果天下着小雨，让整条道路泥泞不堪，再加上时有雾霭升腾，大白天能见度也经常不足十米，让汽车只能以低于20码的速度缓行，18公里的路要开一小时。

“我们现在想要重修这条路，按照四级公路来规划，它可以帮助海拔800米以下的地区将适合种植的热区植物更好地运出来，从而促进这些地方的经济发展。需要声明的是，这条路不是专门为熊朝忠而修，它途经四个村委会，建成后造福的将是广大的山区群众。”该负责人说。在马关县看来，熊朝忠成为世界拳王之后，有利于在争取项目上获得优势，从而早日达成修路的心愿。另外，今年马关县的招商引资洽谈会上，马关县也准备打好熊朝忠这张名片，在不影响熊朝忠训练和比赛的前提下，马关县还希望熊朝忠能在招商引资洽谈会举行时来为家乡站台。

经济发展比其他地区晚起步十几年的马关是如何的渴望被外界所关注和了解，当熊朝忠横空出世时，让他们有了这样的一个契机，一座县城的脉搏因此而跳动。

第三节　树立行业信心　或将掀起全民拳击热

步入职业拳坛后连胜四场的邹市明，再加上在拳坛一鸣惊人的熊朝忠，将拳击这个体育项目拉进到了人们的视野当中。如果说邹市明让中国拳迷们看到了希望，熊朝忠则给了广大拳击爱好者以信心和鼓舞。

作为中国体制内的奥运冠军邹市明让很多人羡慕，但总是望尘莫及：人家是国家队的，国家队不是谁想进就能进的！事实也是如此。而草根出身的熊朝忠直接通过中国首个民营拳击组织步入职业拳击，最终成为世界拳王确实让人又惊又喜。而奥运冠军邹市明却还在争夺世界拳王的征途中。

2013 年 11 月 30 日，两万家乡父老见证了熊朝忠在云南文山州马关县的卫冕。5 回合 TKO 对手是熊朝忠献给家乡父老及全中国拳迷最好的礼物。

一直以来，职业拳击在中国举步维艰，迄今为止，也没有一纸明文规定，允许其开展。不过，这样的情况正在随着熊朝忠的出现以及奥运冠军邹市明转战职业拳坛而发生着悄然的变化。

自 2012 年，熊朝忠荣膺 WBC 世界拳王头衔，开创了中国职业拳击的新纪元，事实上，作为中国职业拳击第一人，熊朝忠改写的是整个世界职业拳击的历史。在这项伟大的运动中，拳王名录上终于首次有了一个中国人的名字。

然而，在一个没有职业拳击传统的国家，熊朝忠的卫冕虽然在民间层面引起了广泛的关注和热议，但在官方层面上，如何使职业拳击与现有体制融合依然是一个难题。这也是为什么熊朝忠这位拳王在背靠 13 亿人的巨大市场却没有创造出应有市场价值的原因。

虽然在官方层面上没有得到足够的重视，但熊朝忠依旧坚持着，进步着。从 2009 年至今，熊朝忠拿到银腰带、金腰带，直到击败强大的奎洛卫冕，熊朝忠的心脏越来越强大。11 月 30 日在马关县的卫冕不仅让人看到了熊朝忠的自信，更让人看到了他在技术层面的进步，这种进步将帮助他营造更加强大的气场，帮助他有信心去完成金腰带的统一战。

熊朝忠的卫冕为中国职业拳击带来了力量，他让人们看到了中国人征战职业拳坛的希望，他告诉世界，中国人一样能够成为职业拳王。2013 年，奥运冠军邹市明转战职业拳坛则让职业拳击在官方层面上寻求突破带来了可能，虽然邹市明仍然处在艰难的转型期，但他迈出的这一步对于中国职业拳击的发展却至关重要。2014 年 7 月 19 日晚在澳门金光综艺馆举行 49 至 52 公斤级皇者之战中，邹市明凭借点数，毫无争议地战胜了哥伦比亚选手德拉罗萨，赢得世界拳击组织（WBO）特设金腰带。中国的拳迷们欣喜地看到，中国职业拳击的氛围因为熊朝忠和邹市明这两名拳手而变得格外的浓厚。

在熊朝忠的第二次卫冕战中，在人口只有 37 万的小县城马关，中央电视台派出了 60 人的转播团队对熊朝忠的卫冕战进行直播。虽然比赛比不上帕奎奥“金光决战”比赛那般金碧辉煌，但央视的直播至少让人们看到了曙光和希望，看到了体制内对于职业拳击的逐渐重视和认可，看到了平凡人追寻中国梦、创造正能量所能带给我们的巨大改变。

在内地其他城市，曾经的全国冠军，也是天津首位成为职业拳击手的周德全说，尽管已经处于半退役状态20多年了，但自己就是舍不下这段“拳击情”，每个周末，到这里和曾经的队友切磋几下也成了他的一个精神寄托。

有裁判，有解说，有对手，一场3回合的拳击赛就这么在一群叫好的观众中上演了。红方周德全和蓝方张军曾经是天津拳击队的队友，两人这一搭上架势，虽然出拳力量和躲闪速度都已经大不如前，而且为了安全起见，大家也都是点到为止，但仍旧赢得周围观众一阵阵掌声。烈日下，3分钟的一个回合下来，两人就已经满身是汗。

这里每周都会有比赛，来的都是全国冠军。在昔日的拳击冠军刘玉贵看来，尽管拳击运动看上去特别激烈，但其危险性并没有多大。“之前，有外国专家做过统计，拳击的危险系数在所有运动项目中的排名并不靠前，我们之所以要每周在这里打上两场，也是让大家更直观看到这一点。”刘玉贵说起现在大家能更多关注这项运动，他心里挺感谢邹市明的。“8年的时间，两届奥运会冠军，现在走上职业拳坛也获得不错的成绩，可以说，在中国邹市明就是拳击的代言人，要是没有他这样公众人物的努力，我们再怎么现场打给大家看，估计也不会有这么多人围过来。”

据刘玉贵介绍，因为每周末鼓楼这里都有民间摔跤比赛，培养了很好的群众基础，所以从前一段时间开始，他们也利用这块场地进行拳击比赛，而且每周来这里的都是曾经的全国冠军。现在，刘玉贵的古玩店已经成为这些拳击冠军的“据点”。如今，已经吸引了不少孩子来学习。

刘玉贵说，他想通过这种方式告诉更多的人，拳击这项运动并不危险，更体现了一种不服输，勇往直前的精神。况且，通过拳击的练习，也能提高人的反应和判断能力。“现在有些家长比较功利，让孩子去练习一些将来能赚大钱的项目，我觉得并不可取。”

裘晓君，1990年出生于杭州，小时候练过套路和散打，13岁被当时的教练程茂华推荐到上海体院附中学习拳击，曾经获得过全国少年赛的冠军，算是科班出身。

此前裘晓君曾经在江苏定园和天津WBO拳击中心参加过职业比赛，但是发展一般。2011年签约了刘刚的众威拳击，历经2年多的提高和准备，在2013年的8月9日于衡阳击败菲律宾的梅林，获得了ABCO的洲际金腰带。

2014年5月16日晚，中泰杯的WBC职业拳王争霸赛在河南南阳进行。WBC超羽量级洲际拳王裘晓君在的比赛中第四回合KO印尼拳王拉斯曼丁，第四次卫冕金腰带。在当晚的比赛中，WBC女子次轻量级国际金腰带持有者徐春燕在第七回合TKO泰国拳手斯瑞佛拉，成功卫冕金腰带。裘晓君师兄，前WBC迷你轻量级拳王熊朝忠也在当晚的比赛中复出，在与菲律宾拳手格雷斯的对抗中，熊朝忠在第五回合TKO对手，赢得自己丢掉金腰带后的第一场比赛。

裘晓君是昆明众威拳击旗下冉冉升起的一颗新星，在过去的一年多时间里，裘晓君进步明显。2013年8月份拿到WBC超羽量级洲际拳王金腰带后，裘晓君已经三次卫冕成功。目前，裘晓君排名WBC世界挑战顺位第12位，世界4大组织积分综合排名第33。

作为昆明众威拳击俱乐部又一新秀裘晓君，很快便在职业拳击圈闯出了名气。有拳击名宿评价他“场上节制手段强，是典范的技能型拳手，是块打拳的好‘料子’。”让人们更加对中国拳击充满期待！充满信心！

熊朝忠、邹市明、裘晓君、杨连慧、徐春燕等拳坛名将和不断涌现的新秀让中国的职业拳击上升到了一个亘古未有的高度，掀起了中国职业拳击热。

第十五章

辉煌的背后：破解成功密码

第一节　拳王的优越感和烦恼

作为中国首个世界拳王的熊朝忠，满身的光环，成为中国拳坛一颗耀眼的新星，被万人追捧，可谓是功成名就，名利双丰收，但同时也带来了一些烦恼。印证了中国那句古话：利弊总是结伴而行！

不过总的来说利大于弊。为此，笔者就这一问题和熊朝忠展开了探讨。

笔者：先说说，你觉得和过去有什么不同？

熊朝忠：成名了！这是我以前想都不敢的，也是我亲朋好友都难以置信的。作为一个普通的农家子弟，除了有一身使不完的蛮力气之外，我感觉到自己没有什么特长。你想想，就我当时的条件如果要在人前信心满满地说，我几年后一定要成为明星或世界拳王，别人一定会说你是痴人说梦，甚至会说你有神经病！但通过许多机缘巧合，在合适的时候在合适的地点结识了该结识的人，再加上自己的努力，就有了今天的结果。一切像是在做梦，又像是天注定的。总之，成名后一切大不一样了！首先是政府给我的奖励和数项殊荣，其次是企业给我的关爱，广大拳迷的热捧，这些都在一夜之间发生了，包括我那种了大半生地默默无闻的父母也似乎成了名人，人们拥戴和出乎意料的尊敬让他们不知所措，同样，我有时候也感到不知所措。我更加懂得，付出是有回报的。觉得自己的付出值得！但是，我们这一行，并不是所有人都能走到顶点，许许多多的拳手多年付出，在中途就淡出拳坛了，他们同样值得尊敬。

过去我是个极为平凡而普通的人，唯一感到与别人不同的是，我一直感到自己身体内有一股使不完的劲，总想拼搏一番，最后选择了拳击职业，在这个行业得到了释放。

虽然外在条件变了，但我作为农民儿子的那颗心没有变，还是从前的我。

笔者：在生活上，你接受奢侈吗？

熊朝忠：不接受。人们或许都厌恶贫困，但我要说贫困并非坏事，至少他能磨炼自己，养成节俭的习惯。当然也有人发财后，挥金如土，发泄贫困时在物质上匮乏。这是一种不正常的心理，这叫作忘本。有了钱，应该想到更多的贫困者，去帮助他们。中国有一句古话：静以修身，俭以养德。俭朴是中华民族传统美德。奢侈在任何时候都是耻辱的。多年前，听人讲，有媒体报道，一个贫困女大学生一个学期只花了8.7元钱，全是吃别人的剩饭剩菜念了一学期书，而这年春节居然有人花8.7万在豪华酒店包了一桌年夜饭。两个数字联系在一起让人感到寒心。不管是真是假，弱势群体应该得到关爱。条件稍好的人节省一点就会让困难的人渡过难关，社会就会充满仁爱、和谐。

笔者：你体会到拳王的优越感吗？

熊朝忠：这个无处不在，包括吃饭购物等等。有一次我去买手机送家乡的亲人，老板认出我，马上就不要钱。我说，这样不行，一定要付钱。

笔者：拳王的优越感相信还会有很多很多，咱们就不一一叙说。谈一下烦恼吧。

熊朝忠：好的。烦恼有这么几点：一是成名后应酬多起来，首先是国内外的媒体，最多的时候他一天要接待十几拔的媒体记者，当然不是说媒体采访不应该，是应该的，但一般人可不知道我们国内外的媒体有多少，电视台、报纸、专业拳击杂志、网络媒体等等数不清，都在我夺得世界拳王金腰带后蜂拥而至，严重超出我的承受力，还有商家、拳迷的拜访，最多一天有10个饭局，对训练和休息肯定有影响。二是生活被机械化安排，失去了以前自由自在无拘无束的生活。有时想起还未出名时的生活，作为一个平凡人的生活自在，没有压力，想干啥就干啥。三是在吃东西方面也是很有节制的，因为一不小心就会长胖，作为一个职业拳击手要控制好自己的体重。我不抽烟不喝酒。因此，再好吃的东西也不敢像一般人那样吃个够。四是一些媒体不负责任地乱报。说我挑战邹市明就是个明显的例子，邹市明虽然是全国人民敬仰的两度奥运冠军，但在世界职业拳击他刚刚起步，排名远在我后边，哪见过排名高的向排名低的挑战？

其次，就是克服一些比赛前的烦恼。

笔者：你如何应对这些烦恼？

熊朝忠：在对待应酬我采取巧妙安排；在饮食上我保持理性节制；在面对“被安排”的生活我努力去适应；对于媒体的误报当然是采取包容。对待比赛前的一些烦恼，我采用拳王阿里，也就是我的老师三个克服烦恼的方法。

阿里说，在我漫长的拳击生涯中，最大的劲敌可说就是“烦恼”。我由于克服这烦恼，才获得我在事业上的活力和成功。我用来克服烦恼的方法，大概如下：

一是为了不使比赛时意气沮丧，我常常不绝地督励自己。例如和菲尔浦比赛时，我一再对自己这样说：“不管怎样，我决不懦怯，我决不会被他击伤。不管怎样，我一定会获得胜利。”我一面嘴里这样说着，一面在内心里抱着必胜的心理。这实在有很大的效用，因为我可以使自己忘了会遇到对方的打击。我曾经嘴唇被打裂，眼睛被打肿，肋骨被打碎；有一次，我竟被菲尔浦打到绳围外面去，结果跌在新闻记者的打字机上，把这打字机都压坏了，但我还是毫不感到自己已经被打中。

二是对比赛之前所起的烦恼的排除。每当一场大决赛之前，我常常会这样担心！这次也许我的臂会被打烂，我的腿会被击碎，我的眼睛会被打得突出来，甚至我的生命会送掉。由于这样的一再忧虑，我神经过度紧张，以致失眠。但这时我会对自己这样反省：“这真太傻了，事情远没有发生，而且不一定会发生，这样傻想它干什么？人生很短，未来的事，何必想得那么多那么远。人生要快乐，不要自寻烦恼，毁了身体。健康第一！健康第一！”因为我不时用这些话向自己提醒，久而久之，好像我的皮肤增加抵抗力，烦恼的毒菌也就无法侵入了。

三是祈祷。我在此赛之前练习的时候，不消说一天要祈祷好几次，就是在正式比赛时，每场开始之前，我也要祈祷。因为这能给我勇气和自信。我平日不祈祷不上床，不先感谢神也不进食，我的祈祷都有效验吗？有的，也不知有好多次呢。

第二节　“高处不胜寒”只是表象

“高处不胜寒”出自北宋文豪苏轼的《水调歌头》。比喻一些位高权重的人，没有知心的朋友，经常感觉被别人推崇在高高的位置上。简单地说就是，站在高高的地方承受不住那里的风寒。又比喻一个人在技艺或修为上所达到的极高境界。境界越高，能够做伴的人就越少，越会感到孤独与寒冷。

熊朝忠出名了，是凭自己的实力出名的。他的一举一动时刻都会以世界冠军来警醒自己，不能随心所欲。一般朋友跟他有了距离感。他似乎体会到什么叫“高处不胜寒”！但是，他却有不同的解悟。他说，其实“高处不胜寒”只是表象！

笔者：你现在贵为世界拳王，而且是中国首个，你跟昔日的朋友之间是否存在距离感？他们对你会不会像从前一样？

熊朝忠：虽然我这个人容易亲近，不摆架子，但我发现回到老家，除了跟我很亲的朋友外，一般的朋友总觉得现在面对的是一个世界拳王，显得有些拘束，不像以前那样畅所欲言。

笔者：你的性格温和，人品也是没得说的。可能是你的气势和身上的光环让他们望而生畏，你该如何应对呢？

熊朝忠：或许吧。自从获得世界拳王称号，每次回家都有很多媒体和企业家和政府官员随行。云南电视台记者跟我一起回老家采访过两次，一次是拍纪录片，还有一次是人物专访。还有中央电视台拍的“中国梦”系列的纪录片，省外电视台、香港凤凰卫视，多得记不清了。记者到我家拍摄，我们下面这些人很羡慕我，做梦也没想到我会走这么高。现在回家都有记者跟着，上次我回去，我们县里的领导都跟我一起去了我老家。

在昔日的朋友跟我有了距离感时，我会主动去沟通、去亲近。我想他们的这种表现有两个原因，一是自卑，感觉自己处得很低；二是担心，怕走高了的我瞧不起他们。所以，我要用我的行动消除他们的顾虑，告诉他们我还是从前的熊朝忠。

笔者：走得高是好事，同时也会“高处不胜寒”，这是自古以来的成功者的同感，你有没有这样的感受？

熊朝忠：这个，不好说。首先，我觉得自己取得一点点成绩不敢跟古今的名人和成功人士相比。如果说真要谈谈这方面的体会和理解我倒是可以谈谈。要说一点都没得这方面的感受肯定是假话，毕竟要承认现在的我和过去的我是有区别的。随着自身价值的改变，自己的一切也随之要提升，一举一动时刻都会以世界拳王来警醒自己，不能随心所欲。我出生于1982年，是属狗的。属狗的人几乎都有个共性，对朋友真诚，对事业执着，不会半途而废。其实，进众威拳击俱乐部不仅仅是教我拳击技术，而且也让我学会如何做人，如何为人处事，包括在公众场合下的一些礼仪。刘刚老师常常告诉我们，出来混做人最重要。做人要踏实，做事要利索，处事要圆滑，在拳台上面对对手，就要虚实结合，兵不厌诈。

应该说，现在的我就算不是拳王，身心也比从前在老家时成熟得多。我觉得古人和今天一些成功人士所谓的“高处不胜寒”，一半是真正地站在“高处”，无法获得温暖，也就是身不由己。一半是孤傲，自己制造的寒冷，自命不凡，不愿意“屈尊降贵”。这样的人不但把自己孤立，而且会失去人们的尊敬。

笔者：想不到你对这些理解的这么深透，咱们接着聊。

熊朝忠：好的。其实也没有理解多深，读书时老师经常教诲：虚心使人进步，骄傲使人落后！归根结底是一个心态问题，说严重点就是一个人的素养问题。中国传统文化就有“礼贤下士”，对人彬彬有礼，以礼相待，对于那些居高临下盛气凌人者，反被人唾弃。所以，我说“高处不胜寒”是一个表象，真正的寒冷是自己给的。我虽然和亲朋好友分开，但心在一起，我心里装着他们。有时的孤独也是为了事业，自己思考每一场比赛的成败，分析进步和不足，在这个时候我肯定不能想着他们。在我看来，人生就像文学作品里说的“一场戏”，只是我扮演的角色不同而已。古语云：富贵荣华眼前花，傲什么?! 当然，这仅仅是我个人的观点，不一定完全正确。

笔者：我觉得你的观点很正确，难怪你总是显得很开心。

熊朝忠：我心里没有障碍，当然开心，即便是在昆明学拳经济最困难的时候，我也不是整天愁眉苦脸。我始终相信生活会好起来。烦心的事每个人都有，不一定都要写在脸上。有一句佛语：人在网中，网在心中。

笔者：或许，人们了解的熊朝忠只是一个武者，如果知道你对人生有如此深理解，一定会大吃一惊。传记已接近尾声，后边章节还有几个问题要跟你交流，今天到此为止。谢谢！

熊朝忠：好的，不客气！

第三节　破解成功密码：立志＋团结＋奋斗＋坚持＝成功

有人说，真正的人生，没有一天不需要拼搏奋斗。成功是什么？成功，就是战胜那些企图阻碍我们幸福而又快乐地活着的种种艰难险阻和倒行逆施。从来就没有什么一帆风顺的人生和一蹴而就的事业。生活的目的，全然在于夺取一个又一个的胜利；获得一次又一次的成功——为的是使我们能在困难重重的人生中，得以畅快地呼吸，舒心地微笑，欢乐地歌咏，尽情地享受。

但这世界历来就是一个苦乐参半，矛盾守恒的世界。任何美好的物事，都必须得以艰苦的努力去兑换。

熊朝忠的成功有人说可以复制，有人说不可复制。众说纷纭，但有一点可以肯定，他的成功告诉广大青年人，在这个竞争型的社会，命运是可以改变的。透视他成功的背后，破解他成功的密码，下一个成功者或许就是你。为此，笔者就此问题采访了熊朝忠。

笔者：首先要问的是，有人说你的成功可以复制，有人说不能复制，你个人是怎么看待的？

熊朝忠：我的成功确实不易，好比小米加步枪打飞机大炮，算是创造了奇迹。说不能复制也有一定的道理，说可以复制也说得通。总之，因人而异，因环境而定，不能下死定义。

笔者：这越说越模糊了，让我弄不明白，能不能说具体点。

熊朝忠：具体可以这么说。简单而言，对生活的强者来说是可以复制，对生活的弱者来说是不可复制。我这里说的强者和弱者是指改变生活意志的强和弱。因为生活意志薄弱缺乏斗志的人就会给自己找一大堆理由来安慰自己。要讲客观条件如何差，我想只要不是智障人，谁也不会比苏联著名作家奥斯特洛夫斯基的条件差，1930 年，他在全身瘫痪、双目失明的情况下，靠口述写出震惊世界的名著《钢铁是怎样炼成的》一书。所以，我认为奋斗意志薄弱者总会给自己身上的惰性找借口。我个人认为我的成功是可以复制的！首先你要感谢有这样一个让你成才的时代，譬如一些读书不行在建筑工地做苦力的年轻人，通过自己的努力几年过后就会成为包工头，最后成为大老板，这样的例子举不胜举；一个做保姆的农村女孩做了两年保险在城里买了三套房子；一个 47 岁身材矮小面目丑陋的农民，老婆打工跟人跑了，他一边种地一边自学英语，每天坚持学 6 个小时，一年后当翻译，五年后当教授。所以，咱们感谢遇上这样一个可以改变命运的时代的同时，更重要的是要珍惜这样的时代，也就是要立志。如果你胸无大志，随波逐流混日子，又如何能改变自己的命运？

笔者：立志是首要条件，接下来呢？

熊朝忠：接下来，有人会猜想我的话题，认为我一定会说奋斗，恰恰不是。在我看来，团结二字非常重要，小而言之一个家庭，大而言之一个家族，如果不团结什么事都做不成。大家都认为我创造了奇迹，很不理解"半路出家"，既没关系渠道，有没经济支撑，单从自身体条件讲，身高臂长都处于劣势，却在几年之内成了世界拳王。我要告诉他们的是，我的成功除了教练的培养和自己的努力外，更重要的是有一个团结的家庭和团结的家族，在我最困难的时候，他们除了在精神上鼓励不让我不放弃外，在物质上给予大力支持，虽然他们的经济并不好，但几百元甚至几十元对于那时的我如鱼得水，非常重要，我从内心感谢他们！冲着亲人们的这份情，再苦再累我都要坚持下去。亲人们抱团取暖让我度过了最艰难的日子。如果没有这些援助和支持我肯定被迫放弃。我从内心感谢他们！

其实，一个团结的家庭和家族是一个和谐的国家的缩影。如果各自为政，相互拆台啥事都难成。只有相互依托，抱团共同奋斗才能创造辉煌。我之所以在那样差的环境能走到今天的高度就是一个例子。一句话：团结能创造奇迹，分裂必败！

笔者：团结二字每个人都知道，却不知对一个成功者来说如此重要。好，咱们继续谈。

熊朝忠：有名言道："立志是成功的大门，奋斗是登堂入室的旅程。"然后要强调一点，就是你的目标是否正确，是否切合实际。目标不对，力气白费。确定目标无误，行得通的话就努力奋斗去实现。不管前方的路有多艰险，有多少坎坷，只要向目标迈出一步就会接近一步。现实生活中，许多人大谈理想，就是不付诸行动。还有最忌讳的是不断换目标，主意不定，时而朝东时而朝西注定成不了事。所以，锁定目标后，坚持尤为重要，许多胸怀大志的人就败在这个环节。坚持不下去就会前功尽弃，这个我深有体会，我在中途就几度想放弃，一是看不到希望，而是经济后援跟不上，但我坚持下去最后还是成功了。

的确，在奋斗的路上，我们需要不断的坚持。虽然说坚持会让人感到未知，因为我们不知道这条路途到底还要走多长时间，甚至有时是没有一丝光亮的黑漆漆的路，看不见出口，看不到希望。在这时，我们自己需要学会给自己灌输正能量，鼓励自己坚定信念，出口或许就在下一个转角。马云这样说过，“今天很残酷，明天很残酷，后天很美好，但是绝大多数人都‘死’在明天晚上，见不到后天的太阳。”成功的人总是在某些领域坚持得最持久、走得最远的少数人，是那些敢于在原来的基础上不断创新、超越自我的人。又想起日本教育家宫泽贤治说过的一句话，“不管前方的路有多苦，只要走的方向正确，不管多么崎岖不平，都比站在原地更接近幸福。”或许在这条路上你没有收获成功，但毕竟你走过、经历过、感悟过，这也是一种收获吧。

笔者：人们往往只看到那些成功者成功后的精彩，却容易忽视他们为了这一份精彩所经历的挣扎、付出过的代价和做出的努力。冰心曾说过：“成功的花，人们只惊羡她现时的明艳！然而当初她的芽儿，浸透了奋斗的泪泉，洒遍了牺牲的血雨。”看来，你的成功密码可以总结为：立志 + 团结 + 奋斗 + 坚持 = 成功。

熊朝忠：应该是这样。道理其实很简单，关键是看你有没有拼劲，能不能坚持。只有坚持才能胜利，才能美梦成真！

笔者：谢谢你给广大读者，或者说你的粉丝上了一课，相信一个有梦想的人听了你成功的秘诀一定会更加坚定信心，坚持下去。谢谢！

熊朝忠：谢谢你！祝有梦想的朋友早日美梦成真！

第十六章 中国形象的新拳王

第一节　形象儒雅　技高而不傲

作为中国首位世界轻量级拳王熊朝忠给国内外的观众留下的是拳台上异常凶悍，拳台下彬彬有礼的儒雅形象，技高而不傲。令国内外拳迷吃惊：草根拳王竟然有这样的素养！人们认为，熊朝忠不仅改变了中国拳击历史，而且树立了“中国形象的新拳王”。为此，笔者跟熊朝忠就此问题展开了探讨，为广大读者揭开他内在素养修炼之谜。

笔者：拳王二字对世界拳迷来说既尊敬又畏惧。在所有影视作品中，拳王给人的印象是强壮、凶悍、野蛮、暴力。在现实中也是这样，从世界拳王泰森在与霍利菲尔德的较量中咬掉对手一小块耳朵和暴打他的经纪人唐金的助理博尔顿，到日本前世界拳王德山昌守殴打某加油站老板，再到世界拳击理事会宣布对前英国拳王奇索拉在新闻发布会上打人处以无限期禁赛的处罚，让人们看到的世界拳王充满暴力。纵然没有施暴的拳王也是十分傲慢，譬如，在迪拜的卫冕赛前，你的对手奎洛曾在赛前放言，金腰带是暂借给熊朝忠的，他必将重新取回！而你却表现得非常平静。赛后，国内媒体称，“贫苦出身的熊朝忠拥有良好的品德修养，拳王的风度不是霸气外露，但到了擂台上绝对会用拳头说话!”而迪拜当地媒体曾这样评价，“同那些傲慢暴躁的拳王相比，忠表现得亲切而随和，无论是招呼对手还是媒体，他都会面带笑容地鞠躬握手。很明显，他是一个谦逊的人，不应该被误认为是软弱!”大家都不明白，作为体制外的拳手竟有如此高的素养，得到国际媒体如此高的评价。人们认为，熊朝忠不仅改变了中国拳击历史，而且树立了“中国形象的新拳王”。请问你这个“中国形象的拳王”是如何修炼的？

熊朝忠：这个评价我感到很意外，其实我的一举一动都是本能的自然的，没有导演过。我想归根结底应该是两种文化的差异。外国人都喜欢张扬，比如“我很棒!”“我很行!”中国人的性格含蓄，有十分的把握他会说“我只有八分的把握”，喜欢用行为证明自己。中国人讲的是谦虚谨慎，人们对夸夸其谈言过其实者是一种鄙视。外国人似乎不太注重这方面，他们或许认为放狂言是为了给自己壮胆，同时也是震慑对手，即使输了也无所谓。至于对人亲切随和，我想这也跟我们受的教育有关，同时也是几千年传统文化的影响。首先说儒家，在儒家的传统中，孔孟总是形影相随，既有大成至圣，则有亚圣。既有《论语》，则有《孟子》。孔曰“成仁”，孟曰“取义”，他们的宗旨也始终相配合。《史记》说：“孟子序诗书，述仲尼之意。”今人冯友兰，也把孔子比作苏格拉底，把孟子比作柏拉图。儒家文化以儒家思想为指导的文化流派。儒家学说为春秋时期孔丘所创，倡导血亲人伦、现世事功、修身存养、道德理性，其中心思想是孝、悌、忠、信、礼、义、廉、耻，其核心是“仁”。儒家学说经历代统治者的推崇，以及孔子后学的发展和传承，使其对中国文化的发展起了决定性的作用，在中国文化的深层观念中，无不打着儒家思想的烙印。中国两千年前的孔子都注重一个礼字，中华民族被世界公认为“礼仪之邦”。

笔者：谈谈你们苗族礼仪?

熊朝忠：苗族人民虽然世世代代居住在偏僻山乡，但思想纯朴，对于礼仪十分讲究。

凡是幼辈见了长辈，不管是男是女，是熟识还是初次相见，都必须说话诚恳，行为恭敬，笑脸相迎，并要用一定的尊敬词语相称。若是幼辈正在行走，见了老人或长辈，必须立定；若是幼辈正在坐着，长辈来了，应该立即起立让座。眼睛要平视，双手要放下。如遇到自己不相识的长辈，对方年龄比自己大一二十岁的，男的称呼为“得讷”，女的称呼为“得目”。如年龄再大一点的，男的称呼为“阿打”（外公）或“阿内能共”“阿内能果”（老人家），女的称呼为“阿达”（外婆）或“阿内能共”。称呼完毕后，幼辈才能坐下或相辞而去。

凡是平辈相见，必须点头招呼。若是相识的，要用固定称谓相呼；如果不相识，男的可称之为“阿郎”（大哥）或“把秋”（老表），女的可称之为“阿娅”（大姐）。

凡是长辈见幼辈，一般都要行点头礼。相识的按固定称谓相呼；不相识的，如果是壮年，男的可称呼为“得那”，女的可称呼为“阿娅”。如果对方是幼年，无论男女，都可称呼为“得苟”（小弟弟、小妹妹）。

老人或长者与青年或幼辈一起走路时，青年人或幼辈必须让老人或长辈走在前头。老幼同桌吃饭时，上坐老人，下坐壮年，两边座位一般人都可就坐。老幼同在火坑边入座烤火叙谈时，靠近中柱的那一方，习惯让客人、长辈或老人坐。其他方面，随意自由。

基本就这些，所以说苗族同胞也是非常讲究礼仪的。

笔者：你觉得现有礼仪文化与传统文化有什么不一样?

熊朝忠：其实都差不多。在山东阳谷县十五里园镇叶街村有个蚩尤冢。墓碑上，北大教授段宝林先生写的《蚩尤赋》中有这样一段话：巍巍乎中华三祖，炎帝黄帝蚩尤，炎帝乃黄帝之兄，蚩尤乃炎帝之后。功业万代兮，道贯古今，亿万中华之子，均为三祖苗裔。万姓一家兮，竞争融合，同根同脉兮，和而有异。

笔者：由此看来中华民族文化还真是同根同源，和而有异。回到主题，你对外国媒体高度评价有何感想?

熊朝忠：外国媒体如此高的评价，我感到很自豪，同时也是国人的骄傲。从这段评价中我们可以看出世界文化的共性，世界人民对“那些傲慢暴躁的拳王”是排斥的，在内心不认可的。这就说明道德准则最终是相通的。

“中国形象的新拳王”我不敢当，但我要说的是，每一个登上这个台阶的人都有义务去维护自身形象和国家形象。

谈到如何修炼，我想这跟一个人的成长环境有关，艰苦的生活能磨炼一个人的品性。俗话说，三年难养成一个好习惯，三天可以养成一个坏习惯。一个人若不严格要求自己，放纵自己的行为很快就会堕落。在中国只要不是口碑很差的人，一般都具备不骄不躁，谦虚谨慎的品质。

笔者：有人或许会这样认为，说熊朝忠的谦虚实际是对咱们中国拳击行业没有足够的底气，是一种自卑。你是怎么看待的?

熊朝忠：这样说也对，从现实来讲咱们中国拳击确实没有骄傲的资本，在国际上比起来确实刚刚起步。外国人他们心里也不平衡呀，他们的祖辈打进北京城掠夺财富，称中国人为“东亚病夫”时，中国的经济科技文化远远落后他们。如今，中国已是世界第二大经济强国，科技文化突飞猛进，让老外们深感不安。一些国力连中国的十分之一都不到的国家拳击事业比咱们发达，这也许是他们唯一感到自豪的。不过，我相信凭着中国强大的国力和十多亿人口的市场，拳击行业的薄弱只是暂时的。最终会形成跟国力相匹配的拳击市场，就像美国那样。最后我要表明的是，即便中国的国力在几年后超过美国，即便中国的拳击市场雄踞世界之首也不会出现骄傲野蛮的暴力拳王，这是一个国家的文化决定的。

笔者：按中国经济发展速度，成为世界第一大经济强国这一天一定会到来。相信拳击行业也会顺应经济达到它应有的高度，也相信未来还有许许多多的拳王出现。你是改变了中国拳击历史的第一个世界拳王，因此具有里程碑的意义。你给世人的形象可以任人评说，但定格在历史里的你注定是“中国形象的新拳王”。谢谢你！

熊朝忠：谢谢！

第二节　童年的顽劣并非都是坏事

拳王从小大都生性顽劣，世界著名拳王泰森出生在贫民窟，从小打架不但练就一副钢铁身板，而且练就了野蛮凶悍品性。像其他世界拳王一样，熊朝忠从小也有些顽劣，经常和小伙伴们打架，但成为世界拳王的熊朝忠言谈举止十分文雅，对人彬彬有礼，似乎一点也看不到童年顽劣的影子，甚至怀疑他曾经顽劣的真实性。熊朝忠却说：童年的顽劣并非是坏事，关键是要把这种任性引到日后健康的成长道路上。

笔者：都说你从小顽劣好打架，但你长大后给人的印象却是一个腼腆害羞的熊朝忠。大家甚至怀疑你“小时候的顽劣”是一种炒作，并非真实，你谈谈这怎么回事？

熊朝忠：首先，我小时候的顽劣是真实的，有老师和家乡的父老乡亲可以作证，我也没必要给自己“制造一个童年性格”。至于到了十七八岁成年后完全变了，这跟成长环境有关系。我出生于1982年的秋天，从命相五行（金、木、水、火、土）上讲，属于金命人，木旺于春，金旺于秋。我正好生秋天，因此算命先生都说我命好。其实，那时一天只能挣10

元钱的我根本就不信这些，认为算命先生是为了挣钱，当然只会说好听的。这些话好像有点离题了，其实没有。20 世纪 80 年代是中国开始转型的时代，因此这一代人命运也随之发生转变。就连我那个老实巴交的父亲也学会和亲戚从越南买牛贩卖到中国来，赚些小钱。一些港台片铺天盖地，加上国内武打电影少林寺的热播对童年时的我影响极大，应该说对我们那一代人影响都很深，不知不觉就跟着学，并与小朋友们打着玩。在这期间，我发觉自己在这方面很有天赋。虽然我个子不高，但长得结实，力气很大，在模仿电影里武打的场面也学得很快，由于孩子之间经常打着玩很容易失手就会把对方打痛了，痛了就会哭，哭就会向父母告状，这样我就有麻烦。但是麻烦过后仍然会打闹，会再次“出事”。这样自然认为我很调皮，加之学习成绩又不是很好，更不被家长、老师和同学看好。可喜的是我们家的教育很好，再加上家乡民风淳朴，到一定年龄就会懂事。如果长到十七八岁仍然像小时候一样顽劣，这个人不但在家庭无法立足，在家乡也同样不能被人们接受，可以说没有生存的空间。因为，在农村小孩子的一些不好的行为人们或许可以谅解，但成年人的不良行为人们绝对是无法接受的。

笔者：你觉得你的顽劣和其他的人的顽劣有什么不同？

熊朝忠：我的顽劣和那些缺失爱的单亲家庭的孩子完全是两回事，特别是 90 后的孩子，父母打工或离异的留守儿童，他们的顽劣是很难矫正的，内心的“寒冷”已经渗透到骨子里。因此经常可以看到一些这样的孩子长大后犯罪的报道。虽然不富裕，但我有一个健全温暖的家庭，有健全的人格和自尊。小时候，爸爸妈妈不但是自己的衣食父母，也是自己的保护神。适当的调皮也是沉浸在幸福中的一种骄傲，是很容易矫正的。与缺失爱对社会产生冷漠和叛逆的调皮是两回事。当然，我不是儿童成长专家，只是做粗略的分析。

笔者：对现在那些生在城里的独生子，是被父母爷奶宠着的小皇帝，他们从小衣食无忧，胆小怕事，很难看到有顽劣的孩子。你认为这是好事吗？

熊朝忠：这不一定是好事。独生子女长大后同样要面临生活的挑战，这是一个竞争型的社会，不因为你是独生子就特殊对待。记得听老人们讲，20 世纪 70 年代，独儿子不允许当兵，现在部队很多的官兵都是独生子女。

从另一个角度讲，孩子的任性常常引起家长的担忧。但也应该一分为二地看待孩子的任性。孩子“乖”“听话”，虽然“讨喜”但未必都是好事，而孩子任性、执拗，虽然教育起来麻烦但也并非都是坏事。社会生活经验证明，那些小时候犟头犟脑的孩子，长大后可能会成为有主见、有能力、有作为的人。因此，父母对待任性的孩子不要过于急躁。

笔者：既要让孩子有个性稍稍顽劣点，又要让他这种顽劣不影响成才，这不矛盾吗？

熊朝忠：我认为应该不矛盾。大多数任性的孩子，自我意识强，好胜心强，并有一定程度的韧性。父母要善于利用他们的积极因素，加以诱导，扬其所长，避其所短。比如我，小时候因为受到练武热的影响，从影视中学到一招半式总想在小伙伴们面前显一显，挑衅一下他人，以证明自己行，满足一下虚荣心。这些特征是大多数孩子们都具有的。但到了一定年龄不良的习惯就要得到抑制，如主动挑衅、逞强等习惯。把这种好胜变成用于挑战生活的精神，这样走上社会即便是遇上在大的困难也能克服，再苦的环境也能坚持，努力去实现自己的梦想。这种好胜就转变成不甘人后，奋发向上！

笔者：说来容易，父母们要做起来就有点难了。

熊朝忠：是的，由于做父母的个人经济、文化不同，因此他们只有根据自己本能的反应去教育孩子，尤其是农村，许多家长根本顾不得想孩子的感受，常常一件小事还没弄清楚就粗暴对待，理由是自己干活累了，很烦！其实，真正让农村孩子懂事的是那个生存的大环境，从小劳动知道一日三餐来得不易，在劳动中慢慢地感悟人生。

父母要把孩子当作一个独立的人看待，要尊重孩子的人格，多关心他。自尊心和人的尊严是孩子心灵最敏感的角落，在对孩子进行教育时，要尽力保护它，不要当着许多人的面批评他，讽刺挖苦他。当孩子感到父母是尊重和信任他时，他任性的缺点会慢慢改掉的。

教育任性的孩子时要循循善诱，不能急于求成。在孩子任性耍脾气时，不要跟他硬顶，往往这时越是和他硬顶，孩子会越任性，可采取不理睬或“冷处理”的方法。其实，农村很多父母都是以自己的强势压住孩子，才不管你服不服。不过，现在独生子女多了，不知不觉又走向一再迁就的路子。假如我是独生子，我或许吃不了那么多的苦，早早地就结婚了，就是想练拳父母也不允许，也成不了今天的拳王。

笔者：现在的独生子是爹娘唯一的希望，是他们未来的依靠，出不得半点意外。特别是城市的独生子有几代人宠，有几套房子等他去继承，像拳击这样的行业肯定不会选择。拳击苗子大都出自贫困的家庭，而且具有一定的个性，你能对这些家长说点什么吗？

熊朝忠：拳击苗子只能出自贫困的人家，在中国我相信好的苗子还很多。希望那些家长成就带有顽劣个性的孩子去实现他们的梦想。我要告诉家长们，孩子顽劣说明有个性，并非坏事，就看你的培养了。

第三节　武德是武者的生命线

一般人都会觉得，只要学到一身武艺，行走天下都不怕。就会像武侠剧里的侠客，所向无敌。也有人幻想要是有了一身武艺，自己就可以为所欲为，却忽略了它由此带来的后果。不错，现实生活中确实有一些人拜师练了一点本领，由于忽略了武德，最终不但没有改变自己的命运，反而将自己葬送了。从熊朝忠身上，人们看到了一个武者高尚的道德情操。武德是武者的生命线！对此，熊朝忠有着深刻而独到的见解。

笔者：在年少时，有没有习武称霸的思想？

熊朝忠：这个肯定有。也就是我少年时的顽劣，从电影、电视里捡到一招半式，总想在同伴身上试试，一是看灵不灵，大都还是很灵验的。二是想显示一下自己的本事，证明我行。我能打得过你，你就要听我的，有一种称霸思想。但是这种行为往往会给自己惹祸，渐渐感觉行不通，在相互碰撞中，必须回到一个公平的法则上来：不管你怎么能打，大家要和平共处，必须相互尊重，互不侵犯！读书的时候，大同学欺负小同学，强的欺负弱的，老师肯定要管。如果没有章法，我们这个社会就任凭个子高力气大的人称王称霸，那还了得。家长也不会让自己的孩子去欺负人，如果发现肯定会严加教育。所以，在农村纯朴的环境里，那种欺生称霸的思想往往被扼杀在萌芽状态。

笔者：你在两次拜师的过程中，师父有没有叫你如何遵守武德，不能用学会的武艺去欺负别人？

熊朝忠：有。表哥陶卫忠就对我们仅有的六个学员明确表示，“谁要是想打毛架就不要到我这里来！”他跟我们说，练武是为了强身健体，不是为了欺负人。更重要的是学得一技之长找一条谋生的路，如做保安、保镖等，但对我来说，表哥却有更高的期望。他说，你个子太矮了，做保安和保镖都不适合。你今后要走上职业拳击之路，争取拿世界拳王金腰带，那样你就成功了，我们也会高兴。在那批练武的人中，除了来自越南的一个亲戚是为了习武自卫外，其余的人都是把它当作一项体育运动，不会抱有其他不好的想法。如果一个人抱着一个不正大的思想练武就是你人生灾难的开始。报纸电视近几年来经常报道，一些父母出钱送自己的孩子到少林寺学了几年武术，回到社会上和不法分子纠集在一起，抢劫、杀人、强奸，犯下累累罪行受到了法律的制裁。所以说，习武对年轻人来说既是好事又是坏事。对意志薄弱者，品行不端正的人来说是一大隐患，对人品好自我约束力强的人来说是好事。

后来到了昆明众威拳击俱乐部，大家的目的更明确，大都是为拳王金腰带而奋斗，希望能成为万人瞩目的拳王，彻底改变自己的人生。

笔者：你对武德是如何理解的？

熊朝忠：武德是武者的生命线！习武人讲武德，这是从古至今大凡在武坛上留过声名的武术家都有的起码要求。大凡能在世界武坛上站住脚的武术家，无一绵软性格，但刚强性格的习武人也有可能成为狂野之徒。变成狂野之徒的原因可能是他自身原因和外界影响，使他自己变成一个以暴制暴的狂野之徒。自身原因可能是缺乏道德修养，无法抵御用武功能得到的外界诱惑，但如果光是这样，可能还没有什么关系，就是在这种情况下，如果出现了外界影响就难说了。所以要想不成为一个狂野之徒，最安全的办法就是加强道德修养。而且你要知道，作为一个习武者，你的拳脚的力量对别人是很危险的，很容易几拳就会把对方打伤，更有甚者在打时不小心击中了别人的薄弱部位，会给别人造成了很严重的损伤。所以习武人一定要加强道德修养，当道德修养到了一定水平时，就能做到遇事三忍。用武力征服别人是没有一点意义的，从武术禅的角度讲：“我战胜你有什么用，你战胜我又有什么用。”当你成为一个真正有武德的武者时，就算你没有成为一个武术家，但你周围的人都会对你从内心佩服，而不是像那些狂野之徒，用拳头让别人服他。

笔者：其实，在传统文化中，对武德也有很好的解释，你关注过吗？

熊朝忠：了解一点点。武德，早在春秋时期左丘明所著的《左传》中就有“武德有七”的论述。以后随着时代的展，武德的含义也在不断地变化发展。过去，大多以“尊师重道，孝悌正义，扶危济贫，除暴安良”“虚心请教，屈己待人，助人为乐”，“戒骄奢淫逸”等作为武德信条。武术的各拳种流派，也都订有自己的“门规”“戒律”“戒约”，并有“三不传”“五不传”“十不传”以及“八戒律”“十要诀”等作为武德的标准。今天，也有不少学者对武德进行概括，有的学者认为武德是“尚武崇德的精神”，有的学者认为武德是“一种美德”，也有的学者认为武德是“武者体现的道德”。1987 年全国武术学术研讨会，将武德规范概括为“尚武崇德，修身养性”。这些都从不同侧面对武德进行了概括，但是，武德事实上是一种伦理观，所以我们应该从伦理学的角度去定义武德。

我认为，武德是从事武术活动的人，在社会活动中所应遵循的道德规范和所应具有的道德品质。简而言之，就是武术道德。“道”一般指事物运动变化的规律，并引申为人们必须遵循的社会行为准则、规则或规范；“德”即得，人们认识“道”，遵循“道”，内得与己，外施与人，便称为“德”。“道”主要指一种外在的要求，“德”则指内心的情操或境界。“道德”两字连用，始见于荀子《劝学》篇：“故学至乎礼而止，夫是之谓道德之极”。

在传统武德内容中，仁最重要。

笔者：看来，你对武德颇有研究，能谈谈新社会武德吗？

熊朝忠：好。今天，传统的武德已不适应社会发展的需要，如要英雄、逞好汉、为朋友两肋插刀的“哥们义气”，以及带有三纲五常思想的“唯师命是从”的行为等，所以应对传统武德进行分析，继承传统武德中合理的成分，批判过时的旧武德，树立新的武德观。

继承传统武德中的精华，要把习武同发扬祖国灿烂文化，热爱祖国联系起来，培养强烈的民族自豪感，维护中华民族的尊严；有宽广的心胸，对人民要以礼待人，不恃武伤人，不以强凌弱；对危害祖国、人民利益的坏人坏事要敢说敢管，见义勇为，疾恶如仇，协助公安部门维护社会治安，维护国家和人民的利益；保持不盗名、不夺利、不保守，乐于助人的美德；尊老爱幼，尊师重道，对前人和长辈的著作和经验要虚心学习，认真专研，努力学习技术，刻苦练功，磨炼出慈、勇、智、恒的坚强意志，培养良好的身体素质，文武双全，为社会做出最大的贡献。

大概就这些吧。其实，要谈的条款细节还很多很多。

笔者：已谈得很全面了，谢谢你！

熊朝忠：不客气。

第十七章 他改写了中国拳击史

第一节　中国百年拳击梦圆　“东亚病夫”辱称击碎

现代职业拳击已有超过一百年的历史，应该说，中国人参与这项运动的时间并不晚，100 多年前，很多旅美华裔劳工曾迫于生计在擂台上扮演“人肉沙包”的角色谋生……这应该算是一段屈辱的历史。在职业拳击领域，中国选手几乎都是以配角的身份出现，从来没有登上过这项运动的顶峰。熊朝忠改变了中国拳击的历史，实现中国百年拳击梦，彻底击碎了“东亚病夫”辱称。

2008 年 4 月，纽约唐人街十二位德高望重的华人社区领袖，为了避开奥运会高峰，提前来北京奥运村，想看一看那里享誉全球的建筑。当他们走进被称为“鸟巢”的国家体育场时，这些访问者都哭了，因为激动，因为高兴，因为骄傲，也因为震惊。没想到曾被世界称为“东亚病夫”的祖国竟然发生了翻天覆地的变化！

更让全世界吃惊的是，2008 年的奥运会，中国金牌总数居世界首位，远远领先于美国。让人振奋的是邹市明和张小平夺得拳击项目的金牌。2012 年 11 月 24 日，在昆明举行的 WBC 迷你轻量级世界拳王金腰带争霸赛中，熊朝忠以 3∶0 的优势战胜了墨西哥拳王哈维尔·马丁内斯，成为中国首位世界职业拳王。熊朝忠荣膺 WBC 世界拳王头衔，开创了中国职业拳击的新纪元。事实上，作为中国职业拳击第一人，熊朝忠改写的是整个世界职业拳击的历史。在这项伟大的运动中，拳王名录上终于首次有了一个中国人的名字。中国人实现了百年拳击梦，更加坚信再也不是昔日的东亚病夫！

“东亚病夫”这一词曾经刺激着千千万万中国人的神经。在 1972 年的电影《精武门》里，李小龙扛着一块“东亚病夫”的招牌到日本人的武道馆，当着日本人的面取出纸写的“东亚病夫”的墨笔字强迫两个日本武士吃掉。这样的画面不知让多少中国人叫好称快。然而，这个词明讽中国人身衰体弱，却也暗刺中国人思想沉疴难起，封闭落后。

“东亚病夫”一词最早名为“东方病夫”，出自上海《字西林报》（这是英国人奚安门《Henry Shearman》主办的英文报纸，英文名字 Tzu Lin Hsi Pao，North China Daily News，1850 年 8 月 30 日创办于上海）于 1896 年 10 月 17 日登载的一篇文章，作者为英国人。

1936 年柏林奥运会上，中国申报了近三十个参赛项目，派出了 140 余人的代表团。在所有的参赛项目中除撑竿跳高选手进入复赛外，其他人都在初赛中即遭淘汰，最终全军覆没。中国代表团回国途经新加坡时，当地报刊上发表了一幅外国漫画讽刺中国人：在奥运五环旗下，一群头蓄长辫，身穿长袍马褂，形容枯瘦的中国人，用担架抬着一个大鸭蛋，题为“东亚病夫”。从此，“东亚病夫”就成了外国人对中国人的贬称。

1984 年洛杉矶奥运会上许海峰夺得中国第一枚奥运会金牌，中国彻底摆脱了“东亚病夫”这一不光彩的称号。

作为一个世界性的体育竞技项目，拳击是从上海登陆中国的。上世纪初叶，十里洋场的舞厅里，菲律宾乐师大行其道，在伴舞、奏乐的空闲，为了招揽顾客，这些乐师便开始表演拳击，可以说，是他们率先让上海民众看到了拳击。

在上海拳击和中国拳击的发展之路上，陈汉强、郑吉常和周士彬这三代师徒的故事全景展示了中国拳击人在不同时代的奋斗和抗争。但拳击在上海和中国的发展之路注定布满荆棘，但在困顿中的开路人更值得后世铭记。

陈汉强可谓中国拳击的开山鼻祖。

让中国人真正接触拳击，澳大利亚华人拳王陈汉强的名字注定要镌刻在历史的丰碑上。根据《中国体育志》1996 年 6 月刊报道，陈汉强 1891 年出生于中国梅县，从小随父在澳大利亚从事伐木工作，为了多挣钱，陈汉强一天的工作量比当地土著人两天的工作量还要多，这样艰苦的工作将陈汉强的身体打磨得异常强壮。一次偶然去酒吧，当地人看到陈汉强是华人，硬要他另换座位，双方就此发生了冲突。为了自我防卫，陈汉强一拳放倒对手，这恰恰被一边看热闹的悉尼体育俱乐部拳击训练中心教练目睹，陈汉强的职业拳击之路就此开启。

陈汉强原名“汉祥”，后来改名为汉强，有中国强大之意。当时中国国际地位低下，中国人处处受歧视和欺压，陈汉强立志要登上拳王宝座，为中华民族争气，但是在同级别比赛中屡战屡胜的他始终无法进入拳击排名前十。《上海体育志》人物传略曾描写了当时的情况：赛事主办方生怕澳大利亚拳王的头衔落到一个中国人的头上，千方百计设置障碍阻挡陈汉强获得挑战拳王的资格，直到他将前十名所有选手击败才获得挑战权，此时距离陈汉强步入职业拳击已经过去了10年。

1927年，在上海精武体育会的邀请下，陈汉强回国开设拳击训练班，这个拳击训练班诞生了中国第一代拳击手，郑吉常、郭琴舫和郭惠堂兄弟、白焱荣等此后驰名沪上的拳手都出自陈汉强门下。1935年，第11届奥运会在德国柏林举行，当时陈汉强和西侨青年会教练丁格尔一起训练的王润兰、靳贵弟出席了奥运会的拳击比赛，这是中国首次参加国际拳击比赛。

“能有机会为祖国的拳击运动出点力，这是我毕生的志愿和荣幸。”这是陈汉强经常挂在嘴边的话，然而1957年全国笼罩在反“右”斗争的气氛中，陈汉强怀着沉闷的心情离开上海去香港同亲人团聚，1959年在香港病逝……可以说是陈汉强教会了同胞打拳，但真正在上海打出一片天的则是他的弟子郑吉常。

郑吉常：让洋人看看中国人的志气

1930年秋天的一个晚上，在西侨青年会（现上海市体委）举行了一场特别的比赛，一方是英国皇家海军轻量级冠军阿尔·费艾，另一方是年仅18岁的中国小伙郑吉常，赛前外界一致认为阿尔会兵不血刃获胜，但结果却是郑吉常快速击倒对手获胜。

事实上，一年前，郑吉常就已经在亚洲拳击圈声名鹊起。据《拳击与格斗》2003年第10期报道，当时前世界中量级冠军、日本拳击教练山本带着几个弟子来上海交流，在精武体育会拳击班受训的郑吉常参与了双方的练习赛，比赛仅仅5秒钟，郑吉常就以左手直拳连续重创对手，山本大惊失色，立即终止比赛，并连说：“厉害，厉害，‘毒蛇’，真是‘毒蛇’……”郑吉常“亚洲毒蛇”的绰号由此而来，随后山本盛情邀请郑吉常赴日交流，虽然在神户受到了日本拳击界的热烈欢迎，但当时日本军国主义气势很盛，一些人称中国人为“支那人”，这让郑吉常难以忍受，交流两场比赛后就宣布回国。

根据2010年首届世界武搏运动会提供资料显示，1932年全英轻量级冠军、职业拳师琼斯来到上海，轰动了浦江两岸，琼斯声称，在欧洲没有一个对手能在他面前走上三个回合，在中国没有人能够撑过一个回合。他的狂妄激怒了郑吉常，为了给中华民族争气，郑吉常居然向比自己重两个级别的琼斯下了战书，一些好友赛前纷纷劝郑吉常放弃比赛，但郑吉常说：“非比不可，就是输，也要让他看看中国人的志气！”

这场比赛在丽都花园举行（现上海市政协），最终郑吉常仅以点数之差负于琼斯，但他在比赛中曾经击倒过不可一世的琼斯。这次比赛不仅长了中国的志气，还赚得8000块银元，用于筹建中山医院……郑吉常一心想靠自己的拳头扫尽洋人对中国人的欺辱，但一件事情还是让他看清了现实。

为了谋生，郑吉常每年夏天都会到游泳池做救生员，有一次他在大陆游泳池（今新成游泳池）当救生员，目睹两个外国水兵侮辱一位中国女子，将其往深水区拉，郑吉常毫不犹豫从几米高的台上扎入水中，把姑娘救上岸。恼羞成怒的外国水兵一起扑向郑吉常，结果一个被打入水中，另一个被打得跪地求饶，他们逃出泳池后叫来了一卡车宪兵，但此时郑吉常早已不知去向。郑吉常终于明白了，中国人受欺压的根源在于当时政府的腐败，自己的拳头解决不了所有事情。1948年，国民党政府举办了第七届全运会，邀请郑吉常担任拳击赛总裁判长，郑吉常断然回绝，并离开上海，回到广东老家。新中国成立后，郑吉常重返精武体育会，为新中国培养出了大批拳击人才。

周士彬：拳王阿里口中的大师

旧中国，政府的腐败和政治上的弱势让中国百姓备受洋人欺压，而活跃在旧上海的中国拳手们则纷纷用自己的拳头捍卫民族的尊严。

郑吉常的弟子周士彬被称为“南拳王”。据《宜兴日报》和《南方周末》报道，1941年，年方二十的他首次在上海迎战外国拳手彼得罗夫，虽然周士彬占尽优势，却被不公正的外国裁判以击打部位过低判负。随后两人二番战，周士彬仅用两个回合就击倒了彼得罗夫；1946年，孔祥熙在上海举办了中、苏、英、美等七国拳击赛，周士彬过关斩将，并且战胜了著名的苏联拳手巴里柯夫，荣膺冠军。令人感到讽刺的是，周士彬为中国民族争了面子，但在旧中国，他的生活却穷困潦倒，1948 年的国民党政府七届全运会上，周士彬再次获得冠军，但他也因为营养不良、比赛体力消耗过大，昏倒在休息室里，后被送进广慈医院急救。

新中国成立后，周士彬在 1950 年代表上海市赴北京参加全国体育工作者暑假学习班。在 1950 年 6 月，上海民主青年联合会军体部和基督教青年会体育部，联合举办中西拳击对抗赛，以门票收入救济失业青年。此后，上海市政府收回跑马厅，成立足球队，并举办一系列体育义赛，以门票收入支援抗美援朝，这其中就包括拳击。但就在这段时期，参加青年会拳击比赛的私立学校开始消失在院系合并的潮流中，青年会越来越边缘化、民间体育组织逐渐退出，政府体育组织开始成为中心。

但拳击的命运却在 1958 年风云突变，由于政治运动和拳击伤人事件，拳击遭遇全面禁止，周士彬也开始转为指导摔跤和柔道运动，但此时还是有不少大胆的拳击手在地下私自组织比赛。

1979 年，拳王阿里的到来改变了中国拳击的命运，邓小平一句让阿里多来中国“带带徒弟”，使被禁的中国拳击开始“解冻”，美国媒体对邓小平与阿里此次见面的评价是：“一双扭转乾坤的巨手与一双所向无敌的大手紧紧地握在了一起。”在 1985 年拳王阿里访华时，在上海与已经 58 岁的周士彬切磋，赛后连呼周士彬为中国拳击大师。1986 年 3 月，中国拳击正式解禁，拳击比赛重返人们的视野，周士彬也重新出山负责全国拳击裁判员、教练员、运动员训练班工作并担任讲师。1990 年前他还担任了全国拳击比赛总裁判长。

熊朝忠的教练和推广人刘刚，是中国拳击解冻后首批在全国招的 30 名拳击运动员中年龄最小的一个。1986 年，中国恢复拳击运动后，从小酷爱武术的刘刚被招进四川省拳击队。1988 年他被选入中国第一批拳击国家队，并在两年后的十一届北京亚运会上取得铜牌，先后拿过 7 次全国冠军。1992 年，在代表中国参加了巴塞罗那奥运会后，刘刚发现，最高水平的拳击比赛并不在奥运会上，像拳王阿里这样的职业拳击手也不在本国的国家队中，他们由俱乐部或经纪人安排，参加国际上各大拳击组织的赛事，收入主要靠出场费，而代表拳击手最高荣誉的则是世界拳王金腰带。

在海外拼打数年，已加入澳大利亚国籍的刘刚于2003年卖掉国外的别墅和轿车，怀着一颗强烈的民族心和责任感回到祖国，在昆明创办了昆明众威拳击俱乐部，十年时间培养出大批优秀拳手，熊朝忠就是其中之一。

熊朝忠获得世界拳王金腰带的消息被国际媒体普遍关注。外媒称熊朝忠成中国新的体育英雄。总部在墨西哥的WBC（世界拳击理事会）对本次比赛十分关注。熊朝忠夺得比赛胜利后，WBC官网援引世界拳击理事会副主席高威先生的话，称熊朝忠的胜利意义非常巨大，将有助于拳击运动在中国的推广。

拳击网站Boxingscene.com在今晨的报道以《熊朝忠摘金腰带创造中国历史》为题。文章认为熊朝忠的优势明显，获得冠军实至名归，他取得的WBC金腰带，也创造了中国职业体育的历史。

《格斗新闻》称，对于中国拳击迷来说，这是跨越历史的一天，中国迎来首位世界职业拳王。

PhilBoxing网站称，熊朝忠成为中国新的体育英雄，成为中国首位世界职业拳王的他将成为和姚明并肩的传奇性人物。他所获得的关注就像姚明在10年前刚刚前往火箭打球时一样多。虽然熊朝忠1米55的身高和姚明不是一个量级，但中国的拳击迷认为他的出拳比姚明的灌篮更厉害。

30岁的熊朝忠不仅捍卫了中国世界拳王的荣誉和霸气，还以一种最直观、最有说服力的强对抗方式展示了中国力量，用铁拳实现了自己的“中国梦”。这绝非是一次简单体育比赛的胜利，而是熊朝忠不畏强手、顽强拼搏、敢于亮剑的体育精神的完美体现，也是熊朝忠勇于为国争光，实现“中国梦”，在世界职业拳坛最高舞台上为中国赢得尊严的最好方式。因为它的意义和价值完全超出了世界冠军和体育的本身，这正是我们这个时代最需要、最应推崇和效仿的，是实现“中国梦”最有说服力的典型。

第二节　熊朝忠的成功丰富了中国拳击的选才面

2012年11月24日晚，在昆明进行的世界拳击理事会（WBC）迷你轻量级（48 公斤）拳王争霸战中，熊朝忠把昔日的世界拳王打得需要吸氧、眼角缝了 8 针，他最终夺取了中国第一个世界级职业比赛金腰带。在与职业足球、F1 赛车具有相同国际影响力的职业拳击领域，最高级别赛事的冠军名录中终于有了中国人的名字。

一夜成名，基本可以用来形容熊朝忠现在的经历。目前，熊朝忠是世界拳击协会（WBA）、世界拳击理事会（WBC）、世界拳击组织（WBO）、国际拳击联合会（IBF）4 大世界拳击组织中排名最高的现役中国职业拳手，并且八次卫冕 WBC 亚洲区“迷你轻量级”金腰带。

他只有职高文化，不善言辞，身高比大多数人要矮一个头。他说自己的条件糟糕到“连在城里当个保安都不够格”。但就是这样一个极不起眼的人，将中国拳击带到了世界。朝为拉煤工，夕成大拳王，熊朝忠成为一个真实的神话，一个从未有过的奇迹，彻底颠覆了中国体育的传统育才法，也为那些有潜质和天赋的年轻人开启了一条成才之路。让农村青年实实在在看到了希望，这个群体不再被边缘化，不再只是为体制内的选手欢呼呐喊，也可以为自己欢呼呐喊，自己也可以成为主角，真正实现习近平总书记提出的，“人人都可以出彩，都可以享有美梦成真！”即便你是一个最底层最普通的人也可以和体制内的人一决高下，可以站在世界最高体育竞技台上与全世界体育精英一决高下，为国争光也成就自己。

熊朝忠的成功应该是给中国拳坛极大的震撼，也给了不少启示。让人们更加相信中国民间藏龙卧虎，人才济济。同时也丰富了中国拳击的选才面。专业水准不看好的苗子并不都是差苗。同时，也是对现有体制的一种反思，如何让更多具有体育天赋的人成就梦想。

“我太了解国内体制内的东西了。熊朝忠这种条件，体校都进不去。我们的存在，能丰富中国拳击的选才面。”这是刘刚以前接受采访时说过的话，刘刚本人就曾是体制内拳手，曾参加过亚运会。刘刚进行了解释，“他来学拳时已经 23 岁了，完全没有基础。体制内怎么可能接受培养这样的学员，他们都是从十二三岁就开始学了。但其实选才不应该受年龄限制。”击败熊朝忠赢得了 WBC 迷你轻量级拳王金腰带的墨西哥选手奥斯瓦尔多·诺沃亚，曾经是一名普通的推销员，29 岁才进入拳坛，凭借惊人的天赋，在短短两三年打遍世界高手。由此说明，年龄对拳手来说并不重要。对于熊朝忠，刘刚没有按一个动作练几个月的进度去培养，他甚至在一天内将直拳、勾拳、摆拳等动作对他倾囊相授。熊朝忠学得很快，一年后就开始到国外比赛了。他技术开始虽然很糙，但一旦让他打着，那就够呛。熊朝忠努力挣钱，但都不够他的培养费。没有体制保障，如果不见回头钱儿，那是十分无望的。因此在2010年，熊朝忠有了放弃的打算，想回村种香蕉。但是刘刚极力留住了他，甚至自掏腰包为他请来了外国陪打教练。

毫无疑问，熊朝忠创造了中国体育的历史，他的经历很容易被拉来编成一则“体育改变命运”之类的励志故事。可必须指出的是，这些经历在中国体育成功学的讲义中其实没有任何可参照的版本。

他不是国家体制下金牌工厂里的一个标准件，也不是李娜等由传统体制助推的单飞英雄，他甚至不像丁俊晖，早早从正常成长环境脱序，开始一段定制式的人生。即便与同级别的奥运拳击冠军邹市明比较，熊朝忠身上也鲜有同类项。他没入选过专业队，更没参加过奥运会。

熊朝忠的不同凡响之处在于，他是从没有参加过一场业余拳击比赛，而直接跨入职业拳击的拳手。他第一次接触拳击运动是6年前，那时他已24岁。在土壤并不深厚的国内拳坛，这差不多是一名专业拳手向体工大队领导递交退役申请的年龄。

哪怕人们愿意将熊朝忠的经历当作一则励志故事来传诵，这个故事也难以在现实生活中有效复制。在贫寒煤工向职业拳王的跨越过程中，要付出的是高昂得几乎不可计数的机会成本。熊朝忠的籍贯、出身、年龄等注定其先赋条件不足；多年拉矿给他创造的条件也极其有限；而当下农民工边缘化产生的一系列经济社会问题也为他改变自身命运设置了重重障碍。

单从体育角度看，熊朝忠的成功也决非励志二字可概括。众所周知，中国运动员要跻身国际职业体育顶尖行列，尤其那些商业价值巨大而国内群众基础又不牢靠的项目，传统体制的助力必不可少。譬如李娜、姚明。反观熊朝忠，离开矿山后投身昆明一家民间拳击俱乐部，第一年主要靠亲戚朋友接济。当他刚参加职业赛事拿到出场费，多半用于偿还借款。他的伙食标准与国内专业运动员或国外职业运动员相比，仍有较大差距。然而在这样的处境下，熊朝忠获得了巨大的成就。

熊朝忠夺冠也在中国引发热议，很多人被他的故事感动，被他的精神鼓舞。但遗憾的是，拳王熊朝忠甚至没有资格被称为“运动员”，因为，他从未在国内官方的体育管理机构进行过注册，也没取得过任何官方认可的技术等级。他充其量是一名矿工拳击爱好者！

职业拳击在中国是一项被各级体育管理部门忽略的项目，甚至迄今为止，也没有一纸明文规定，允许其开展。

熊朝忠已成为一种现象，而其夺冠的另一层重要意义恐怕在于：终于能让这种现象引发思考并引起体育管理部门的正视！

清朝进士龚自珍，在政府里做了20年左右的官。在他48岁时，就毅然辞官回老家。在回乡的旅途中，他看着祖国的大好河山，目睹生活在苦难中的人民，不禁触景生情，思绪万千。龚自珍路过镇江，只见街上人山人海，热闹非凡，一打听，原来当地在赛神。人们抬着玉皇、风神、雷神等天神在虔诚地祭拜。这时，有人认出了龚自珍。一听当代文豪也在这里，一位道士马上挤上前来恳请龚自珍为天神写篇祭文。龚自珍一挥而就写下了《九州生气恃风雷》这首诗，全诗共四句：

九州生气恃风雷，
万马齐喑究可哀；
我劝天公重抖擞，
不拘一格降人才。

诗中九州是整个中国的代称。诗的大意说，中国要有生气，要凭借疾风迅雷般的社会变革，现在人们都不敢说话，沉闷得令人可悲。我奉劝天公重新振作起来，不要拘泥于常规，把有用的人才降到人间来吧。

而生活在今天的改革时代，相信老百姓不会有这样的焦虑和担心。只要能繁荣经济，成就个人梦想也为国争光的好事，政府一定会支持，一定会出台相应的政策法规为其保驾护航。相信拳击行业也会因为熊朝忠的成功，从而引起政府的足够重视。有利于拳击发展的政策法规也会相继出台。许许多多的拳击爱好者将会像熊朝忠一样成就自己的梦想。

第三节　10年获12条金腰带　众威缘何成孕育拳王的摇篮？

身处体制之外的熊朝忠，用拳头赢得了尊敬，改变了命运。写到这里，熊朝忠的故事接近尾声，然而他背后的神秘推广人、教练刘刚却被大多数人忽视了。饮水思源，没有刘刚和他创立的昆明众威拳击俱乐部就没有今天的世界拳王熊朝忠。10 年获 12 条金腰带，众威缘何成孕育拳王的摇篮？作为中国拳击解冻后的第一批国家队 30 名拳击运动员之一的刘刚，究竟是什么理由让他放弃国外舒适的环境，蒸蒸日上的事业，回到拳击市场几乎一片空白举步维艰的国内？然而，10 年过去了，他收获了成功也有过失败。相信他历经的坎坷和艰辛一本书也说不完。为此，笔者特地采访了中国首个民营拳击机构的创办者刘刚。

笔者：现在，国内外都知道中国出了有史以来第一个世界拳王熊朝忠，很多人却不知道他的教练是谁，有的人即便知道拳王的教练叫刘刚，却对你的经历一无所知，借此机会，向广大拳迷介绍一下你自己好吗？

刘刚：好的。我是 70 后，出生于 1972 年，四川泸州人。我是中国拳击解冻后首批在全国招的 30 名拳击运动员之一，是其中年龄最小的一个。1986 年，中国恢复拳击运动后，特聘了苏联、土耳其、日本的拳击名将传授技艺。14 岁的我在老家四川泸州上学，被到学校挑人的体校教练选中，招进四川省拳击队成了中国第一批拳击运动员。1988 年我被选入中国第一批拳击国家队，并在两年后的十一届北京亚运会上取得铜牌，先后拿过 7 次全国冠军。当然，这都是过去的事，要不是这样的采访，一般我不愿提起这些。那个时代运动员的条件远没现在好，国家穷嘛。

笔者：我查过，直到 2000 年，中国的国力才首次突破一万亿美元，当时，日本是五万亿美元，美国是十万亿美元。如今，我们的 GDP 今年一定能突破十万亿美元，在几年前就已经雄踞世界第二。因此，运动员待遇有了很大改变。我想知道你们当初的那批运动员的命运如何，都还在这条路上坚持吗？

刘刚：唉！说来让人痛心。看看现在的运动员待遇真让人羡慕！我们那批人中，做保安就算是混得还可以，有几个帮人收债最后被判了刑，还有几个被枪毙了。拳击应属于武术的一种，所以，武术这东西可以成就人也可以害人。关键看你如何去用，说白了就是自我约束力的问题，武德的问题。

笔者：是不是还有跟“学无所用”，“英雄无用武之地”有关？

刘刚：有这方面的因素，但不是主要的。一个人，特别是一个武者在任何条件下都不能去挑战道德和法律的底线。

笔者：还是谈谈你在国外的经历吧。

刘刚：好的。1994 年，刚满 23 岁的我从国家队退役了。对于拳手来说，这正是出成绩的黄金年龄。但是国家队就是这样，你的教练走了，你就得跟着走。如果我赶上现在这好时候，国家给的条件这么好，奥运会在北京举行，我也拿冠军了。

退役后，我订了张单程机票，揣着 300 美元就只身去了澳大利亚，想在异国他乡挣前程。但习惯了在国家队衣食住行都被安排好的生活，一到澳大利亚，我才发现一切都是两样。我先进了一家职业拳击俱乐部。因为没钱，只能每天打扫俱乐部以充会费。俱乐部为我办了一个欢迎派对，我却收到了账单，别人告诉我："用餐的钱我们帮你付了，但是酒水钱得你自己付。"还没获得职业拳手资格的我不得不边训练边打工。我到唐人街上一家华人夫妇开的餐馆应聘洗碗工，讲了一大堆自己的辉煌经历，以为人家会特别照顾，老板却只笑着说："阿刚你真厉害，但我们需要的是勤快人。"我必须从头再来。在餐馆洗碗，到俱乐部练拳，打一打锦标赛，这样的生活持续到 1996 年，我终于拿到执照，成了中国首位职业拳手。从此，我有了自己的经纪人和团队，再不用为生计忧心了。

笔者：历经了这么多坎坷，从此走上正轨，应该一帆风顺了？

刘刚：心里是这么期望的，可是有时候命运挺捉弄人的。在澳洲的首场比赛就出了意外，我竟然把对手打死了。

笔者：把对手给打死了？

刘刚：是的。1996 年 4 月 29 日，在墨尔本，我挑战当时的澳大利亚羽量级全国冠军兰斯·霍姆森。这是我第一次不戴护具，赤裸上身站在拳台中央。赛前，对手说：中国人，我一个回合就能把你打下拳台！

我在第六个回合将对手击倒。12 个小时后，在澳大利亚家喻户晓的霍姆森因脑血管破裂身亡了。

我打死人了！心里很恐惧。让我感到意外的是霍姆森的父母反而给我解心结，他们在电视上发表了公开讲话，希望刘刚不要受此影响，能够继续打拳，并呼吁教练和队医能够在发现拳手状态异常时适时叫停比赛，避免不幸的发生。西方人不会因为你是冠军而在生活中给你特殊待遇，但也不会让你负不该你负的责任。死者的家属说："你不要说对不起，不是你的错。孩子的爷爷和父亲都是拳击手，我们一家以拳击为荣。他在比赛中意外死了，是上帝需要他去做别的工作，你没有任何错。”我不仅因此免于责难，还名噪全澳洲，一些国际主流媒体当时都登出了这则新闻。我的教练拿着登了我照片的报纸到移民局说，“就是他”，我因此顺利移民。此后两年多的职业拳击生涯，让我在澳大利亚过上了中产阶级生活：有车，有别墅，还有了妻儿。但是第一场职业比赛留下的恐惧感在我脑子里从未真正消散。

笔者：想不到拳击还真会出意外，难怪有一段时期国家要禁，不过你总算跨过了心里的这道坎。接下来的发展怎么样？

刘刚：是呀。接下来发展都很顺利，1999 年，我决定走下拳台执教。我跟团队一起参与了上百场职业拳赛，2002 年拿到了职业拳击经纪人和赛事执行人执照。

笔者：到此，你的事业可以说如日中天，为什么选择放弃它，回到国内呢？

刘刚：是呀，在一般人看来这不符合常理。如果不回来，我这些年也不会经历这么多困难和波折，发展也比现在好。

笔者：这是你在做决定之前所预料到的吗？

刘刚：这都是早在意料之中的事，甚至还想到比这个更难。

笔者：那究竟是什么理由让你放弃国外舒适的环境，蒸蒸日上的事业，回到拳击市场几乎一片空白举步维艰的国内的？

刘刚：是民族心和责任感。我想既然中国拳击解冻了，作为国家第一批拳手有责任有义务为中国的拳击市场繁荣出点力。因此，有资格自己做拳击经纪人了，我首先想到的就是把在澳洲学到的这一套职业拳击操作经验搬回中国。拳手总有种特别的韧劲，因为在拳台上，要么赢，要么倒下，或者因为重伤被叫停，否则你无法中途退出。我回国像当初出国一样义无反顾，我卖掉了在澳洲的房子、车子，换来两百多万，回到了妻子的家乡——昆明。

笔者：引用外国的职业拳击经验还顺利吗？

刘刚：移植国外职业拳击比赛操作手法遭遇了“水土不服”。2003 年 5 月，我成立了众威拳击俱乐部。开始时，我本想招收体制内退役的专业拳手来打职业拳击，但并不顺利。体制内给运动员提供的生活条件远高于我所能提供的，而且一些运动员也不愿意再打拳了。这一情况让我改变了想法，体制内如果有人愿意来我就收，但我再没有主动找过他们。之后我又发现，原样移植国外职业拳击比赛操作手法的想法过于天真了。职业拳击市场在国内完全是空白，我组织的第一场比赛办得十分艰难。首先是赞助商难找。我去找赞助商，对方先问我要比赛批文。再去体育局、工商局审批，却发现没有负责职业拳击比赛审批的部门，体育局的答复是："你办比赛属于商业行为，你的俱乐部也是个人注册的公司，所以不用我们这儿批。"后来我知道，办比赛要向公安局报备。层层批文，整死人！

笔者：在举步维艰、四处碰壁、缺少支持和不被理解的情况下，你一定很委屈，有没有后悔回来？

刘刚：有，肯定有。每当这时候鼻子酸酸的，甚至想掉泪。心想，我这是干什么呀，在国外有成熟的拳击市场，发展的好好的却跑回来受这份罪。但练武之人与一般人不一样的就是有韧劲能坚持。我想最终有一天会被人们理解的。其实碰壁算不了什么，最惨的还在后边。

笔者：还有更惨的？

刘刚：对。当年 9 月，比赛在昆明体育馆举行，因为国内没有买票看拳击比赛的观众群，也没有付费电视转播，我一下子亏了几十万。跌到了低谷。

笔者：这时候你想到放弃吗？毕竟你还有家庭，要养家糊口，经不起折腾。

刘刚：这确实对我是一种考验，如果我放弃了就等于前功尽弃，但我仍然坚持下来。尽量压缩一些日常开销，慢慢地度过艰难期。一年后，我取得了国际拳击组织的推广执照，这就有资格审批中国的 WBC 比赛和注册管理了。接下来我办了四五十场比赛，先后推出了徐丛良、张喜燕、吴志宇、齐莫祥、吴晓松、夏钰钦等几位洲际拳王和世界女拳王，但并未带来多大的利润，仅仅是勉强维持。直到熊朝忠夺得世界拳王金腰带，众威经济运转上才稍稍好一点。

笔者：人人都知道"贵在坚持"这句话，但真正能够做到的人不多，这期间的难处非一言两语可以说清的。到此，你的拳击俱乐部已经有了一定的知名度，接下来的路应该好走些？

刘刚：随着熊朝忠摘取世界拳王桂冠，国内外数百家媒体的报道，拳击这一在国内长期爆冷的体育运动似乎才引起人们的重视。观众群也渐渐地培植出来了。

笔者：听说就电视转播这一块，你就花费七八年的时间才攻下这道关口，是吗？

刘刚：是的。从成立俱乐部那天起，我就不断找到云南电视台交涉，看对方有没有做付费电视转播的可能。功夫不负有心人！机会终于在2011年到来。那一年，云南电视台台长赵树清了解到了熊朝忠的事迹：熊出生在偏远的少数民族村落，家境贫寒，曾在小煤窑拉煤为生，23岁才开始打拳，四年后就得到了挑战世界拳王金腰带的资格。身处社会最底层、经历困苦、艰辛奋斗、迅速创造神话般成绩，让赵树清意识到了这其中的商业价值，他决定：参照国际通行惯例，由云南电视台出资1300万元与我和熊朝忠签订5场比赛合同，共同打造“2012中国拳王熊朝忠征战世界拳王系列赛”节目。除去与比赛相关的支出，盈利部分电视台与俱乐部按比例分成。国外举办职业拳击比赛的营收就来自于门票和电视转播费，在国内，这是首例。

笔者：熊朝忠成为中国首位世界拳王，你的事业可以说成功了一半。曾经8次卫冕亚洲拳王金腰带的熊朝忠夺取世界拳王金腰带肯定异常艰辛。最后的冲刺，你是如何陪他走向顶点的？

刘刚：是这样的。夺取世界拳王金腰带是我们多年来共同的梦想，一直坚持不懈地为这一刻备战。2012年3月，征战之途开拔。熊朝忠击败了韩国著名拳王李智鸿，第八次卫冕洲际金腰带成功，后赴日本以赛代练。6月又战胜墨西哥拳王奥斯瓦尔多，夺得蝇量级世界拳王银腰带。在这场比赛中，熊朝忠右手拇指关节错位，他忍着痛没告诉我，打满了12回合，让我很吃惊。他自己也清楚，如果万一叫停比赛，已经30岁的他可能就再没有机会挑战拳王头衔。11月，熊朝忠对战墨西哥拳手马丁内斯，夺得WBC世界拳王金腰带。中国拳手夺得世界拳王金腰带的消息一经传出，熊朝忠火了。熊朝忠一回老家，就被一个个领导接见，记者也一拨拨为他而来，光中央电视台就一连来了好几个节目组。俱乐部的拳手们训练时已经完全习惯了架在场中的摄像机，尽管场地很挤，他们还能在步伐移动中对摄像闪躲自如。从早到晚，我的手机几乎没有一刻清静，要求采访的，请他出席活动的，太多了。

梦想成真，可以说大大地松了一口气。感到自己多年来的付出终于有了回报。但这不是终点，而是一个新的起点。昆明众威拳击俱乐部面对强手如林的国际拳坛，还任重道远！

第四节　中国成熟的职业拳击市场何时才能形成？

过去 10 年，众威取得了惊人的成绩，中国的拳击也掀起了前所未有的高潮，但是作为世界第二大经济强国，拳击市场还有一个巨大的市场空间有待开发，那么，中国成熟的职业拳击市场何时才能形成？为此，笔者与刘刚就这一问题进行了探讨。

笔者：你对中国的拳击市场形成有信心吗？

刘刚：很有信心。因为中国现在一是世界第二大经济强国，有着 13 亿人口。按中国目前的经济发展速度，10 年内超越美国成为世界第一大经济强国是没有问题的。到时，世界拳击之都或许就会从美国移到中国。为顺应市场发展的相关产业链也会应运而生。这是市场发展的必然。

笔者：可是，有人认为拳击的根不在中国，因此拳击在中国不可能发展起来。你是如何看的？

刘刚：拳击的根确实不在中国。拳击是西方文明的产物。它起源于埃及，流传于古希腊，毁于罗马，发展于英国，成就于美国，遍布于世界。在西方，拳击是一部种族斗争史。它是一项特殊的运动，很多时候它会超越体育范畴的讨论。如美国黑人拳王杰克·约翰逊夺冠在当时引发一场激烈的黑白种族对抗；二战前，乔·路易斯同德国拳手施梅林的世纪之战亦曾被上升到空前的政治高度。应该说，黑人对拳击运动有着深厚的感情，这与拳击运动跟他们的民族情结有关。所以，世界重量级拳王几乎都是黑人。

我认为拳击根不在中国，因此这项运动就发展不起来的说法不可靠。目前，轻量级拳王都出自亚洲，这些国家也是从西方把拳击运动移植过来的。再说，行我国的一些体育强项诸如跳水、体操、乒乓球等也不是我们发明的，却在世界上玩得最好。

笔者：可是，有人认为拳击在中国不可能发展起来，因为它和中国的文化相悖。你是怎么看的？

刘刚：说道拳击与中国文化相悖，说的应该是与儒家文化相悖。我个人是不认同的。真正称拳击为野蛮运动被禁的是从 1959 年开始，实际是东西方两大阵营（社会主义阵营和资本主义阵营）对立的结果，也就是意识形态的对立，那时国人连西服都拒绝穿，更不用说接受拳击了。虽说 1979 年邓小平访美结束两国长达 20 年的政治敌对，拳击名义上解冻，但正式解冻是 1986 年。

说到野蛮项目，冷兵器时代，武术搏击作为统治阶级军队战斗力的体现。武术在我国因此被称为国术。就是近代清朝都还有武状元。今天河南卫视每星期六直播的“武林风”散打比赛，还有其他电视台的“真功夫”格斗都很受欢迎，收视率很高。拳击只因被隔断 27 年，才让人们对他很陌生。

笔者：中国拳击市场受到哪些制约？中国成熟的职业拳击市场何时才能形成？

刘刚：拳击作为一项古老的对抗型体育项目，在全世界有着广泛的社会基础，同时在近代也是一项市场化很高的体育项目。在一些西方国家，拳击赛事的运作已有上百年的历史，成功的拳击比赛往往能够吸引全球上亿观众的眼球，通过电视转播、广告销售、门票收入、有奖竞猜等多种形式，从各个角度吸引着赞助商、转播商、媒体、观众等不同的群体，已达到各个层次的互动，进而不断推进拳击比赛的运作方式，最终产生出良好的效果。中国的拳击自 1986 年正式恢复以来，虽然在各种大型国际比赛中取得了一些成绩，但距世界高水平仍有不小的差距。

我们国内的拳击运动虽然有一定普及，但市场化程度确实很低，当前我国拳击运动所面临的最大问题就是资金匮乏、赛事运作不利，这使得拳击运动整体的发展缓慢。拳击的生存主要是依靠国家的投入，自身的造血功能基本没有开发出来，在拳击赛事的运作上基本停留在政府拨多少钱办多少事的状况下，多采取赛会制的比赛方式，对赛事运作的巨大潜力无从开发，根本无法吸引除运动员、教练员以外的参与群体。

国内目前的拳击赛事仅仅局限于传统计划经济下的全国竞赛，若想从这种竞赛体制中发掘潜力，实在是空间有限。如果是为了拳击项目在国内的存在，在全国各省市保留专业队，以此来稳妥地保证“奥运争光”计划的实施，似乎是最容易，也最易操作的方案。但若想使这项影响很大的项目在我国更好地发展，使我们的运动员早日登上世界冠军的领奖台，使我国的拳击产业同国际接轨，就应该充分发掘拳击真正的市场来源。

竞技水平、竞赛体制和市场开发是当今竞技体育在我国发展的三大主要因素，三者之间有着密不可分的连带关系和难以割裂的制约关系。我们当然希望三者协调、同步发展，但是在现有的条件下，这种同步发展会有相当的难度。在这三者中，竞赛体制是纽带，它既是竞技运动水平的杠杆，又是市场开发的核心。因此，如果下决心从竞赛体制的改革为突破，使其既服务于运动技术水平的提高，又带动拳击市场的普及与开发是比较可行的。体育属于第三产业，属于服务业，具有服务的特征，适用于服务营销理论。制定有效的服务营销策略，是从事拳击运动推广者的取胜之道。

笔者：拳击确实是一项吸引人的竞技体育运动，可是真正的英雄只有一个，这就意味在这项运动中，99%的人的付出都会白费，你是如何看待的？

刘刚：一百年前，1908年伦敦第4届奥运会上。英国彼得大主教有感于马拉松比赛的艰苦说了一句后来被广为传颂的名言，那就是：“奥运会重要的不是胜利，而是参与。”我想把这句话送给中国职业拳击的拳手，不是每一个拳手都有机会站上领奖台。

成败之外，得失之间，对于还在征途上的中国业余拳击和职业拳击来说，还有另外的意义不应忽略，正如美国著名奥运冠军杰西·欧文斯所说：“在体育运动中，人们学到的不仅仅是比赛，还有尊重、伦理、如何度过一生以及如何对待自己的同类。”喜欢一个职业，只要用心去做，结果都应该感到欣慰。不以成败论英雄！

后　　记

经过半年的笔耕，《铁拳追梦——拳王熊朝忠传》一书终于完成了。半年来，虽然牺牲了双休日，身体超负荷，但总算有了东西。

首先感谢云南人民出版社给我这样的机会，感谢所有关心和支持写这本书的单位和个人，更感谢书中的主人公熊朝忠以及培养他的公司老板、教练等人士。因为有了你们才有我的写作题材。

熊朝忠生于1982年，属狗，跟我属相相同，比我整整小12岁。属狗的人有许多共性，如对朋友忠诚，对事业热心执着等。这使我写起来比较好拿捏。

传记通常属于报告文学的一种，也有小说型的，如著名作家何香久写的《焦裕禄》洋洋50余万字。我写过的《滇商地板王》企业家传记，属于“成长型”，带有很强的时代性，把一个时代的背景和一个地域的文化融进去，体现一代人的生活变迁，因此和一些“营销型”只讲战略、商道的人物传记不一样。也算个人的一点风格。我觉得“在真空中写人”很单调。熊朝忠属于新闻人物，他的传记自然属于“新闻型”，在与其交谈中我发现一个严重的问题：他对生活的一些细节记不起，连刻骨铭心的事都没有。因此，写他的传记中遇到的最大困难就是经历短、生活不曲折，如果纪实两万字足矣。更重要的是，他对儿时的经历如顽劣好斗记忆模糊，说不出具体的典型事件。为了更好地展现他的童年、少年、青年，我必须把他的仇人“揪出来”跟他斗，直到夺取世界拳王之前，仇敌猛然醒悟后雪中送炭才化敌为友。

有了朋友、敌人、恋情、困苦的生活和对命运的挑战，故事就有了看点。同时也具备拍电视剧的基本元素。

由于时间紧迫、水平有限，缺憾在所难免，希望广大读者提出宝贵意见！

在此，再次对所有支持我写这本书的单位和个人表示深深的感谢！

作　者

小档案

熊朝忠

国　　籍：中国
别　　名：小熊
民　　族：苗族
出 生 地：云南文山
出生日期：1982 年 10 月 3 日
体　　重：51kg
身　　高：155cm
血　　型：A
属　　相：狗
星　　座：天秤座
爱　　好：游泳、旅游
座 右 铭：坚持就是胜利
职　　业：职业拳击运动员
级　　别：WBC 世界职业拳击最轻量级
称　　号：WBC 世界轻量级拳王
外　　号："苗族拳王""中国小泰森"
特　　点：出拳凶狠，体力充沛，擅长中近距击打，左手钩摆拳具有很强的杀伤力。

主要奖项：

WBC 迷你轻量级世界拳王金腰带

荣誉记录

2008 年 3 月 21 日，仅用 2 分 28 秒的时间 KO 实力强劲的泰国选手龙猜·卡瑟（32 战 10 胜），夺取 WBC 洲际拳王金腰带，并被冠以"小泰森"的称号。

2008 年 11 月于成都对阵泰国的阿尔克斯打满十二个回合失利。

2009 年 3 月，熊朝忠 WBC 世界排名上升至第十位，获得向世界拳王挑战的资格。

2009 年 5 月 26 日，以微弱优势卫冕。

2010 年 7 月 9 日晚，夺得其个人职业生涯的第二条 WBC 洲际金腰带。

2010 年 12 月 18 日接受泰国选手庞潘（12 战 4 负）挑战，四回合 KO 庞潘成功卫冕，同时夺取空缺的 IBF 洲际拳王金腰带，是 WBC 和 IBF 双料冠军。

2011 年 6 月 4 日，熊朝忠在四川会理县进行一次卫冕战，打满十二个回合，击败菲律宾挑战者特加雷斯（33 战 18 负），卫冕 WBC 洲际头衔成功。

此时，熊朝忠职业战绩 20 战 16 胜 3 负 1 平，10 场 KO 对手。他在世界四大职业拳击排名是：世界拳击理事会（WBC）世界排名第 10 名、世界拳击协会（WBA）世界排名第 15 名、国际拳击联合会（IBF）世界排名第 12 名、世界拳击组织（WBO）世界排名第 14 名。

2011 年 11 月 19 日，十二回合击败饭田大介（29 战 11 负），职业战绩刷新为 21 战 3 负。

2012 年 3 月 25 日晚，在昆明世博花园酒店举行的 WBC 洲际拳王金腰带卫冕战中，熊朝忠第八次卫冕成功。熊朝忠只用四个回合就两次击倒了韩国选手李智鸿，裁判终止了比赛，以 TKO 获得胜利。

2012 年 6 月 16 日 WBC 轻羽量级银腰带世界冠军赛昆明开战，战胜“墨西哥拳手”欧斯瓦尔多·瑞。

2012 年 11 月 24 日 WBC 轻羽量级金腰带世界冠军赛昆明开战，战胜墨西哥拳手哈维尔·马丁内斯，获得 WBC 轻羽量级世界拳王金腰带。成为我国第一个职业拳击的世界拳王金腰带得主。

2013 年 6 月 29 日，WBC 迷你轻量级拳王争霸赛在阿联酋迪拜进行，中国拳王熊朝忠在十二个回合的比赛中表现强势，高质量的进攻打得菲律宾拳王奎洛两眼发肿，额头见红，最终点数优势成功卫冕，成为中国第一个职业拳击卫冕的拳王。

2013 年 11 月 13 日，成为为中国首个“卫冕”世界拳击理事会（WBC）最佳拳手奖的拳手。

2013 年 11 月 30 日 WBC 迷你轻量级拳王争霸赛在熊朝忠家乡马关县

举行，仅五个回合就 KO 泰国拳手卢克拉克，二次成功卫冕。

2014 年 2 月 5 日，不敌墨西哥拳手奥斯瓦尔多·诺沃亚，未能获得 WBC 迷你轻量级金腰带。

2014 年 5 月 17 日在河南南阳，复出后的熊朝忠仅五个回合 TKO 菲律宾拳手格雷斯。

2014 年 7 月 25 日晚上，熊朝忠将在湖南长沙迎来自己丢掉金腰带之后的第二场比赛，仅仅六个回合就 TKO 来自印尼的 27 岁拳手杰克－阿米萨。

2014 年 10 月 26 日凌晨在摩纳哥蒙特卡洛星际大厅举行的 WBA/IBO 迷你轻量级世界拳王争霸赛，挑战南非拳王巴德勒，经十二回合较量，熊朝忠以点数落败。

2015 年 1 月 22 日晚，第三届 CCTV 贺岁杯 WBC 世界职业拳王争霸赛在云南省文山市举行。中国拳手熊朝忠与日本拳手山本浩也战满十回合，以点数胜出夺得 WBC 迷你轻量级国际金腰带，为再次挑战世界拳王金腰带打下基础。

2015 年 3 月 21 日晚，首届中国拳击“龙鼎杯”风云人物颁奖在河北省正定举行。熊朝忠荣获年度最佳拳手和云南省第四届“新滇人才奖”，昆明众威拳击运动有限公司负责人刘刚获年度最佳推广人。

2015 年“五一”国际劳动节暨表彰全国劳动模范和先进工作者大会在人民大会堂举行。熊朝忠获得全国劳模称号。

2015 年 9 月 18 日在中国宁波举行的世界职业拳王国际金腰带争霸赛上，熊朝忠击败世界排名前 20 的菲律宾“牛仔”科里森·欧玛约，成功卫冕国际、洲际双料金腰带。

2016 年 1 月 24 日，熊朝忠获 2015 年度 CCTV5 体坛风云人物非奥最佳运动员奖。

此外，熊朝忠还拥有云南省十大新闻人物、最美云南人、文山州政协委员、十大杰出青年等荣誉和头衔。